谨以此书

向青岛隐蔽战线无名英雄们致以崇高的敬意！

秘战奇功

——青岛隐蔽战线斗争纪实

刘大军 著

山东人民出版社·济南
国家一级出版社 全国百佳图书出版单位

图书在版编目（CIP）数据

秘战奇功：青岛隐蔽战线斗争纪实／刘大军著.--济南：山东人民出版社，2024.5

ISBN 978－7－209－14769－9

Ⅰ.①秘… Ⅱ.①刘… Ⅲ.①中国共产党—地下斗争—史料—青岛 Ⅳ.①D235.523

中国国家版本馆 CIP 数据核字(2023)第 184628 号

秘战奇功：青岛隐蔽战线斗争纪实

MIZHAN QIGONG：QINGDAO YINBI ZHANXIAN DOUZHENG JISHI

刘大军 著

主管单位 山东出版传媒股份有限公司
出版发行 山东人民出版社
出 版 人 胡长青
社　　址 济南市市中区舜耕路 517 号
邮　　编 250003
电　　话 总编室（0531）82098914
　　　　 市场部（0531）82098027
网　　址 http：//www.sd－book.com.cn
印　　装 山东新华印务有限公司
经　　销 新华书店

规　　格 16 开（169mm×239mm）
印　　张 17.25
字　　数 232 千字
版　　次 2024 年 5 月第 1 版
印　　次 2024 年 5 月第 1 次
ISBN 978－7－209－14769－9
定　　价 46.00 元

序

这是一部反映胶东地区党组织在隐蔽战线进行斗争的通俗史书。

全国解放战争时期共产党领导的革命斗争，一方面是农村斗争，一方面是敌占城市和交通要道的斗争，又称隐蔽战线斗争，后者的方针是配合前者，推进革命形势的发展。在整个解放战争时期，青岛被美军和蒋介石反动集团所占据，成为敌我双方斗争的一个战略要地。因此，在青岛进行隐蔽的统一战线与情报工作，不仅对于青岛、胶东、山东的解放，而且对于全国的解放，都具有较高的价值。遗憾的是，长期以来再现这一历史的作品少之又少，即使涉及的也语焉不详。可喜的是，终于有这样一部作品即将问世，填补了历史的空白。

这部作品再现了历史的真实。党在隐蔽战线的斗争史，由于原始资料缺失等诸多原因，限制了后人的研究和创作。本书作者耗时多年，费心费力，收集渐次公开的文献以及回忆、口述资料，进行考证、辨析、研究，在这一基础上还原了历史的本来面目。因此，这部史书具有较高的可信度。

这部作品凸显了胶东党组织在隐蔽战线斗争中的特色，记述了少为人知的重要历史事件。例如：面对复杂的斗争形势，变“大量派遣，广种薄收，尽快收效”的方针，为“隐蔽精干，长期埋伏，积蓄力量，以待时机”的方针；与美军直接谈判并取得胜利的“浪暖口谈判”和“石人泊谈判”；为中共中央提供战略情报；策反国民党空军杜道时、郝子仪驾机起义以及海军第一条军舰“黄安号”起义；掌握青岛市情，为顺利、完整接管青岛作出重大贡献。因此，这部史书具有较丰富的知识性。

这部作品彰显了隐蔽战线革命者的忠诚、机智、勇敢、不怕牺牲的事迹和精神，以及高层工商业者爱国主义的高风亮节。因为隐蔽战线上的革命者大多隐姓埋名，所以他们的姓名与事迹鲜为人知。本书记述的隐蔽战线革命者的事迹，对于大多数读者来说具有爆炸性。例如：在青岛牺牲的320位隐蔽战线上的革命者；在青岛的王继川（女）情报组和刘萍情报组；中纺公司青岛分公司经理范澄川按照党的指示保护工厂的爱国壮举。加之作者文笔流畅，语言生动，更使一位位隐蔽战线上的革命者形象跃然纸上，铭刻于读者的脑海中。因此，这部史书具有较强的可读性。

党领导的隐蔽战线，是中国革命斗争的一个方面军，而中国革命史则是中国共产党历史的一部分，一个基础部分。在党中央要求党史学习教育常态化的当下，这部作品的面世恰逢其时。

丁龙嘉

中共山东省委原党史研究室副主任、研究员

引　言

1948 年 9 月 30 日，济南战役结束后不久，美国驻华大使司徒雷登致电国务卿马歇尔："攻占该城的中共 9 个纵队目前可以对其他地区自由采取军事行动，仅抽出小部分兵力便可攻占烟台和青岛。"

但是，出乎很多人的意料，解放军主力部队并没有立即向青岛发起进攻，而是陆续南下参加淮海战役和京沪杭战役，直到 1949 年 6 月 2 日，这座中国北方最重要的海港和工业城市，才像一颗熟透的果子，完整无损地回到人民手中，比"最难攻克的堡垒"太原晚了三十八天，比"中国革命最后一个难关"上海晚了六天，其中最重要的原因并非军事，而是政治上的。

由于兵力不足，孤立无援，蒋介石对自身力量完全丧失信心，将防守青岛的希望寄托在美军身上。美国政府出于扶持国民党政权以及同苏联争霸的全球战略目标，一方面企图继续保持对青岛的军事存在，一方面却又避免直接介入中国内战，正如中共胶东区委员会统战部 1948 年 11 月 26 日《关于对青岛工作的两套方针与两套打算》所指出的，"青岛问题不决定于蒋介石，而决定于美帝国主义，然而至今美帝国主义整个对华政策"，以及"对青岛问题的具体表现上，也是摇摆不定猜疑不决的”。

按照中共中央的部署，解放军进攻青岛不是为了歼灭国民党军有生力量，而是以“威胁性攻击”，达到“迫使敌人早日撤退”“并能防敌破坏”，同时“避免与美军作战”之目的。解放军如果攻击太猛，国民党军势必要做困兽之斗，甚至借机拉美军下水，很有可能引起局势的进一步混乱；如果进展过缓，国民党军可以毫无顾忌地大肆破坏工厂、水电和交通设施，将对人民生命财产造成严重危害。在这种极其严峻和复杂的斗争形势下，青岛隐蔽战线以非凡的胆略、周密的部署和大无畏的牺牲精神，为解放、保护和完整地接管青岛，起到了无可替代的重要作用。

毛泽东曾在1939年3月18日中共中央社会部干部大会上指出：“我们要消灭敌人，就要有两种战争，一种是公开的战争，一种是隐蔽的战争。”他还在1940年5月4日《放手发展抗日力量，抵抗反共顽固派的进攻》的党内指示中，明确提出“隐蔽精干，长期埋伏，积蓄力量，以待时机，反对急性和暴露”，作为隐蔽战线斗争的指导方针。

解放战争以来，尤其是胶东解放区遭到国民党重兵围攻的危急关头，胶东区党委统战部超前部署，缜密设计，不拘一格，用人不疑，灵活巧妙地运用“加入之”“打入之”和“交朋友”的秘密工作方式，下闲棋，布冷子，及时、准确、全面地掌握了驻青岛美军和国民党军的战略意图、行动计划乃至日常动态，成为中共中央战略决策的重要依据。

青即战役中，解放军在与国民党军兵力相当的情况下，收放自如，缓急有度，战则必胜，始终掌握战场的主动权，“追着国民党军队的屁股进了青岛，敌人仓皇上船，来不及破坏，很完整地接管了这个城市”。新中国建立初期，时任中央人民政府政务院政务委员兼财经委员会副主任李富春对此给予高度评价，认为青岛是华北接管工作最完整、最系统的城市。

1992年9月7日，中共中央原调查部部长罗青长在《胶东情报史》审稿会上的讲话中指出：胶东区党委统战部领导的对敌隐蔽斗争工作，完成了党中央、华东局和胶东区党委交给的任务，在以下几个方面做出了重大贡献：

第一，为中央提供美蒋战略情报，特别是美国敢不敢参与中国内战的带有全局性的决策性的情报，在历史上起了重大作用。

第二，策反工作取得比较大的成绩。济南战役中争取国民党吴化文部火线起义，中央的评价是很高的；争取国民党海军第一条军舰“黄安号”起义，当时它的影响不仅是军事上，主要是政治上的，对瓦解国民党的军心起了很大作用。

第三，沟通了同延安的交通联络。

第四，情报和经济工作相结合，不仅搜集情报，搞交通掩护，而且在很困难的条件下，为解放区采购运送了很多物资。

第五，反特斗争做得比较好，军统、中统特务武装大都掌握了，对于以后巩固社会秩序起了很大作用。由于情报工作做得深入，后来接管青岛也很顺利，使得青岛比较完整地回到人民的怀抱。

青岛隐蔽战线取得了辉煌的业绩，同时也付出了沉重的代价。国民党第十一绥靖区司令官兼青岛警备司令刘安祺于1949年4月

24日颁布《紧急治罪条例》："1. 造谣惑众者杀。2. 通匪匿匪者杀。3. 破坏工事及电信交通者杀。4. 聚众暴动者杀。5. 鼓动学潮及罢工者杀。6. 持械抢劫者杀。7. 扰乱金融破坏社会秩序者杀。8. 放火及破坏水源者杀。"一时间，白色恐怖笼罩岛城。据国民党元老雷震1949年5月6日日记记载："今日经国（即蒋经国，蒋介石长子）见告，青岛之刘安祺师长将青岛之主和分子三百二十余人丢在海中，内有立委二名，此辈均为主张局部和平者，经国颇赞成此项办法。"

雷震日记在台湾《自立晚报》公开发表后，刘安祺矢口否认，极力辩称"哪有这回事"，只承认曾"对几个意图爆破的首谋分子加以惩处"以及为稳定金融"枪毙了一个人"。但是，刘安祺本人亲自审定的《刘安祺先生访问记录》，却不打自招地揭穿了他的谎言：国民党军整编第七十三师第十五旅原少将副旅长周愚，是刘安祺的黄埔军校同学和多年同事；李中、于五泰和聂英是中央军校第七分校学生，与刘安祺有师生之谊；济南商人刘某是刘安祺的同族表亲——以上五人均因策动青岛和平，被刘安祺亲自批准或授意处死。刘安祺夫人黄经达的堂妹黄文前来青岛动员起义，这位贵妇人竟然丝毫不顾亲情，恶狠狠地说"把她丢到海里去算了"。

所谓"丢到海里"，就是把人捆住手脚塞进麻袋抛进大海，是当时国民党特务杀害中共地下党员和进步人士的惯用手段。据家住胶东路10号的张如媛老人回忆，青岛解放前夕，前海沿几乎每天都有被潮水冲上来的尸体，由于被海水长时间侵蚀，已面目全非，实在无法辨认，只能草草埋葬。

据《我军伤亡统计表》记载，青即战役解放军阵亡人数共计四百一十七名；而青岛隐蔽战线牺牲人数，仅以雷震日记所载三百二十名为计，就已达到前者的百分之七十七，斗争之严酷，牺牲之惨烈，由此可见一斑。

毛泽东曾经说过，今后革命胜利了，应该给我们情报战线的无名英雄们发一个大大的奖章。青岛隐蔽战线的全体将士们无愧于这份至高无上的荣光。

目　录

第 1 章

危难之际

1　吴若岩奉中原军区司令员李先念之命，从延安来到山东汇报工作，却被陈毅当场“扣留”

1947 年 6 月。

这年夏季鲁中山区的天气非常奇特，刚才还是阳光普照，转眼就是暴雨倾盆，滚滚激流裹挟着草木沙石奔腾而下，原本安静狭窄的溪流沟壑，毫无预兆地突然变成狂涛骇浪，正在徒涉的人们根本来不及防备，一下子就被冲得无影无踪。

战争形势也同天气一样难以预测。面对国民党军即将发动的新一轮进攻，解放区军民既有灭此朝食的乐观和期待，又有吉凶未卜的压抑和紧张，正所谓挑战与机遇并存，一方面向最好处努力，另一方面也要做最坏的打算。

中共中央华东局（以下简称“华东局”）在沂水县坡庄村召开紧急会议，鉴于“山东的战局在孟良崮战役后虽已得到改善，但尚未完全取得主动，敌正准备再次大举进攻，我们还要继续在内线作战，并且要准备进行恶战”的形势，经研究决定，华东后方机关、学校等北渡黄河，转移到渤海解放区，同时还任命原新四军第五师、中原军区司令部情报处处长吴若岩为胶东区党委统战部第一副部长。会议结束后，华东局常委、华东军区副司令员张云逸移驻诸城县城西南的寿塔寺①，立即召见吴若岩，亲自传达华东局的有关决定。

胶东与中原相距千里，华东局为什么不使用熟悉情况的本地干部，而要舍近求远选择一位外来人员呢？

吴若岩，祖籍山东蓬莱，从小在东北生活，青年时期在北京大学地质学系就读，是著名地质学家李四光的学生。抗日战争初期，他以中共秘密党员的身份担任东北军第五十一军第一一四师战地服务团团长，凭借家族渊源成为军长于学忠的座上客，利用同乡关系与苏鲁战区参谋长王静轩来往密切，卓有成效地开展了东北军上层人物的统战工作。

1939 年 2 月，由于王静轩奉命围攻积极抗日的第一一四师，吴若岩遵照党组织指示去做他的工作，刚一见面就被捆绑起来眼看就要拉出去枪毙，但他毫无惧色，据理力争：“蒋介石早就怀疑东北军有共产党，你以通共的罪名去打一一四师，不正给了他搞垮东北军的借口吗？为今之计只有和平解决，对东北军和你本人都有利。”

经过多方努力，王静轩最终同意和平解决，战地服务团以及暴露身份的中共党员和进步分子一百多人安全撤出第一一四师，保存了革命力量。中共第五十一军地下组织负责人王西萍赞扬吴若岩“对上层统战工作很有办法”，“立了大功”。

1939 年 3 月，吴若岩奉命加入李先念任司令员的新四军豫鄂游击支队，先后担任政治部宣传科科长和团政治处主任。新四军第五师成立后，历任政治部联络部部长和司令部情报处处长。由于情报工作卓有成效，新四军第五师被中央军委列为全军九大战略情报单位之一，吴若岩也与潘汉年、杜理卿（原名许建国）等人一起，进入隐蔽战线高级负责人的行列。

吴若岩酷爱读书，思想敏锐，观察力强，具有较高的文化和政治理论水平；与人交往真诚坦白，热情豪迈，谈笑风生，富有人情味和感召力，尤其善于团结党内外人士，是新四军第五师人所共知的“吴大帅”。

抗战胜利后，吴若岩担任中原军区联络部部长、情报处处长等职，并为李先念和王震等中原军区首长与军事三人小组②美方代表会谈担任英文翻译。

1946 年 6 月中旬，中原军区情报处打入国民党武汉行营的秘密情报工作人员（简称“情工人员”）截获了蒋介石“六月二十六日实施突袭，七月一日发动总攻击，四十八小时内一举包围歼灭”中原军区部队的绝密计划。吴若岩从大悟县吕王城纵马疾驰五十多华里，一口气赶到宣化店中原军区司令部驻地向李先念等首长报告。中原军区立即制订了提前行动、分路突围的计划，得到中共中央的批准。

突围前，李先念多次要求吴若岩先行撤离，但吴若岩态度非常坚决：“我不走，司令部的处长只剩我一个了，你身边不能没有人。”吴若岩领导情报处不间断地开展工作，为中原突围的胜利起到了重要作用。

1947 年春，吴若岩奉中原军区司令员李先念之命，从延安来到山东淄川蒲家庄③华东野战军司令部驻地，向华东局副书记、华东军区暨华东野战军司令员陈毅汇报中原突围的详细过程，以及先后到达华东地区的中原军区部队、干部和家属的有关情况。

吴若岩阅历丰富，学识广博，思维缜密，表现出情报工作领导干部特有的成熟和干练。陈毅一见大为赏识，当即发话：“吴若岩留在山东，由华东局安排工作。”

吴若岩及其家人摄于 1947 年春

淄川蒲家庄华东野战军司令部驻地旧照

吴若岩临危受命，来不及品尝重归故里的喜悦，匆匆踏上征程。

2 胶东区党委统战部会集了来自延安、华中和胶东隐蔽战线的精兵强将，却在解放战争初期屡屡受挫

1947 年 6 月。

吴若岩风雨兼程，昼夜赶路，很快来到胶东解放区莱阳县（今莱阳市）石硼村，向华东局统战部部长胡立教报到并递交了张云逸的亲笔信。

胡立教是红军第一批电台报务员，隐蔽战线经验丰富的领导人，他和华东局统战部第一科科长王征明一起，向吴若岩介绍了胶东区党委统战部的基本情况以及当前的形势和任务。

胶东位于山东半岛东端，北临辽东，南达沪港，东连朝日，西接平津，战略地位十分重要。1945 年 1 月，八路军第一二〇师情报处处长邹大鹏奉中共中央情报部的指示，领导创建了胶东区党委联络部。日本宣布投降后，邹大鹏率领中共第一支先遣队于 9 月 5 日横渡渤海，一举占领辽东半岛的庄河县城，与延安总部建立无线电联系，为中共中央进军东北战略决策，提供了可靠的第一手情报，得到毛泽东的赞扬。

1946 年 1 月，联络部与统战部合并，先称统联部，后称统战部，下设

组织、外勤和内勤科；东海、南海、西海和北海地委统战部；烟台、威海、龙口、石岛市委统战部；乳山、荣成、牟平、高密、莱阳、莱西、潍南、潍北、昌南、昌北、平度、平西、平南、平北、南掖、北掖、黄县、蓬莱、福山、栖霞和长山县委统战科、情报站或统战干事。

1947 年 5 月，统战部与胶东军区司令部情报处实行组织合并，于谷莺任部长兼处长，同年 8 月恢复原机构建制。

根据中共中央情报部、华东局和胶东区党委的指示，胶统[④]的主要任务如下：

一、调查研究，即搜集、分析和处理情报。

二、配合公开斗争，即分化、瓦解和破坏敌人。

三、国统区和海外上层统战工作：1. 胶东敌占城市，以青岛为重点，潍县、胶县和即墨次之，建立多头据点和专线交通；2. 可能出现敌我拉锯的城市，如烟台、威海卫、龙口和石岛等，及早建立潜伏据点，准备交通点线，做长期斗争打算；3. 国民党统治的大城市，如天津、北平、上海、南京和广州等；4. 南朝鲜、日本、港澳和东南亚等海外地区。

胶统的干部主要来自三个方面：延安中央情报部下派干部，如葛申、王绍洛和王路丁等；苏皖新四军北撤干部，如童辛、李文达和李炎等；胶东本地干部，如杨光天、赵青云和马黄汉等。

葛申多年从事情报工作，在陕甘宁边区保安处任职期间，曾经跟随素有“延安福尔摩斯”之称的布鲁（又名陈泊）侦破了一件奇案，至今传为美谈。1942 年夏天，甘肃庆阳高迎村发生严重旱灾，县政府民政科科长李东明利用赈灾之机，采取恶人先告状、偷藏转移钱款、假造特务密信等手段，蓄意陷害贫苦出身的乡公所文书李生财，企图将救灾款边币[⑤]八百万元据为己有。布鲁和葛申等人接到群众申诉后，通过调阅案卷、勘察现场和召开群众座谈会，采取推理分析和模拟实验的手法，终于使李生财冤情昭雪，坏分子李生明受到应有的惩处。

葛申（前排右一）等摄于1945年

葛申还曾参与领导发动国民党军新一军第十一旅两千多名官兵于1945年10月25日举行的“安边起义”，被毛泽东誉为国民党军弃暗投明的“火车头”。

葛申于1946年10月调任胶统组织科科长后，连续开办三期情工人员训练班，亲自编写教材并授课，先后训练学员一百八十六名，有效解决了情工人员严重不足的问题。

童辛曾在江苏、浙江和山东等地从事地下工作，主持胶统材料科工作期间，负责收集国统区以及海外报纸杂志，抄录美、英、苏、德、印等国和国民党电台新闻广播，编印专供胶东党政军领导干部阅读的情报汇编《参考消息》和《书报简讯》。1947年1月，华东局情报部曾在《关于情报工作的补充指示》中，对胶统资料研究工作提出表扬。

中共中央、华东局和胶东区党委对胶统的工作给以大力支持，要求胶统干部一般不予调出，各单位适合从事情报工作的干部尽可能调用，公安、工商和海关等政府机关以及群众团体积极配合工作，给予适当的机构名义和个人身份作为掩护。

但令人遗憾的是，这支曾经创造辉煌业绩的队伍，却在解放战争初期屡屡受挫，未能发挥应有的作用。

胡立教神情严肃地对吴若岩说：“胶东区党委统战部部长于谷莺同志1945年担任烟台市市长期间，在当地医院做手术遭到坏人暗害，身体一直没有恢复，工作受到很大影响。你的担子很重，一定要按照中央和华东局的指示，认真总结经验教训，尽快把情报工作搞上去。胶统当前最重要的任务是配合军事斗争，粉碎国民党对胶东解放区的进攻。”

3 秘站是以商店、旅馆和船行等形式为掩护，在国统区和海外开展活动的秘密情报站和交通站

1947 年 6 月。

俗话说新官上任三把火，吴若岩的第一把火，是情报工作的核心环节——秘站。

秘站，即秘密情报站、联络站和交通站。胶统各级机关先后建立的秘站达到七十多个，数量不算少，但工作效率却并不太高，有很大一部分只是勉强维持，未能发挥实际作用。吴若岩经过调查了解，认为主要存在以下五个方面的问题：

一、片面强调工作而忽视社会职业掩护。

二、单纯追求商业盈利而放松本职工作。

三、缺乏明确具体的任务目标。

四、部分人员思想觉悟和业务素质较低。

五、秘站选址不当，不利于开展工作。

吴若岩召集区统⑥以及部分地、市、县委统战部有关人员，召开了一次秘站工作专题会议，开宗明义地对秘站的性质、任务、形式和工作方针作出明确的阐述：

第一，秘站的性质是以社会化、职业化的形式，向国民党统治区和海外，建立秘密阵地的情报机关。

第二，秘站的任务是派遣情工人员，物色情报关系，建立交通网线，争取敌方人员，搜集和报送军事、政治、经济和社会等方面的情报。

第三，秘站的形式一般应采取公司、商店、旅馆和船行等，利用进出敌占区和海外开展贸易的合法身份，以经济力量为依托，深入社会各个阶层，争取中上层人物，发展义务情报员。概括起来就是：形式上的绝对商

业化，实质上的绝对革命化；工作推动商业，商业为了工作；寓情报于商，寓情报于民。

第四，秘站的工作方针：经济是手段，工作是目的，生意是外衣，政治是本质。单纯强调任务，往往生意没有起色，工作也难搞好；过分追求盈利，实际等于放弃工作，混同于普通的生意人。

吴若岩强调指出，要切实搞好秘站工作，应当着重解决以下六个问题：

第一，选拔和培养既熟悉情报工作，又精通掩护职业，具备高度的责任心、工作热情和实干作风的干部。

第二，选址应注意出入方便。

第三，确定具体的工作区域和对象。

第四，经营项目一般应选择与外界接触和交流比较便利的商贸服务行业。

第五，制订具体的情报工作计划和商业经营计划，对工作对象、任务和要求作出明确规定，按时报告，定期检查。

第六，秘站不秘，后患无穷，保密工作应从领导机关做起，严格要求，认真检查，堵塞漏洞。

吴若岩的讲话在与会干部中引起热烈反响，他们兴奋地表示："以前就像雾里行船，老是觉得眼睛模糊，手上发虚，划到哪儿算哪儿。现在方向明确，措施对头，纠正了以往脱离群众、游离社会、自我孤立的'神秘'做法，就等着回去大干一场。"

4 自筹资金三百五十万元开业，半年获得纯利润五千万元，这家经营有方的私营商行，实际是统战部领导的秘站

1947年7月。

3日，农历五月十五，位于石岛中心区域永安桥北的远通利船行正式开

业，在欢歌笑语和鞭炮声中，一面写着“远通利”蓝色大字的整幅白布高高升起，距离很远的海面上都能看到。船行门市五间，院内堂屋五间，南厢三间盐鱼池，北厢三间厨房，宽阔敞亮，气派十足，显示出雄厚的经济实力。

石岛位于胶东半岛东南端，是中国大陆距离南朝鲜仁川最近的港口，机帆船一夜即可到达。为了扩大物资进口，支援解放战争，石岛市工商局和海关先后颁布多项优惠政策，凡从敌占区或海外进口兵工原料、医药用品和枪械子弹等解放区紧缺物资换取花生米出口，减半收取乃至免征差额费。

石岛工商局关于征收差额费的指示

贸字五号

根据区局决定生米出口差额另有变更，兹详列如下：

一、凡向蒋管区输出生米，每斤征收差额二十元。

二、由蒋管区进口兵工原料、医药者，出口生米每斤征差额拾元。

三、由蒋管区进口械弹，为了奖历[励]入口，决定出口生米免征(子弹指美式轻重机枪子弹)。

四、凡向友邻解放区输出生米，每斤征收差额十五元(不限任何物资)。

五、凡出口国[外]生米每斤征收差额与蒋管区规定同。

六、生果出口每斤按生米七折计算征收(按以上规定地区执行)。

七、生油出口(不分地区)每斤征收差额三元。

以上希接到指示后立即执行为要！

此致

五垒岛事务所

局 长 杨 威

中华民国三十五年十一月二十四日

石岛工商局、海关关于免征差额费的补充指示

关贸字第二号

根据区局十一月十九日之紧急命令，经本局研究须再作如下之补充指示：

一、差额的补充：入口械弹不仅出口生米可以免征差额，生油也同样可以免征差额，同时械弹不仅指美式轻重枪机子弹，而且七九子弹也包括在内。

二、提高差额和机动可能引起商人的不满，因此应多向商人进行宣传和解释，其宣传内容简单提出如下：

1. 提高差额是为了限制生米的任意外流和支持我区之油业生产，储下了一部分肥料(生饼)，以便支持农业生产。

2. 提高差额是为了提高我输出品之价格，一方面造成蒋管区之物价上涨，另方面增加了我们的收入，支援了战争，减轻了人民负担。

3. 机动减征或免征生米、生油的差额，一方面是为了限制(生米)或有计划的输出(即如生油之减征差额)，另方面是为了奖励和争取某些物资(械弹、兵工原料以及日用必需品等)的入口，以达支援战争和人民之需要。

以上只是简单的提出几点，希转达所属研究执行外，并尽量搜集具体事实进行宣传解释，同时将执行中的情况及时报告为要。

此致

局 长 杨 威

关 长 张 涛

中华民国三十五年十一月二十四日

1946 年 11 月 24 日石岛市工商局和海关的指示

但是，由于国民党的军事封锁和欺骗宣传，以上措施收效甚微，每天只有寥寥几艘小汽艇和木帆船进港交易，汽柴油进口量更是微不足道，远远不能满足需要。

情工人员毕崇道、李俊卿和马松山自筹北海币⑦三百五十万元开办远通利船行，名义上是个人合伙的私营企业，实际是东海地委统战部领导的秘站，以进出口航运贸易为掩护，开展秘密情报和交通工作。毕崇道任秘站站长兼船行副经理，李俊卿任副站长兼经理，马松山任副站长兼副经理，对内简称毕站。

毕站的第一个目标：仁川。

远通利的商船满载龙口粉丝和荣成食盐等胶东优质特产，首航抵达南朝鲜仁川港，立刻受到当地商人的热烈追捧，他们纷纷拿出南朝鲜、中华民国和美国的钞票抢购商品，却被毕崇道一口回绝。

“我们不要任何现金，只要你们把汽油、柴油、药品、甘油等物资运到石岛港，远通利船行负责代办海关纳税手续并且提供胶东土特产，保证百分之一百的利润。”

南朝鲜商人们明白了：毕崇道不是普通商人，他们是冲着美国的军用物资来的。原来，当时南朝鲜驻扎着大批美国军队，由于长期处于和平环境，纪律废弛，管理松懈，后勤人员同本地商人联手盗卖军用物资，已经是公开的秘密。不过，大批量贩运军用物资，同零打碎敲搞点外快相比，还是要冒被捕坐牢的风险。

“在你们做成第一笔生意之前，我们这艘船就停在仁川港作为抵押，如果百分之一百的利润不能兑现，缺多少补多少。”毕崇道摸透了南朝鲜商人为了图利，刀尖上的血也敢舔的脾性，选择剑走偏锋的一招，究竟能不能收获奇效呢？

几天之后，原本冷冷清清的石岛港突然热闹起来，一艘接一艘的南朝鲜船只进港卸货，码头及其附近的海滩和街道上，到处摆满了油桶，仅七十号至九十号高标汽油以及轻质柴油，年进口量就达到八万多桶。至1947年底，先后共有七十三艘南朝鲜商船与远通利船行建立合作关系，仁川至石岛船来舶往，樯连橹接，一时成为热度极高的国际商业航线。

在进出口贸易的掩护下，毕站派遣大批情工人员潜入南朝鲜各个城市，他们能说一口流利的朝鲜话，通晓地方风土人情，有的开店经商，有的进厂做工，有的加入商会，有的打入当地政府部门，向驻南朝鲜美军和国民党特务机构开展秘密情报工作。

华侨章宣卿在仁川开设万升东贸易行，侦获驻南朝鲜美军的兵力分布、各级主官姓名履历、部队驻防和换防等大量情报，因工作成绩突出，被胶统列为重点秘站。

毕站的第二个目标：香港。

威海卫同顺茂商号老板项景三是李俊卿父亲的结拜兄弟，曾任威海卫商会会长，同香港商界颇有往来。他性情豪爽，武功高强，琴棋书画，无一不精，而且思想进步，反对内战，拥护共产党的政治主张。李俊卿代表东海地委统战部邀请“三叔”出山相助，年逾古稀的项景三慨然允诺，很快来到石岛。

东海地委统战部部长、石岛工委书记兼市长王绍洛是著名版画家，作品曾经得到鲁迅和老舍的赞扬；妻子王路丁长期从事革命宣传工作，是胶东军区国防剧团和山东鲁迅艺术学校创建者之一。他们与项景三志趣相合，言谈投机，很快成为忘年之交。

王绍洛和王路丁夫妇创作的美术作品

经胶东区党委统战部批准，吸收项景三为中共外围组织爱国同盟会会员，由东海地委统战部直接领导。国民党军占领威海卫前夕，王绍洛派人把项景三的家属接到石岛姜家疃村妥善安置，解除了他的后顾之忧。

1947 年 9 月，项景三取道仁川来到香港，登门遍访故交旧友，大力宣传中共“来去自由、保证安全和优厚利润”的进出口贸易政策。但是，言者谆谆，听者藐藐，有的人看在往日情分上说两句不疼不痒的应酬话，有的人干脆将项景三视为“共产党说客”，来个不理不睬，甚至恶言相加。

这种情形早在项景三意料之中，他斥资采购了大批硝酸、硫磺、药品和高级道林纸[⑧]等物资，租用一艘丹麦籍三千吨级登陆艇，一路北上运抵石岛。十几天后，登陆艇满载花生米、花生油和大豆等胶东特产返回香港，商品畅销，获利甚丰，一时引起轰动。

那些原本对项景三持怀疑甚至敌视态度的商人们，一改之前的傲慢态度，纷纷前来打探究竟：“共产党真的保护商人利益吗？解放区真的进得去出得来吗？你真的获利百分之二百吗？”

项景三以自己的亲身经历晓之以理，动之以利：“不是给你们说过了吗，共产党的政策是来去自由、保证安全和优厚利润，我本人就是一个活生生的例子，这还有什么信不过的？但是诸位要明白，生意有早晚，行情各不同，捷足先登者得大利，姗姗来迟者恐怕只能得中利乃至小利喽。”

从此，香港的大小商船接踵而来，石岛进出口贸易额大幅增加，连创新高。尽管后来商业利润从百分之二百逐渐降低到百分之一百以下，但与其他地方相比仍然较为丰厚，贸易额继续呈现上升态势。尤其是在淮海战役期间，石岛物资进口量一直保持增长，为保障军需供给起到了重要作用，受到华东局通令嘉奖。

由于海外客商众多，文艺娱乐需求旺盛，石岛市政府决定由远通利等商家共同出资组建新声剧团，将一座废弃油坊改建为剧场，轮番上演传统剧目《将相和》《虎头牌》以及现代戏《白毛女》等。由于场场演出一票难求，不得不在后排架起“楼座”，仍然座无虚席，这从一个侧面反映了当年石岛海外贸易的繁荣景象。

远通利生意兴隆，财源广进，为秘密情报工作提供了强有力的经济支撑。仅 1947 年 7 月至 9 月，毕站情工经费支出共计北海币一千一百多万元；项景三在香港开设公司、采购物资以及东海地委统战部的办公经费，也由远通利船行列支。

1947 年 9 月，胶东区党委统战部决定成立日（本）（南朝）鲜工委，王绍洛任书记，刘彬任委员兼秘书主任，以“海口办事处”的名义，领导毕站等情报机构，向海外华侨华人以及国民党驻山东沿海各港口的海军、航运公司和水产公司开展秘密工作。

1949 年 3 月 10 日，国民党交通部和台湾警备总司令部曾发出代电，详细叙述中共胶东“海外事务所”的活动范围和工作方式，严令各地特务机关“注意侦防”。

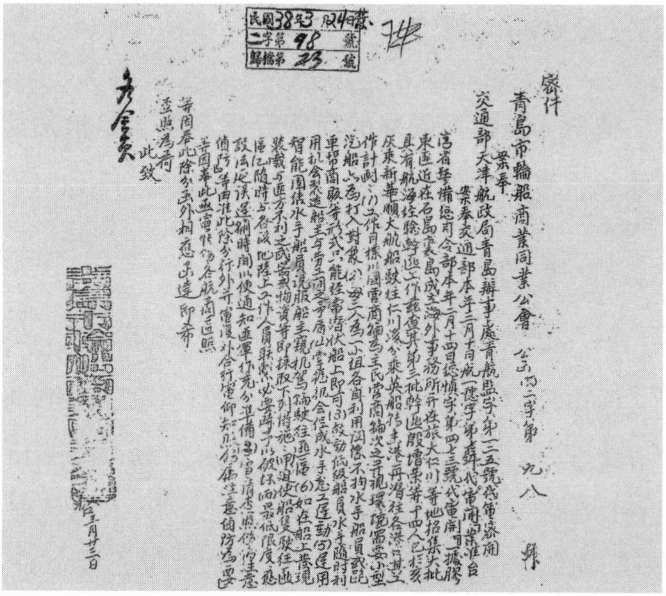
急件
青島市輪船商業同業公會
交通部天津航政局青島辦事處

1949 年 3 月 23 日青岛市轮船公会公函

毕站的成功经验得到华东局情报部和中央社会部的重视，要求胶东区党委统战部进行总结并上报，主要内容如下：

一、选配既善于情报工作，又熟悉经商业务，积极、热情、团结的领导班子，是搞好秘站的首要条件。

二、情报工作难度大，性质特殊，不易取得成绩，有了成绩也不能公开表彰，获得提拔晋升的机会相对较少，因此必须注重革命形势、革命气节、组织纪律以及事业心和责任感教育，克服名利思想，甘当无名英雄。

三、认真贯彻隐蔽斗争原则，要求敌区秘工人员务必做到社会化、职业化、合法化，寓情报于经商，寓情报于交友，既敢于派遣打入，又善于拉出利用。

远通利船行自筹资金，白手起家，很快发展到自有资金北海币五千多万元，员工一百多人，下设航行部、旅馆部、营业部、医药部和饭店部，在石岛、烟台等地购置房屋三十多间，开设分号十一处，先后向南朝鲜、东南亚和港澳地区派遣和发展秘密情工人员二百零六人，设立秘站十三处，在胶东情报史上留下精彩的一页。

5 他白天是精打细算的商店经理，晚上是执法如山的缉私队长，真实身份是胶统直属南村秘站站长

1947 年 7 月。

平东县[9]南村南北大街西侧胡同里的院子挂着两块牌子，一块是“南海工商局南村工商管理所”，一块是“隆康公司南村商店”。院内共有十五间房屋，除了办公室、仓库和厨房，还有六间客房，入住的客人由工作人员单独带进屋内，每间一人，房门反锁，不得随便外出，无关人员一律不许靠近。

这个颇具神秘色彩的地方是胶东区党委统战部直属南村秘站，站长辛

成学，内勤邵桥，交通员柳永平，主要任务是搜集青岛国民党军事、政治、经济情报以及国统区出版的报纸杂志，接待中共党政军干部、秘密情工和交通人员。

由于南村地处国共控制区边缘地带，向南十五公里的蓝村，西南十二公里的吴家口，东北二十公里的刘家庄，分别驻有国民党军队，随时可能遭受突然袭击。秘站成立初期，为了能够及时转移，辛成学他们从来没有脱过衣服睡觉，一有敌情，立即起身。

对辛成学来说，吃点苦受点累算不了什么，最头疼的是囊中羞涩缺少资金，上级发给的经费只有北海币两万元，以当时北海币与银元一万比一的兑换比率，这点钱又能干得了什么呢?

这天，一筹莫展的辛成学跟工商局的干部聊天，大吐“一文钱难倒英雄汉”的苦水。没想到对方却不以为然地笑了起来：“这有什么好愁的，我给你出个主意。上级规定查获走私偷税，按罚款金额百分之二十提成，你们有人有枪，为什么不能试试?”

一语点醒梦中人，辛成学立刻像是上了发条似的大干起来，每天从早到晚亲自上阵，到交通要道和旅店货栈缉私查税，不法商人只要进了南村地界，就别想逃出他的手心。

没过多久，南村秘站的钱袋子鼓了起来，秘站工作也很快大有起色，先后开设了三处秘点：中兴栈饭店位于南北大街中心地段，张裕任党支部书记，刘庆华任经理；自行车修理铺位于南村南口；中药铺位于南村东北十五公里的仁兆村。工商所采取公开方式，中兴栈和自行车修理铺采取半公开方式，中药铺采取隐蔽方式，分别发挥不同的职能作用，协同配合开展工作。

中兴栈开业不久，来了一个姓滕的商人，要把北海币三万元存在柜上，说是到下集进货用。商人为了安全和方便，有时会把现金临时存放在有生意往来的商家，但此人与中兴栈根本不熟悉，不能不让张裕感到可疑。

姓滕的刚一出门，张裕马上把钞票送到北海银行南村营业所，经鉴定全是伪钞。张裕带人追出好几里把姓滕的抓了回来，经过审问得知此人是个国民党特务，本打算趁中兴栈刚开业讹上一笔，没想到自投罗网，反把自己赔了进去。

青岛永年公司经理李某在中兴栈住宿，因贩运卷烟纸偷漏税款，被工商所罚款十二两黄金，他一时拿不出这么多钱，只好向张裕求助。张裕觉得李某不像正经商人，便狮子大开口索要六两黄金的利息，没想到对方一口答应下来。

几天后，李某从济南返回南村，将本息十八两黄金如数偿还。张裕利用这段“交情”同李某攀谈，一来二去套出了他的特务身份以及不少情报。青岛解放后，张裕转入市公安局工作，根据上述线索，将暗藏在明水路3号永年公司的中统特务山东特别站，以及在济南潜伏的一批特务全部破获。

1949年春节前夕，北海银行从北平、天津和济南等地回收了大批金圆券，委托南村工商所到青岛采购军用物资，同时达到扰乱敌占区经济的目的。辛成学把金圆券分散发给熟悉的商人和基本群众，以购买年货的名义进入市区，共计获得军鞋六十余万双、汽油十五吨以及其他大批物资。

古语道：有文事者，必有武备。经胶东区党委统战部批准，辛成学组建了一支二十五人的武工队，对外称南海经济检查大队，除了上级配发的七支步枪，另外购置十一支驳壳枪和一支冲锋枪，他们身穿独特的黑色制服，经过胶东军区侦察大队的严格训练，很快打出了威风。

国民党地方保安团时常在蓝村至南村路段设哨立卡，对中共情报和交通人员造成威胁。武工队多次主动出击，有时进入敌占区设伏，打得保安团闻风丧胆，再也不敢轻易露头了。

负责情工人员派遣工作的胶统组织科科长葛申多次来到南村秘站检查指导工作，他指出：“物色情工人员不能单纯依靠上级推荐，应当主动接触和考察职业商人和国民党军政人员，从中选拔觉悟较高、条件较好的发展为情工人员或情报关系。”他还特别强调：“向情工人员和情报关系布置任务，要从各人的职业特点、工作能力和社会关系等实际情况出发，不能仅凭主观愿望想当然，提出不切实际的要求。”

辛成学派遣情工人员孟宪礼潜入青岛，利用同乡和亲友关系，先后发展国民党联勤总部第四十四兵站文书班桥、第十一绥靖区青年训练大队文书孟宪信、联勤总部青岛水路军运办公处通信勤务兵张永年、青岛铁路中学学生金生以及商人孙肇森、魏可夫、康汉章、阴林书、姜振国、赵斌、侯文书、万子林、万子均等五十多人为情报关系，先后获得《青岛联勤粮秣计划》，国民党兵力分布和调动情况，国民党海军驻青岛舰艇种类、数量、排水量、官兵员额和火力配置，蒋介石秘密飞抵青岛出席山东作战会议等重要情报。

南村秘站从成立之初的三名工作人员，很快发展到四十多人，拥有工商所、武工队以及多个店铺组成的情报网，成为社会化、职业化的秘站。

6 什么是战略情报？不懂。怎样开展情报工作？还是不懂。她对情报工作几乎一无所知，却被派往青岛执行潜伏任务

1947 年 8 月。

这天清晨，二十九岁的王桂荣趁着孩子没醒，念念有词低声背诵道：“我原来的丈夫是北京大学学生，国民党员，家在郑州，花园口决口后到了新疆。我去新疆找他，路过石家庄被日本宪兵逮捕，关在被服厂当劳工。在这期间我的大女儿得病死了，有个姓张的翻译官对我的遭遇很同情，女儿生病时还帮忙问医求药，后来我们就结了婚。日本投降后，张翻译官带着我回到大连老家，因为生活无着去贩卖卢布，被八路军抓起来了。婆婆认为我是二婚，对丈夫不利，所以百般辱骂虐待，我实在忍受不了，万般无奈只好带着小女儿来住娘家。”

其实，这篇凄凄惨惨戚戚的悲情苦诉，同王桂荣的真实经历扯不上半点关系，这是她同葛申一起反复商量，为自己虚构出来的一套“假履历”。

王桂荣，又名王坚，1936 年考入国立山东大学中文系。在“一二·九”爱国救亡运动中，中共青岛特别支部多次在她家中召集会议，筹备成立青岛救亡同学会和中华民族解放先锋队青岛队部。抗日战争全面爆发后，王桂荣决心参加崂山抗日游击队，而她的男朋友是海军学校学员，一心想到大后方谋取个人前程，两人谁都说服不了谁。

这天男朋友约王桂荣来到海滨公园，一见面就掏出手枪说：“要么一起离开青岛，要么一起死在这里。”王桂荣坚定地回答：“你这是愚蠢的犯罪行为，我坚决不同意。”男朋友气坏了，朝着她的身影连开三枪，从此分道扬镳。这件事在青岛哄传一时，时任中共青岛特别支部书记李欣还曾为此赋诗一首：

我要去抗日，谈爱容稍缓。或同上战场，或一刀两断。岂能同殉情，那成什么样？语罢枪声响，对影连三枪。扭头从此别，各走天一方。青岛有女儿，王坚名远扬。

解放战争初期，王桂荣的丈夫于会川在担任中共大连市委社会部部长兼大连市公安总局副局长、大连地方法院院长期间，积劳成疾，英年早逝。王桂荣化悲痛为力量，毅然返回胶东，立誓要为解放家乡做出贡献。

她的父亲王守政是清末贡生，京师大学堂（北京大学前身）土木工程系毕业，曾任青岛胶澳工程事务所工程师、青岛市工务局科长，仅用三个半月主持建成第十七届华北运动会主会场青岛体育场（今天泰体育场）、主持修筑崂山多条观光道路、以全国县级以上行政区划为青岛市区道路命名等，至今为人津津乐道。

她的堂哥王桂浑时任青岛市立李村简易乡村师范学校校长；王桂浑的岳父罗赤霞曾任国民党辎重兵学校教官、联勤总部少将指挥官等，因反对内战辞去军职，在女婿家中就养。

青岛作为中国北方最重要的海港和工业城市，美国和国民党重兵驻防的军事要地，无疑是胶东地区开展情报工作的重中之重。吴若岩认为，区统不能单纯依靠有关地、市、县委统战部，必须设立和领导直属秘站，全面加强青岛统战和情报工作。

吴若岩认为，王桂荣的家庭社会关系，尤其是王桂浑和罗赤霞等人思想开明，不满蒋介石独裁反共政策，很多故旧僚属在青岛担任军政要职，具备开展秘密情报工作的条件。这是吴若岩上任后的第二把火。

但是，王桂荣在青岛读小学、中学和大学，十五岁获得全市女子网球单打冠军和短跑冠军，并作为青岛市女子排球队和垒球队主力队员参加第十七届华北运动会并获得垒球亚军，曾任青岛救亡同学会负责人，是当地名噪一时的风云人物，在时隔十年之后突然返回青岛，必然要面对敌人严格的盘问和审查，在亲朋好友面前也要有合理的解释，因此才有了王桂荣背诵假履历的场景。

吴若岩派人到青岛鱼山路6号王桂荣家了解情况，当时王守政在济南黄河水利委员会山东修防处担任主任工程师，在家的几个弟弟妹妹听到大姐的消息都很高兴，马上写信欢迎她回来。

什么是战略情报？怎样开展情报工作？王桂荣几乎毫无所知，尽管接受了一段时间的专门培训，但她对自己的任务仍然心存疑惑："我回青岛究竟搞什么情报？"

吴若岩说："现在什么情报也不搞，就当你的阔小姐，过你的阔小姐生活，参加你可以参加的社会活动，有了任务，组织会派人去找你接头。"

王桂荣更纳闷了："什么都不干，这算哪门子工作?!"

吴若岩说："你唯一要做的是运用家庭社会关系，观察、了解和结识对情报工作有用的人。"

王桂荣有些明白了："政治态度方面，平时我应该怎样表现？"

吴若岩说："一定要警惕国民党的'红旗'政策，不要在任何场合以进步的面貌出现，不要说任何进步的话，不要对任何进步的事情表态，要给自己蒙上一层灰色。”

临出发前，王桂荣按照秘密工作纪律给自己起了化名——王继川，用意是继承于会川的遗志。

7 情工人员派遣工作违反“隐蔽精干，长期埋伏，积蓄力量，以待时机，反对急性和暴露”的方针，造成了不应有的损失

1947年9月。

由于南麻和临朐战役先后失利，华东野战军主力被迫撤出鲁中解放区，向外线转移。国民党军十万重兵随即向胶东解放区发起全面进攻，先后占领平度、莱阳和招远等十五座县城，胶东区党委统战部机关被迫在敌人重重包围之中打起了游击。就在这紧张的战争状态下，吴若岩烧起了他的第三把火。

中旬的一天晚上，区统机关刚刚到达昆嵛山下的一个小村庄，还没来得及喘口气，就听到吴若岩通知组织科工作人员：“同志们，情工训练班先后举办了三期，物色、训练和派遣工作取得了一定成绩，也存在一些缺点，有必要进行一次全面的实事求是的讨论和总结。请大家利用吃饭的时间考虑一下，晚饭后马上开会。”

但是，还没等大家端起饭碗，警戒哨报告发现敌情，区统机关立即紧急集合，在夜色中向山上转移。

凌晨时分，队伍在一片深幽的树林里宿营，每人发给一个很小的杂面馒头，说不清是晚饭还是早饭，正在狼吞虎咽的时候，只听吴若岩喊道：“组织科的同志们，开会了。”

葛申首先发言。《训练班教育计划草稿》和《举办小型训练班》是由葛

中根据延安中央社会部训练班的模式起草的，分为一百名学员的大型训练班和五名到十二名学员的小型训练班，学期三个月，受训学员大部分由胶东解放区党政机关单位推荐，少部分由地、市、县委统战部门选拔。两种训练班的教学内容基本相同，主要有以下四个方面：

1. 撰写个人历史思想自传（五天）；

2. 中国革命与中国共产党（七天）；

3. 国民党与蒋介石（七天）；

4. 隐蔽斗争（十天）：①我党隐蔽斗争的重要性与性质、任务以及作为隐蔽战士应具备的条件。②什么是情报，如何获取情报，如何搞调查。③如何广交朋友，如何与敌斗争，如何隐蔽自己，如何联系。④隐蔽斗争的原则与纪律。

情工人员训练班的组织纪律极为严格，就连抗战时期的“老地下”也从来没有经历过：

1. 改换姓名，编造假履历，不许对别人说自己的真实姓名和履历，也不许询问别人的真实姓名和履历。

2. 受训学员来自同一地区或原来相识的，编在同一小组；来自不同地区或原来不相识的不编入小组，单独住宿和就餐；不同小组的学员不许见面，同一小组的学员不许相互打听原籍住址以及家人的情况。

3. 不许请假、向外通信和擅自离开小组范围。

4. 不得结识小组以外的人，同时避免别人认识自己。

5. 受训学员分散在老乡家里住宿，专人送饭，上下课或转移时单独行走，拉低帽檐遮住面部，不许东张西望。

6. 课堂设在一间大屋内，用秫秸或门板糊上报纸，隔成若干小间，出入口悬挂布帘，上课前和下课后，由通信员逐一带领学员进出，与其他学员互不见面。

7. 老师讲课时看不到学员，提问只叫代号，不叫名字。

8. 受训内容不得对外泄露；学习笔记不得遗失，结业时全部交给组织保管。

9. 不许泄露自己所知道的秘密和自己的工作安排，也不许问及别人的情况。

学员结业后的主要任务是，利用各自的社会关系和专业履历，打入美国特务机关和国民党军政警特机关，开展秘密情报工作，着重从以下四点进行准备：

1. 在敌占区拥有一定的社会关系或从事掩护职业的专业特长；

2. 编造假履历，掩盖个人真实历史，应付敌人及亲友的盘问；

3. 制定具体行动方案，包括如何立足、打入和开展工作；

4. 规定交通联系方式。

葛申长期从事秘密工作，经验丰富，计划周密，工作细致，训练、审查和分配相互融合，相互推进，成效非常显著。学员结业后，个个志存高远，自信满满，决心要在隐蔽战线斗争中做出优异的成绩。

但是，理想很美好，现实很骨感。受训学员派遣到敌占区后，只有极少数能够发挥作用，大部分人要么勉强存身，难以开展工作；要么站不住脚，最终无功而返；有的甚至暴露身份，被捕牺牲。青岛海军秘密工作所遭受的严重挫折，就是一个活生生的例子。

1946 年 8 月，胶统情工人员曲永昌（原名鞠庆璞）奉命潜入青岛，以中山路新中华电业行为落脚点，与远在重庆的大哥鞠庆玺和二哥鞠庆珍建立通信联系，经过再三动员，说服他们先后返回青岛，重新加入国民党海军。他们利用国民党海军第二基地第一炮艇队上校队长张凤仁与鞠庆珍的特殊私人关系，建立秘密组织，开展情报工作，并以走私做生意为掩护，向解放区运送军需物资。

1947 年 5 月，鞠庆玺担任第五号炮艇艇长不久，利用出海巡逻的机会在荣成湾上岸，回到成山卫沟刘家村老家探亲。

胶东区党委统战部部长于谷莺闻讯后，与荣成县委书记王林夫、东海地委统战部部长王绍洛和石岛外勤区负责人刘彬等人一起赶来，亲自介绍鞠庆玺加入中国共产党，要求他立即率领炮艇起义。

鞠庆玺很为难，认为自己担任艇长时间太短，官兵家属又都在敌占区，起义成功的把握很小。于谷莺经过再三考虑，终于决定取消起义，鞠庆玺返回青岛继续潜伏。

由于鞠庆玺上岸很久没有消息，第五号炮艇的官兵以为艇长被解放军扣押，便向岸上开炮示威。于谷莺将计就计，下令部队向海面射击，上演了一出“鞠庆玺冒着枪林弹雨逃回炮艇”的戏码，以此起到掩护作用。

但是，国民党海军当局仍然对鞠庆玺产生了怀疑，以擅入匪区和违法走私为由，将其立案调查并调离第五号炮艇。同时，海澄号炮艇艇长鞠庆珍调任正在青岛海军造船所大修的“接字 17 号舰”轮机长；第五号炮艇一等兵鞠庆瑛和鞠庆璞和也遭到通缉，不得不紧急撤离青岛。至此，历经一年初步打造成型的青岛海军秘密工作遭受严重挫折，被迫停止活动。

葛申和组织科全体人员一致认为，以上问题有具体工作方面的原因，例如大型训练班不太符合当前形势要求，今后应采用针对性和保密性更强的小组训练和个人训练为主、以大型训练班作为辅的方式；而指导思想方面的偏差，尤其是胶东区党委统战部制定的“大量派遣，广种薄收，尽快收效”的派遣工作方针，以及主要领导人轻敌大意，急于求成，是秘密情报工作严重受挫的主要原因。

吴若岩带领大家认真领会中共中央“隐蔽精干，长期埋伏，积蓄力量，以待时机，反对急性和暴露”的敌区工作方针，学习华东局和胶东区党委关于统战和情报工作的各项指示，吸取经验教训，树立胜利信心，为支持和配合胶东保卫战和全国解放战争做出应有的贡献。

由于敌情严重，队伍一次次转移，会议一次次中断，竟然断断续续地开了一个多星期。

一、注释

①寿塔寺：位于今诸城市皇华镇后寿塔村。

②军事三人小组：1946 年 1 月 7 日，国共双方就停止国内军事冲突达成协议，由国民党代表张群、共产党代表周恩来、美国代表马歇尔组成军事三人小组，讨论停止内战等有关问题。

③蒲家庄：位于今淄博市淄川区洪山镇。

④胶统：胶东区党委统战部简称。

⑤边币：陕甘宁边区银行发行的货币简称。

⑥区统：胶东区党委统战部机关简称。

⑦北海币：胶东行政区北海银行发行的货币简称。

⑧道林纸：主要印刷较高级的彩色印刷品，适于印制单色或多色的书刊封面、画报、地图等。当时用于印制北海币。

⑨平东县：1940 年 9 月析山东省平度县（今平度市）东部区域设置，属胶东行政区南海专区，县治在南村（今平度市南村镇），1953 年 7 月撤销，辖区并入平度县。

二、人物简介

1. 吴若岩（1913—2005），又名吴昆，山东蓬莱人。1935 考入北京大学地质学系，学习期间参加“一二·九”学生运动，加入中华民族解放先锋队，1938 年 4 月加入中国共产党，历任八路军总部炮兵团数理教员，新四军鄂豫游击支队团政治处主任，新四军第五师政治部联络部部长、司令部情报处处长，中原军区司令部情报处处长，胶东区党委统战部副部长、部长。青岛解放后历任青岛市军管会办公厅主任，山东分局暨省委统战部常务副部长等职。

2. 胡立教（1914—2006），江西吉安人。1930 年加入中国共产党，历任苏区中央局电台、红军总司令部电台报务员，中央军委第二局科长、副局长，新四军司令部参谋处第三科科长、电台总队队长，华东局情报处处长、社会部副部长、统战部部长等。新中国成立后历任财政部副部长，中国人民银行副行长等职。

3. 于谷莺（1911—1991），又名于书林，山东牟平人。1937 年 12 月参加革命，1938 年 3 月加入中国共产党。历任胶东区党委驻莱阳特派员，胶东东海区办事处主任，山东军政委员会秘书科科长，胶东区党委海外工作部部长兼统战部部长，烟台市人民政府市长。新中国成立后历任旅大市委常委、市人民政府副市长兼财经委员会、计划委员会主任等。

4. 葛申（1920—1968），又名葛福申，河北获鹿人。1937 年 10 月加入中国共产党，历任陕甘宁边区保安处副科长，三边分区情报工作负责人，中央社会部训练班（西北公学）主任，胶东区党委统战部组织科科长。青岛解放后历任青岛市公安局副局长，公安部某局副局长等职。

5. 童辛，原名童镇，江苏泰州人。1940 年参加新四军，同年 12 月加入中国共产党，历任胶东区党委统战部材料科副科长、青岛工作委员会副书记。青岛解放后历任青岛市公安局第二处副处长、处长，公安部对外联络办公室主任，国家安全部外事局局长等职。

6. 王绍洛（1909—1990），曾用名王宗程，山东昌邑人。上海美术专科学校肄业，1931 年参加革命工作，1938 年加入中国共产党。历任山东鲁迅艺术学校校长，胶东军区国防剧团团长，东海地委统战部副部长，石岛市工委书记兼市长。青岛解放后历任青岛市军管会外事处主任，山东省外事工作委员会副主任等职。

7. 王路丁（1914—1977），又名王美德、王霞、萧建，山东胶县（今胶州市）人。1937 年参加革命工作，1938 年 10 月加入中国共产党，任胶东军区国防剧团指导员，东海地委统战部副科长、科长。青岛解放后历任青岛市军管会外侨事务处科长、副处长、党总支书记等职。

8. 林志一（1916—1994），又名杨正卿、杨光天，山东掖县（今莱州市）人。1937 年参加革命工作，1938 年 7 月加入中国共产党，历任南掖、北掖县委敌工科科长，掖城特区区委书记，西海地委统战部副部长、部长。青岛解放后历任青岛市公安局第二处处长、副局长，青岛市人民政府交际处处长，青岛市中级人民法院院长等职。

9. 毕崇道，又名毕志一，山东荣成人。1937 年参加革命工作，1938 年加入中国共产党，历任东海司令部情报站站长，石岛特区武装部参谋，石岛万生行秘站站长，石岛远通利秘站站长等职。

10. 辛成学（1916—1995），曾用名孙浩，山东莱阳人。1937 年参加革命工作，1938 年 5 月加入中国共产党，历任村党支部书记，莱阳县第三区委委员，胶东军区韶各庄秘密情报站站长，五龙县团旺区副区长，胶统南村情报站站长，胶统青岛工作委员会社会情报组组长。青岛解放后历任青岛市公安局第二处保卫队队长，青岛市中级人民法院崂山分院院长，崂山县委书记处书记、县人民政府副县长等职。

11. 王继川（1918—2017），女，原名王桂荣，又名王坚，山东文登人。国立山东大学中文系学生，1937 年 3 月参加革命工作，1938 年 1 月加入中国共产党。历任长清县委、泰西地委妇女委员，泰西行政委员会秘书，鲁西行政公署宣教科科长，胶东区党委统战部情报小组负责人。青岛解放后历任青岛市公安局第二处秘书科科长，公安部某局科长、副处长，吉林省委办公厅副主任，吉林省人民政府副秘书长兼办公厅主任等职。

12. 罗赤霞（1893—1971），字维曙，湖南浏阳人，国民革命军第二军军官学校（后并入黄埔军校第三期）毕业，历任国民革命军第二军参谋，第十三军政治部总务科科长，南京辎重兵学校教官，军委会后勤部少将公路指挥官等。新中国成立后任民革山东省委员、山东省政协委员，青岛市政协委员等职。

第 2 章

突破重围

1　蒋介石说：挑选精明可靠的官兵假投降，或者报告情报，或者鼓动投诚，总之要多想办法打进共军内部

1947 年 10 月。

1 日，国民党军整编第八师占领烟台、蓬莱和龙口等沿海城市；整编第五十四师进占海阳，第一九八旅派驻平度，第三十六旅第一零六团留守莱阳；整编第六十四师在胶县（今胶州市）以北休整；整编第二十五师集结烟台，准备海运上海；整编第九师待命空运石家庄或徐州。

2 日至 10 日，为滞留国民党部队，配合全国其他战场，华东野战军东线兵团发起胶河战役和胶高追击战，先后歼敌两万余人，但胶东地区敌强我弱的总体态势仍未改变。

16 日下午 4 时，蒋介石乘专机抵达青岛，下榻正阳关路 36 号中国银行青岛分行招待所临时官邸。

17 日上午 9 时 30 分，“山东国军作战会议”在汇泉路 20 号励志社青岛分社招待所举行，范汉杰、王耀武、桂永清、王叔铭、黄维、黄百韬、青

岛市市长兼青岛警备副司令李先良以及各整编师旅参谋长、政工处处长等一百多人出席。

第二绥靖区副司令官兼青岛警备司令丁治磐主持会议，他说："本次会议由蒋主席亲自召集并出席，意义特别重大，请各位将领充分重视，认真检讨，俾有利于今后之作战。"

17日至18日，范汉杰和李弥等参战将领，分别报告进攻鲁中和胶东解放区历次战役的经过和"战果"。

20日下午，蒋介石作了长篇讲话："此次能够在很短时间内将山东共军主力完全击溃，如期占领莱阳、烟台等地，说明国军完全有力量也有把握消灭共军；以往的失败，都是由于指挥官无能，以及对共军谍报缺乏警惕。"

他说："要确实注意侦察敌情，防范共谍渗透。对共军俘虏好好招待，使他们为我们工作。同时可以挑选精明、干练、可靠的官兵，带几支枪假投降，打进共军和共区，规定联络信号，或者报告情报，或者鼓动共军投诚，总之要多想办法打进共军内部，使共军瓦解。"

蒋介石的这番言论，表达了他对国民党军事情报系统的不满。国防部第二厅是军事情报主管机关，其组织构成是：第二厅辖属督导站和谍报组；各总司令部第二署；各行营、绥署、"剿总"和兵团司令部第二处；各军、师司令部参谋处第二课。其中，第二处作为情报系统的核心机构，负责派遣情报站和谍报组以及配属电讯组，在国统区和解放区进行特务活动，所获情报由电讯组电台发报南京通讯总台转报第二厅。但是，由于解放区防范严密，谍报人员的渗透和活动极其困难；而国统区特务机构随着所在城市的解放，绝大多数也很快遭到破获。

第二厅厅长侯腾无奈地说："我们准备了一百零四部美制特工电台，长二十厘米，宽十厘米，厚六厘米，商人可放进颜料桶，教师可藏在书箱里，牧师可嵌入圣经中，携带和隐藏都很方便，可是到了'匪区'边缘却进不去，好不容易在教会掩护下带进去四部，却又始终发不出电报，实在让人头疼。”

国防部次长郑介民也曾为此大发其火：“共产党一到，组无下落，台亦不通，潜伏组台不能潜伏，要此组台何用?”

丁治磐历来自视甚高，觉得自己比第二厅那帮酒囊饭袋强上百倍，他要为人所不能，尽快拿出像样的成绩，博得蒋介石的欢心。

蒋介石离开青岛后，丁治磐马上来到绥远路[①]22号国防部青年训练大队驻地，把解放军被俘人员花名册仔仔细细地翻看了一遍。

绥远（今包头）路22号国防部青年训练大队旧址近照（朱海燕摄）

丁治磐经过一番考察，认为1947年5月在潍县（今潍坊市潍城区）附近“投诚”的胶东军区原团级干部李玉和已经彻底转变政治立场，能为党国竭诚效力，遂报请第二绥靖区司令官王耀武批准，委任他为青岛警备司令部情报处上校处长。

李玉和后来升任国民党整编第七十三师少将副师长，在济南战役中被解放军俘虏。淮海战役期间，他同王耀武、霍守义等国民党被俘将领一起，在华东广播电台多次发表讲话，呼吁国民党官兵起义或放下武器投诚。

青岛解放后，经解放军有关部门证实：李玉和的真实身份是胶东军区政治部联络部情工人员，奉命以假投降的方式打入国民党军开展秘密工作。他在担任青岛警备司令部情报处处长期间，曾在互不摸底的情况下，与胶东区党委统战部情工人员王继川打过交道，颇具传奇色彩。

丁治磐办妥了“优待共军俘虏”，接着操作“打进共军内部”。他从国民党莱阳县（今莱阳市）流亡政府便衣队挑选了七名士兵，这些士兵经过两个多月的训练和准备，于1948年春“叛逃”到胶东解放区，向南海地委统战部“投诚”。

南海地委统战部负责人认为，这些士兵具有一定的文化水平和社会关系，可以利用他们开展策反工作，决定三人留在统战部机关，四人安排到即墨县（今即墨区）金口村[2]金口商店秘站工作。

十几天后，胶统南村秘站情工人员盖培贤送来情报：这些“投诚”士兵正与国民党莱阳县政府便衣队联系，准备里应外合抢劫金口商店和隔壁的北海银行金口营业所，还要抓几个共产党干部回去请赏。

辛成学率领武工队立即出动，将七名诈降士兵全部抓获。经审问得知，这些士兵的任务是以假投降骗取信任，争取在解放区长期潜伏，报告军事情报并择机进行策反。可是，当他们一眼看见花花绿绿的商品和钞票，什么潜伏，什么任务，顿时全都丢到脑后，只想赶紧下手大捞一把，就此露出了马脚。

2 丁治磐长袖善舞，广结“官”缘，建立起了结构严密、细胞众多、遍布市区各个角落的防谍网

1947年10月。

丁治磐作为杂牌军出身的将领，深知靠山和人脉的作用，尤其是由于获得美国银橡叶自由勋章而被蒋介石格外看重，当上了青岛警备司令以后，越发将搞好同美国“盟友”的关系，作为飞黄腾达的不二法门。

他以交换情报为由，同美国海军西太平洋舰队情报科、陆军第四十四国外视察队等军事情报机构负责人保持密切联系，驻青岛美军最高长官、西太平洋海军总司令柯克海军上将，更是他讨好献媚的重要目标。

柯克率领第七舰队进驻青岛时，随舰运来两辆轿车，平时基本闲置无用。丁治磐听说后，派他的英文秘书刘锡山前去拜会柯克夫人，以高出市

价两倍的价格买了下来。柯克大为高兴，马上又从美国搞来几辆旧轿车，买单的自然还是丁治磐。

右一柯克夫人，右二柯克，右四丁治磐，1947 年摄于青岛

1947 年末，丁治磐给柯克夫妇送上一份丰厚的圣诞礼物，其中的名贵貂皮大衣和两只雪白哈巴狗，尤其深得柯克夫人欢心。柯克虽是美国人，但对中国“来而无往非礼也”的古训很有心得，他在 1948 年元旦拜会蒋介石时，把丁治磐大大夸奖了一番。蒋介石打内战离不开美国人帮忙，对手握重兵的柯克更是格外买账，第二天即下令青岛警备司令部扩编为第十一绥靖区司令部，丁治磐擢升司令官兼行政长，成为青岛军政最高长官。八个月后，丁治磐更是被提升为江苏省主席兼江苏省保安司令、第一绥靖区司令官以及京沪杭警备司令部副总司令，成为封疆大吏。

《丁治磐先生口述历史》中有这样一段话：“我很重视情报工作，中统、军统及政治部派驻青岛的人员彼此都合作得很好。我在青岛待了一年后，探知共军有俄制米格机，其尾翼倾斜六十度，与我军飞机不同，还绘制图样呈送中央，但中央仍不相信共军有飞机，直到我军派出之侦察机为空军击退，才知道共军已有飞机。”

“共军有俄制米格飞机”这类荒唐可笑的谎言，当年为了制造舆论骗骗老百姓倒也罢了，四十多年后还要拿出来证明自己的聪明睿智，可见此君脸皮之厚。

不过，丁治磐说自己“重视情报工作”，与各系统特务机关“彼此都合作得很好”，倒也不算过分夸张。

国民党青岛特务组织主要有军统和中统两大系统。

国防部保密局（军统）：

青岛特别站：王志超（青岛市警察局局长）、李曾逊（化名鲁砥平，后任青岛师管区少将司令）、梁若节（曾任保密局特派员）先后任站长，内设人事股、会计股、情报股和译电股，共有人员九十多名，主要活动地点有太平路25号、龙口路36号和大学路10号等，秘密监狱设在金口三路5号，配属通讯总台第十四支台驻大学路16号。

其他还有：第十一绥靖区司令部第二处、国防部第二厅山东督导站、青岛青年工作总队、青岛经济检查大队、国防部绥靖总队第三大队、国防部山东登莱青地区人民“剿匪”义勇总队、国防部人民服务总队第一大队、青岛防空情报所、海军总司令部驻青岛调查室、宪兵第十一团、青岛市警察局和国民党第三十二军、第五十军以及保安旅、警备旅谍报参谋、特务队等。

国民党中央执行委员会党员通讯局（党通局，前身是中统）：

青岛区室：许少顿（又名曾修文，化名秦韬）任主任，后由山东省室主任于仲崑兼主任，姚公凯任特派员，驻德县路5号和聊城路116号青报社等。该室在太平路国民党青岛市党部设立公开机构，各文化团体、大专院校以及重点中学组建“党员调查网”，工厂、作坊、学校和商店设置小组。

鲁东区室：主任王竹川（又名王琪），内设组训科、情报科以及十几个小组，在烟台、威海卫、龙口、平度、即墨等地设特务站。1947年10月移至烟台，1948年10月撤回青岛，驻吉林路35号。

青岛最高特务决策机构是“党政军联席会报”，分为甲种会报、乙种会报、丙种会报和“新闻座谈”：

甲种会报。青岛警备（后为第十一绥靖区）司令丁治磐、青岛市市长李先良、国民党青岛市党部主任委员兼副市长葛覃、青岛市警察局局长王志超、宪兵第十一团少将团长杨显涵、青岛师管区少将司令李曾逊等军政主官参加，主要内容是传达中央指示，制订具体计划措施，打击中共秘密组织。

乙种会报。青岛警备（后为第十一绥靖区）司令部第二处、宪兵第十一团、青岛市警察局督察处、保密局青岛站、党通局青岛区室主要负责人参加，内容是检查督导甲种会报内容的落实情况。

丙种会报。保密局青岛站秘书、党通局青岛区室秘书、宪兵第十一团副团长、青岛市警察局督察长参加，内容是执行甲种和乙种会报下达的任务，并向甲种会报作出报告。

新闻座谈会报。青岛警备（后为第十一绥靖区）司令部第二处第二科、各谍报大队、青岛市警察局督察处、党通局青岛区室情报科、党通局鲁东区室情报科、保密局青岛站情报股、宪兵第十一团特务组、国防部第二厅直属谍报组等负责人参加，每周六下午在馆陶路22号青岛警备司令部二楼会议室举行，主要内容是交换情报、审查各单位逮捕的嫌疑分子、决定开展大清查、大搜捕的时间和范围等。

丁治磐通过“党政军联席会报”，将情报交换、共谍侦办以及政治犯处置等重要权力抓在手中，使“各路诸侯”不得不有所顾忌。同时，他对各特务机构装备调配、经费补充和人事安排等方面的要求，尽其可能给予关照，甚至不惜降尊纡贵，亲自奔走说项，把面子给到十足。

1947年4月，国民党各省、市政府统计室升级为统计处，青岛市政府统计室原主任毕士杰为了能够当上统计长，通过党通局青岛区室主任徐少顿求到了丁治磐门下。

丁治磐（左）、李先良（右）旧照

青岛市市长李先良兼任青岛警备副司令，司令丁治磐说话自然管用，不但满足了毕士杰的愿望，而且主动加码，把党通局青岛区室书记黄桂显、组训科科长王敬文、行动科科长田模以及徐少顿的妻子江昭南等人，悉数安插到统计处第二科，并拨出太平路青岛市参议会大楼的部分房间，作为青岛区室的办公场所。

烟台华安电影院位于商业中心丹桂街，是全市仅有的三座电影院之一。1947 年 10 月，国民党军占领烟台后，中统鲁东区室主任王竹川为了抢夺这块肥肉，与烟台市市长兼接收委员会主任委员丁綍庭闹得不可开交。丁綍庭请求私交甚笃的丁治磐帮忙，丁治磐却出于“公”心，向第二绥靖区司令官兼山东省主席王耀武建议将华安电影院交给中统接收，直接摆了这位好朋友一道。

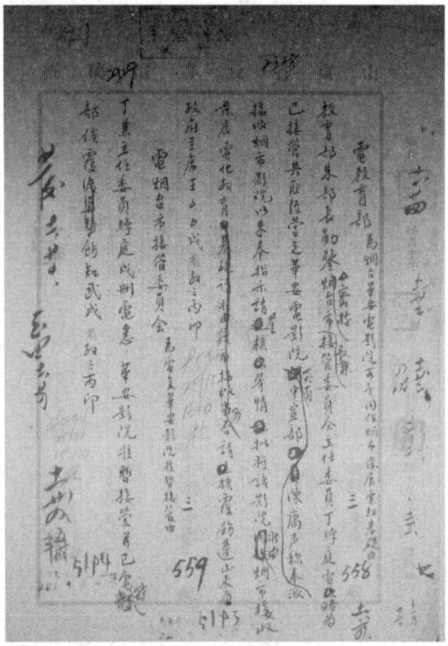

1947 年 11 月 24 日王耀武给丁綍庭的复电

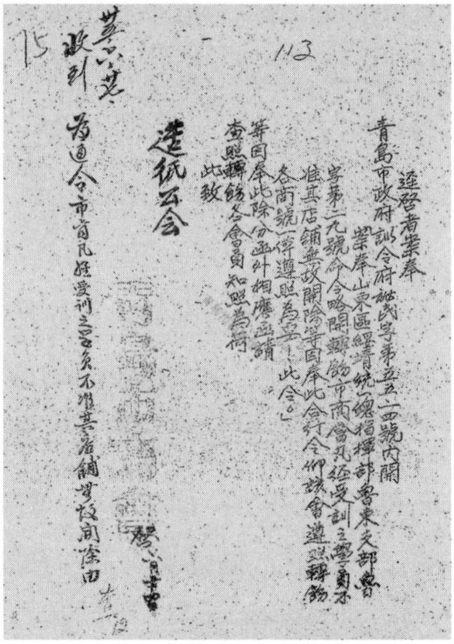

1946 年 6 月 24 日青岛市政府训令

由于丁治磐长袖善舞，广结“官”缘，分属不同派系的特务头目们，无不感其恩而怀其德，愿意为他多卖一些力气。

1946 年 6 月，青岛市政府发布训令：“凡经受训之学员，不准其店铺无故开除等因奉此，合行令仰该会转饬各商号一律遵照为要！”

1946 年 9 月，山东区绥靖统一指挥部鲁东支部发布《青岛市奸匪大检举实施办法》：“各机关团体学校之负责人及其成员均有检举之责，检举后各机关职员得用三人联名担保。住户中由保甲长负责检举，住户亦有检举之权。检举方式分公开和私密二种。有检举情事应向下列机关报告之：1. 青岛警备司令部。2. 宪兵机关。3. 警察机关。”

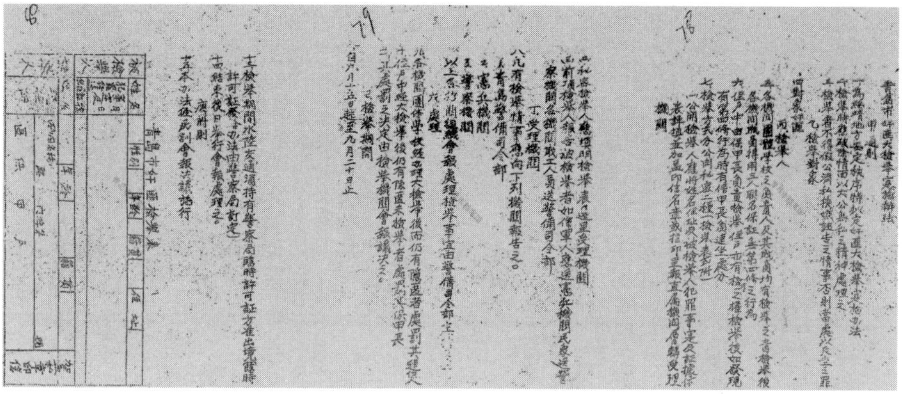

山东区绥靖统一指挥部鲁东支部《青岛市奸匪大检举实施办法》

1947 年 6 月，青岛市警察局侦缉队向全市旅馆、客栈下达指令，要求“均应照章将每日来往旅客登记表送呈敝队核阅，以符定章，而便考查”。

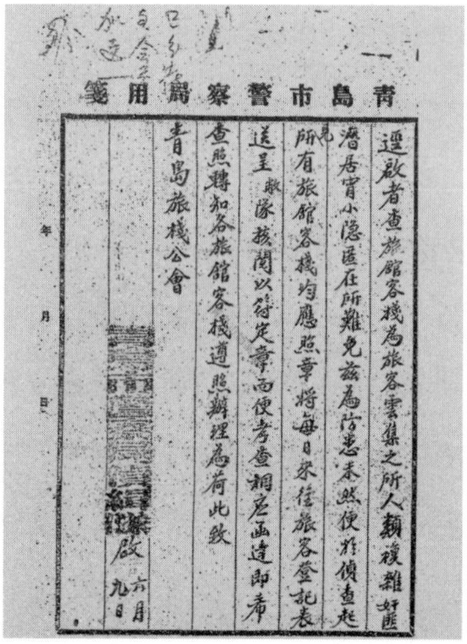

青島市警察局用箋

逕啟者查旅館客棧為旅客雲集之所人類複雜奸匪潛居實小隱匿在所難免為患未然使於偵查起見所有旅館客棧均應照章將每日來往旅客登記表送呈敝隊核閱以符定章而便考查相應函達即希查照轉知各旅館客棧遵照辦理為荷此致

青島旅棧公會

啟 六月九日

1947 年 6 月 9 日青岛市警察局侦缉队的函

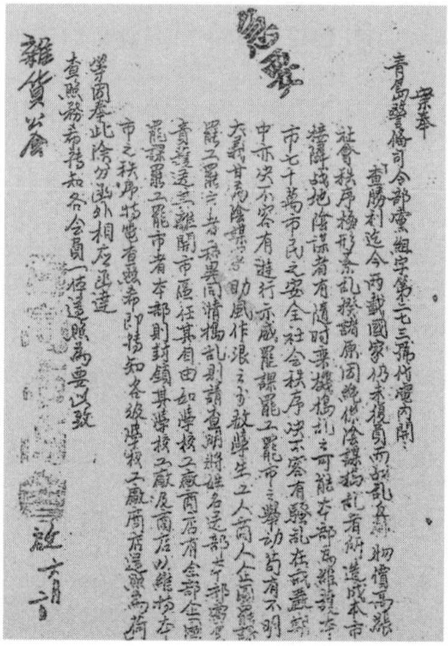

1947 年 6 月 2 日青岛市商会转发青岛警备司令部代电

1947 年 6 月，青岛警备司令部下令："决不容有游行、示威、罢课、罢工、罢市之举动。"

1947 年 6 月，青岛警备司令部颁布《青岛市物资出境管制改进办法》，对通信器材、粮食等二十九种物资实施禁运或限运。

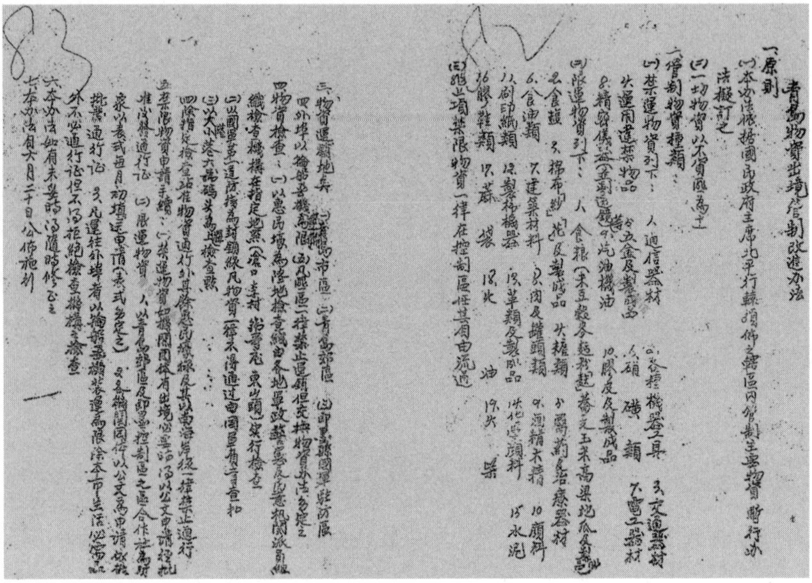
青島物資出境管制改進办法
一、原則
(一)本办法依據國民政府主席北平行轅頒佈之轄區内管制主要物資暫行办法擬訂之
(二)一切物資以不資匪為主
二、管制物資種類
(一)禁運物資列下：1.通信器材 2.各種機器工具 3.交通器材 4.運用違禁物品 5.五金及其製品 6.硝磺類 7.電工器材 8.精密儀器(含測量鏡) 9.汽油機油 10.膠皮及其製成品
(二)限運物資列下：1.食糧(米豆穀各麵粉麩)蕎麦玉米高粱地瓜及其製品 2.食鹽 3.棉布紗花及其製成品 4.糖類 5.醫藥及醫療器材 6.食油類 7.建築材料 8.肉及罐頭類 9.酒精木精 10.顏料 11.印刷紙類 12.製棉機器 13.草類及其製品 14.化學原料 15.水泥 16.膠鞋類 17.蔴袋 18.火油 19.火柴
(三)凡上項禁限物資一律在控制區内任其自由流通
三、物資運輸地點 (一)青島市區 (二)青島郊區 (三)即墨縣國軍駐防區
(四)外埠以輪船飛機為限 (五)凡匪區一律禁止運輸但交換物資办法另定之
四、物資檢查：(一)以惠民墻為陸地檢查線由各地軍政警憲及民意機關派員組織檢查機構在指定地點(滄口 李村 [illegible] 東山頭)實行檢查
(二)以國軍第一道防線為封鎖線凡物資[illegible]不得通過由國軍負責查扣
(三)大小港[illegible]碼頭為海運檢查點
(四)除指定檢查站在物資通行外[illegible]一律禁止通行
五、禁限物資申請手續：(一)禁運物資如機關團体有出境必要者須以公文申請經批准後發通行証 (二)限運物資 1.以青島郊區及即墨控制區之區合作社為限[illegible]以公文為申請[illegible]每月初填送申請(表式另定之) 2.凡運往外埠者以輪船[illegible]為限[illegible]外不必通行証但不得拒絕檢查機構之檢查
六、本办法如有未盡事宜得隨時修正之
七、本办法自六月二十日公佈施行

1947 年 6 月 24 日青岛警备司令部《青岛物资出境管制改进办法》

1947 年 7 月，青岛警备司令部下发《关于凡接受自动电话时一律禁止告知受话处番号答以电话号码的代电》，要求所属各机关人员接听电话时，只答复电话号码，不得对外告知本单位名称，以防泄密。

青岛警备司令部和警察局联合组成军警稽查处，负责制订警备和情报收集计划、调查户口、编定保甲，以及在车站、码头等交通要点设立稽查站。内设调查科，下辖稽查所以及邮电检查员、便衣密探；参谋科，下辖五个巡查队和一个执法队；政训科，下辖各保甲、行业公会、团体机关以及遍布市区各个角落的告密箱。

地方保甲、行业公会、工商企业、保安团队、陆海空驻军以及流亡难民组成的所谓"剿匪义勇总队"，实行统一指挥，上下联动，各司其职，从码头到工厂，从店铺到客栈，从街道到民宅，构成了结构严密，细胞众多，遍布市区的“防谍网”。

按照“检举办法”，凡举报共产党员或激进分子属实的，举报人可以获得一笔丰厚的奖赏。许多宵小之徒贪图金钱，到处跟踪盯梢，偷听偷窥，市民百姓无不闻风色变，道路以目。

据青岛市警察局《保防工作日报表》统计，各警察分局抓捕的共产党嫌疑分子，每天多则上百人，少则几十人，看守所容纳不下，只能借用公房和民居充作临时拘所。

在严酷的白色恐怖下，中共青岛特别支部等地下组织遭到严重破坏，青岛市委社会组所属潜伏小组被迫撤回解放区，隐蔽战线面临极其严峻的形势。

3 你的衣着，你的打扮，你的行为做派，一看就是共产党。待在家里不出门，说明你心虚，不敢见人

1947 年 10 月。

鱼山路 6 号坐落在小鱼山南麓，沿石砌小径向上六七米，伫立着西式和中式两座楼房，这是王守政亲自设计并监造的私人宅邸，一座家人自住，一座对外出租，以房养房，收支相抵，由此可见王老先生的精明睿智。

鱼山路 6 号近照（朱海燕摄）

王继川带着二女儿威克（化名张连生）转道大连回到青岛后，立即被警察局列入“特种户口管理”，成为特务机关的重点监控对象。为了不给亲朋好友带来麻烦，她整天待在家里，

很少出门见人。

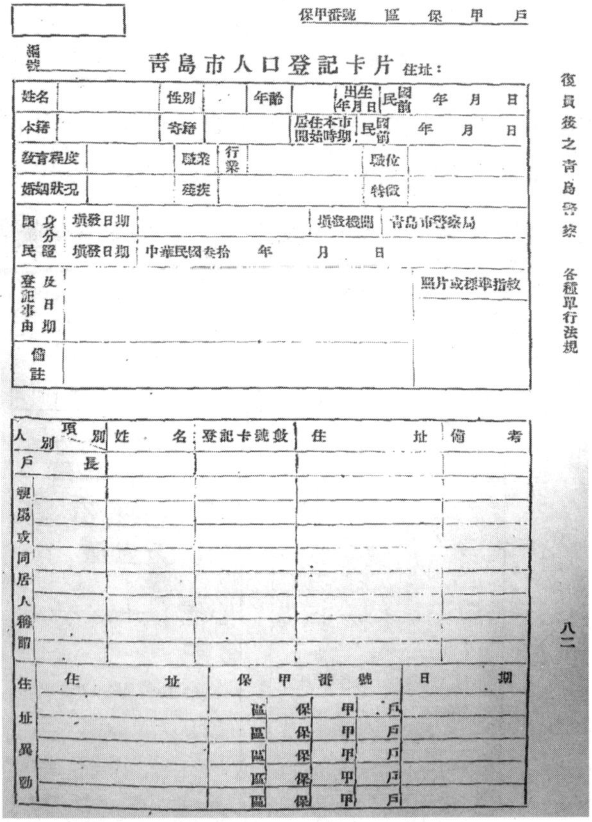

青岛市人口登记卡片

这天，青岛警备司令部情报处上校处长李玉和带着两名特务突然闯进鱼山路6号，指名道姓地对王继川说：“王桂荣，我们接到警察局的报告，说你是共产党从大连派来的谍报人员。”

王继川摆出一副气愤的样子说：“我一直待在家里，跟谁都没来往，怎么就成了共产党谍报人员？”

李玉和冷笑着上下打量王继川：“你的衣着，你的打扮，你的行为做派，一看就是共产党。待在家里不出门，说明你心虚，不敢见人。”

原来，王继川在大连停留了一段时间了解那里的风土人情，并且按照当地妇女的打扮置办了衣着：男式西服，灰绸旗袍，圆头皮鞋。但是，到了号称时尚之都的青岛，这身装束却显得颇为另类，很容易引起别人的注意和议论。

王继川理直气壮地反驳道："我在大连穿什么，回青岛还穿什么，难道大连的女人都是共产党谍报人员？再说，换套衣服还不容易，犯得着为了这个招人议论？"

这时，陆军辎重兵汽车第二十一团第一营中校营长蔡耀廷恰巧来到，他是王桂滓的发小，自然向着王继川说话："桂荣是王家的大妹妹，我从小看着长大的，怎么会是共产党呢？李处长给个面子，我来担保行不行？"

李玉和见台阶就下，缓和了语气说道："既然蔡营长担保，今天这事就到此为止。不过丑话说在前面，要是再有人检举，我们职责所在，还会来麻烦王小姐。"

李玉和走后，王继川反复琢磨刚才的对话，联想起吴若岩要她当阔小姐的叮嘱，感到自我封闭与世隔绝的做法，实际等于自我孤立自我暴露，必须立即改正。

王继川马上去震泰洋服店量身定做了最新样式的旗袍，到新南京理发厅烫起最时髦的发型，脚穿高跟皮鞋，腕戴进口坤表，跟朋友们一起参加各种豪华舞会，逐渐融入上流社会的交际圈。

王继川及其次女旧照

一天晚上，王继川来到汇泉路 20 号励志社招待所舞厅，一眼看见佩戴少将领章的李玉和，正同王耀武等几位国民党将领坐在一起聊天，她马上走过去落落大方地打了招呼。李玉和看着王继川点了点头，眼里闪过一丝赞赏的光亮。

第十一绥靖区司令部成立后，刘沛担

任第二处防谍科少校参谋，主要职责是“共匪潜伏分子之侦察、各党派活动之调查、本市之电信督察、破获奸谍、民众情报、策反计划之拟定实施及反正人员之罗致运用”。

刘沛身材高大，面色阴沉，是个很有心计的人，他对前任留下的档案材料进行仔细研究，认定王桂荣具有重大“共谍”嫌疑，在她的名字上重重地画了两道横线。但是，他并没有贸然行动。

一天，两名身穿国民党军装的年轻人来到鱼山路6号，自称1943年在安徽阜阳中学读书，现在是青岛师管区的尉级军官，听说王老师回来了，特意前来看望。当年王继川奔赴延安途中，曾在国统区阜阳中学当过老师，但时间较短，学生又多，实在记不起这两个人。

其中名叫张玉成的青年表现得格外热情：“王老师教我们的时间不长，但印象非常深刻，尤其是坚持团结，反对分裂，坚持抗战，反对投降，国共两党团结合作，抗战到底，把日本强盗赶出中国去，您讲的这些道理让我们青年学生热血沸腾，恨不得立刻上前线打鬼子，救民水火。您是大家风范，端庄严肃，从来不和男老师嬉皮笑脸开玩笑，跟别的女老师明显不同。后来您突然离开学校，听教务长说，您平时写字是简体，不说民众说人民，不说民族复兴说民族解放，不用民国年号用公元纪年，不用真名用假名，后来又截获了您寄往延安的一封信，据此向安徽省主席李品仙检举校长张宝山包庇女共产党员。”

王继川说：“山东教育界有两派，北大派也叫胶东派，师大派也叫鲁西派。校长张宝山是胶东人，北大派；教务长张选青是鲁西人，师大派。张选青想取张宝山而代之，所以拿我开刀。沙晓鲁是回族女同学，住在延安大砭沟清真寺，给她写信就是共产党，这不是欲加之罪何患无辞吗？”

张玉成拿出一本茅盾的小说《腐蚀》[③]说：“这本书写得挺好，王老师肯定看过吧？”

王继川把那套假口供从头到尾讲了一遍，苦笑着说：“张校长让我离开学校是好心，却害得我被日本鬼子抓住做了劳工，现在走投无路回来住娘家，什么国家大事，什么理想前途，都成了过眼云烟，哪还有心情看小说。”

没过几天张玉成又来了，拿出一本日本进步作家的小说：“王老师您看看吧，这本书写得很好。”

王继川不耐烦地说：“王老师已经不是年轻的时候了，结了婚又被婆家赶出来，人生就这么回事，哪还有心思看小说。”

张玉成毫不气馁，每个星期都要到王家跑一趟，还以生活困难为由向王继川借了一笔钱。王继川断定此人暗藏心机，要么是特务，要么是心怀鬼胎的告密者，一直对他小心应付。

一天晚上 10 点多钟，王继川看完电影刚进家门，已经升任防谍科中校科长的刘沛带着一群特务突然闯了进来，声色俱厉地说：“王桂荣，有人招供你是共产党从大连派来的谍报，你丈夫是大连的领导干部，你是大连的妇女主任。马上收拾一下，跟我们走。”

王继川刚开始还有点紧张，后来听到妇女主任什么的，心里立马有了底，满脸怒色地争辩道：“我丈夫给日本人当过翻译官，姓张，不是共产党干部，我更不是大连的妇女主任。谁栽赃陷害，敢不敢和我对质？”

刘沛一副胸有成竹的样子：“就是找你过去对质，现在跟我们走吧。”

王继川耍起了大小姐脾气：“这么晚了，小孩又生病拉肚子，说什么也不能跟你们走，明天一早我去投案就是。”

刘沛顾虑王家的社会地位，不敢过分为难，考虑了一下便同意了，留下一个名叫边锦秀的便衣特务监视王继川。刘沛走后，边锦秀善意地提醒王继川：“你少睡会，写份履历，明天给刘科长看。”青岛解放后得知，边锦秀是中共青岛市委社会组的情报关系。

第二天一大早，刘沛打来电话，要王继川马上到陵县路 17 号第十一绥靖区司令部第二处驻地。王继川带着妹妹王桂新，坐上蔡耀廷的军用吉普车一起过去。王继川让妹妹同去，原打算是一旦自己被捕，便于向组织报告情况，谁知歪打正着，竟然起了意想不到的作用。

刘沛看了王继川连夜写出的假履历，摆出一副公事公办的样子说："我也没办法，有人检举，只好请你过来对质。"他把一个姓于的犯人叫上来，当着王继川的面问道："你认不认识王桂荣？"

于某回答："认识，她以前是山大的学生，共产党从大连派来的情报工作人员。"

刘沛紧跟着问："你真的认识她吗？"

于某面对年龄相差几岁，模样有些相像的王继川和王桂新，左看右看，犹犹豫豫，一时没敢指认。刘沛看出于某根本不认识王继川，气恼地狠狠打了他一记耳光，命人押了下去。

陵县路 17 号第十一绥靖区司令部第二处旧址近照（朱海燕摄）

下午，特务从青纺公司抓来十几名闹罢工的工人，刘沛逐个亲自审问，确认他们同王继川没有任何关系，这才同意交铺保释放。释放前，刘沛对王继川提出两条要求："第一，未经批准不得离开市区；第二，我每三天给你家打电话，你要亲自接听。"

从此，刘沛每三天给王家打一次电话，每次都要王继川亲自接听，否则就要亲自前去查个究竟。他还要求王继川写一篇对这次释放的感想，说是要在报纸上发表。王继川托词心里乱写不出，给刘沛老婆送了一块进口毛料表示"感谢"，他也就知趣地不再提起了。

一天上午，特务们再次闯进王继川家，翻箱倒柜到处搜查，不断威胁王继川把电台交出来。王继川家里没有电台，情报底稿也都随时烧毁没有留下痕迹，只是前段时间到南村秘站汇报工作，返回青岛时使用的伪造通行证，一直带在身上忘了处理，她趁着特务只顾搜查大件东西，偷偷地把通行证塞进毛线堆里，万幸没被发现。

特务把王继川带到金口三路5号第十一绥靖区司令部第二处青岛组驻地，多日不见的张玉成露面了，他言之凿凿地说："王老师你不是说有电台吗？还告诉我电台呼号，赶快承认了吧。"

金口三路5号第十一绥靖区司令部第二处青岛组旧址近照（朱海燕摄）

王继川厉声斥责道："张玉成你说失业了生活困难来求我，我给你钱帮助你，想不到你反过头来血口喷人。如果在我家里找出电台，就是把我凌迟处死也没怨言。张玉成你敢不敢也发个誓？"张玉成心里有鬼，耷拉着脑袋没敢搭腔，这出戏只好草草收场。

刘沛因为抓捕共产党谍报人员"功劳"卓著，在短短半年多的时间里，从一名默默无闻的少校参谋，先后提拔为防谍科中校科长、青岛组上校组长。他为了尽快戴上少将领章，以"危害民国"的罪名将王继川移交特种刑事法庭，非要办成"共谍"大案不可。

在馆陶路22号第十一绥靖区司令部军法处，一名舞女在王继川前面受审，特务们站在一旁狂吼乱叫"把这些共产党抽他们的筋，扒他们的皮"，气氛非常恐怖。

轮到王继川受审了，法官稀里哗啦地翻着案卷问道："你是王桂荣吗？有人告你是共产党，老老实实招供，什么时候加入奸党，担任什么职务？"

王继川坚决否认，又把那篇假履历讲了一遍，说到大女儿病死时，心想如果我这次牺牲了，就再也见不到她了，情由心生，忍不住掉下了眼泪：“我百般无奈投奔娘家，还不得安生。究竟是谁诬陷我，是张玉成还是别的谁，叫过来我和他对质。”

法官以为王继川是个青年妇女好对付，故意把桌子拍得啪啪山响，声色俱厉地吼道：“看来你还不认识我，我叫张振铎，专办危害民国的案子。你要是主动坦白，可以当庭释放；要是执迷不悟，我有权判你死刑。”

王继川外表柔弱，内心坚强，一番辩解滴水不漏，怼得法官哑口无言，只好将她当庭释放。

就这样，王继川凭借丰富的对敌斗争经验，坚定沉着，机智灵活，一次次挫败敌人的阴谋，硬是在特务的眼皮底下站稳了脚跟。

4 国民党军以绝对优势兵力对胶东解放区进行“扫荡”，吴若岩为了向华东局领导汇报工作，竟然要冒着枪林弹雨穿越封锁线

1947 年 12 月。

深夜时分，万籁俱寂，一支十几人的小队伍隐蔽在公路附近的树丛里。前去打探情况的侦察员回来报告：“公路上每隔一里左右设有敌人一处岗哨，大概半个班的兵力。”吴若岩果断下令：“把哨兵解决掉，尽量不要开枪，迅速通过公路。”警卫班以匍匐动作接近敌岗哨，没费一枪一弹将五名国民党哨兵全部解决，掩护吴若岩等人越过了这道敌人重点设防的封锁线。

当时，国民党以绝对优势兵力，先后占领了烟台、威海卫等胶东绝大部分城市，并对解放区进行疯狂的“扫荡”和封锁。形势最为紧张的时期，胶东区党委统战部召集所属四个地委统战部负责人开会都成了难题。

由于部长于谷莺前往华东局参加土地工作会议，随后去大连治病疗养，第一副部长吴若岩奉命主持胶东区党委统战部全面工作。吴若岩对胶统所

属的情报关系和统战对象进行了全面摸底调查，西海地委统战部领导的东兴隆商号经理徐行健，引起了他的特别关注。

徐行健，原名徐宝生，山东掖县[4]人，十二岁闯关东到吉林谋生，由于聪明好学，经营有方，得到了东家的信任，从学徒到店员再到经理，逐渐成为当地名望卓著的大商人。九一八事变后，他多次为抗日联军赵尚志部队提供给养，由于汉奸告密，遭到日本宪兵追捕，不得不携家带口逃回关内。

抗日战争全面爆发后，徐行健矢志救国，先后投奔韩复榘和沈鸿烈等国民党实权人物，但屡屡碰壁，一事无成，辛苦创建的通裕汽车公司的十几辆汽车，也被国民党军队无偿“征用”。

1938 年初，在中共领导人林伯渠的支持下，徐行健组建了战地服务团，积极推动国民党山东省第四区行政督察专员兼保安司令韩多峰与八路军建立联防，共同抗日，为此遭到国民党顽固派的嫉视与排斥。

历经多年奔波与挫折，徐行健越来越深切地认识到，只有共产党的领导，才是中华民族生存和解放的唯一道路。他主动找到八路军平原纵队司令员袁仲贤，积极要求参加部队。袁仲贤考虑到徐行健体弱多病，难以适应军旅生活，再三劝他休息养病，设法筹办企业，为抗日根据地输送物资。

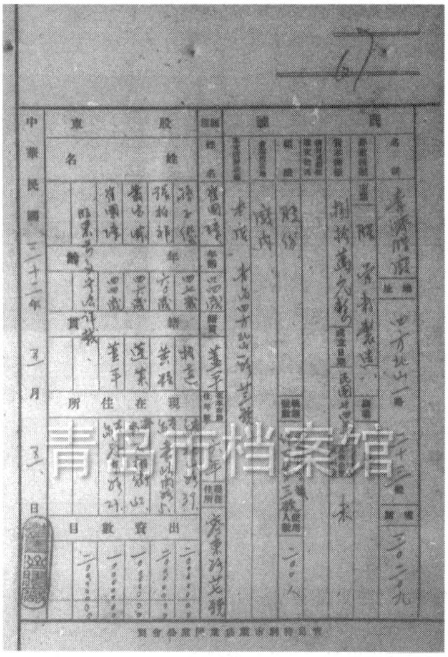

青济胶厂登记表

1941 年春，徐行健与崔岩、曲佩光出资，在青岛奉天路[5]208 号开设斯宜药厂，徐行健任经理，曲佩光任副经理，张佩甫任营业主任，陈志藻任厂长，曾在因（人名）任技术厂长，李双明任技术员，很快生产出红汞、药棉、止痛片和止咳药水等。但由于日伪政府严格控制中国人开办药厂，迟迟不给颁发执照，斯宜药厂无法正式营业，不得不于年底停办。

青岛通往抗日根据地的各个交通要道都有日伪军重兵把守，如果没有“合法”手续，医药用品根本无法运出。中日合资青济胶厂设在日伪统治相对薄弱的市郊四方北山，由于一名日本董事在日本宪兵队担任嘱托[6]，运输货物的车辆往来胶东各地，日伪军警从不检查。徐行健提出，利用崔岩担任该厂常务董事兼经理的有利条件，解决通往根据地的运输问题。

青济胶厂董事长是个日本人，平时不太过问业务；技术厂长是德国人，大事小情都要由他点头。崔岩抓住德国人独断专行的毛病，经常在日籍董事长面前煽风点火，最终迫使德国人辞职，由张佩甫接任技术厂长，掌握了企业经营的实权。

接着，徐行健在太平路 11 号开办罗利贸易行，代销青济胶厂生产的骨胶、骨粉并兼营西药和医疗器械。同时又在斯宜药厂原址开办因光化学社，曲佩光任经理，曾在因任副经理，妥善安置李双明等青年技术人员。

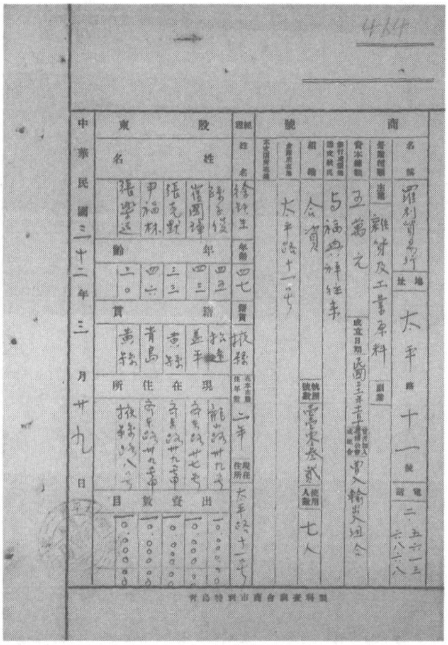

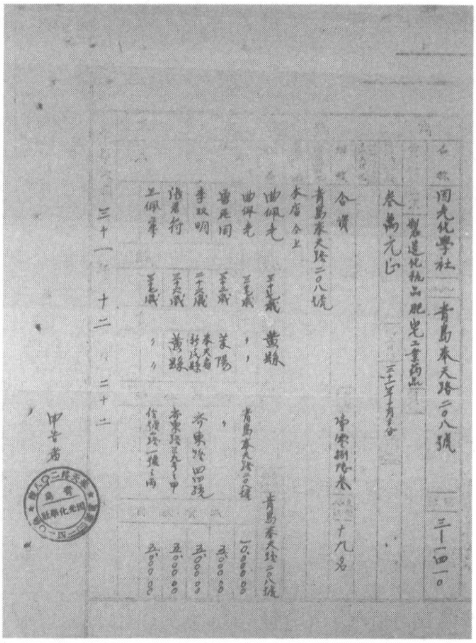

罗利贸易行、因光化学社登记表

1942 年春，徐行健携带大批药品回到掖县老家，向中共西海地委汇报工作，请求任务。有关领导对徐行健的爱国热情予以充分肯定，但又对他复杂的个人经历和社会关系抱有怀疑态度，不敢大胆放手使用，只同意在朱由村开办东兴隆商号，徐行健任经理，王秋白任副经理，为八路军生产棉布，同时作为向根据地输送物资的中转站。

徐行健从敌占区招聘织布技术工人二十多名，购置脚踏织布机十六台，克服日伪军频繁“扫荡”以及原材料采购、产品储藏和运输等方面的困难，先后出产棉线八万多市斤、棉布五千多匹，全部交付八路军胶东军区西海军分区后勤部。

1943 年，胶东区党委统战部决定成立外围组织“敌占区抗敌同盟动员委员会”，徐行健任主任委员，崔岩任组织委员，张佩甫任宣传委员，并正式颁发证书。徐行健深感责任重大，更加刻苦地钻研中共理论文献和指示，仅学习笔记就写了十几本。

由于徐行健常年经商，阅历丰富，善于交际，待人诚恳，又有罗利商行老板的公开身份，青岛阳本印染厂老板陈孟元、福德顺银号经理李砚农等青岛工商界头面人物，经常同他一起下馆子、搓麻将、打网球，不知不觉受到影响，逐渐理解和接受中共的政策和主张。在他的引导和鼓励下，李双明等三十多名青年知识分子先后奔赴解放区，成长为卓有成就的专业人才和革命干部。

1946 年春，国民党以“逆产”⑦的罪名将青济胶厂财产全部没收，徐行健和崔岩也被扣上“共党嫌疑”的帽子，随时都有被捕的可能，上级指示他们立即返回解放区。

离开青岛前，徐行健选定莱芜二路 10 号作为秘密联络站。这是个独院，位置比较偏僻，不太引人注意，而且楼顶有个小棚子，一旦发生紧急情况，可以到里面隐蔽。徐行健特意交待联络站负责人张佩甫，把楼下的部分房间租给了一位小有名气的舞女，各色人等来来往往，起到很好的掩护作用。

由于工作需要和所处环境，徐行健同日本人、汉奸、国民党以及三教九流各色人等都有来往，很容易使人感到其社会关系复杂，历史疑点较多，胶统部分领导因此对他只是片面地强调使用，缺乏基本的信任和关怀。

古语道，用人不疑，疑人不用。为了彻底搞清徐行健身上的种种问题，吴若岩决定亲自向华东局和华东军区有关领导请示汇报。他带领一支精干的小队伍，从昆嵛山[8]区出发，长途跋涉七百多华里，穿越国民党多道封锁线，赶到五莲县大茅庄华东局驻地。

华东军区参谋长袁仲贤早在抗日战争初期就与徐行健相识，他以负责任的态度，给以徐行健很高的评价："我认为徐行健毁家纾难，参加革命是真心的，应当在使用中加强教育。"

北海银行胶东分行行长陈文其是二十年代的老党员，长期从事财经金融工作，对徐行健及其所领导的崔岩、王秋白、张佩甫等人在抗战时期的表现非常了解，认为他们是坚定的爱国主义者。

吴若岩返回区统后，组织大家认真学习毛泽东 1944 年 10 月 30 日在陕甘宁边区文教工作者会议上的演讲："统一战线的原则有两个：第一个是团结，第二个是批评、教育和改造。在统一战线中，投降主义是错误的，对别人采取排斥和鄙弃态度的宗派主义也是错误的。我们的任务是联合一切可用的旧知识分子、旧艺人、旧医生，而帮助、感化和改造他们。为了改造，先要团结。只要我们做得恰当，他们是会欢迎我们的帮助的。"

吴若岩说："在国民党全面进攻胶东解放区的危急形势下，徐行健能够坚定不移地跟着党走，这已经足以说明他的政治倾向和思想觉悟。如果我们继续采取排斥和鄙视的态度，就是犯了关门主义的错误，应当在使用中加强教育，以团结的态度进行帮助。"

吴若岩亲自来到徐行健的住处，向他宣布胶东区党委统战部部委会作出的决定："吸收徐行健为情报工作人员，由区党委统战部直接领导。在解放区与敌占区交界的南村设立秘站，向青岛敌占区开展统战和情报工作，由徐行健全权负责。"

徐行健激动得老泪纵横，紧紧握住吴若岩的手说：“我为革命奔波了这么多年，第一次感受到党的信任和温暖！我这才算是真正找到了党。”

吴若岩热情地说：“徐行健同志，你多年来矢志不移追求革命，虽九死其犹未悔，这种高尚情怀难能可贵。希望你继续努力奋斗，为人民解放事业做出新的贡献。”

徐行健郑重地向吴若岩提出入党的请求：“我愿为革命鞠躬尽瘁，死而后已！请党组织考验我。”

随后，徐行健返回掖县朱由村，将东兴隆商号的设备、原料、产品以及结余资金，全部无偿移交胶东军区后勤部，没有收回分文投资。接着，他来到南村开办了普兴东商行，作为向青岛敌占区开展工作的秘密据点，所需资金完全由个人承担，没有使用党组织的一分钱。

5 胶统既为中央服务，也为地方服务，成为名副其实的胶东区党委领导的情报机关

1947 年 12 月。

上旬，华东局任命吴若岩为胶东区党委统战部部长，谢明钦为副部长，同时决定胶东区党委组织部城工科机构和人员并入统战部。

谢明钦旧照

谢明钦，山东海阳人，1932 年加入中国共产党，长期从事地下工作，1942 年 1 月担任青岛工委书记期间，因叛徒出卖被日本特务机关逮捕，在狱中遭受严刑拷打，几度生命垂危，始终保持革命气节。日本投降后，他趁乱逃出监狱，孤身步行返回解放区找到了党组织。由于酷刑后遗症，谢明钦双耳基本失聪，只能根

据对方说话的口型，结合笔写进行“交谈”，但他不顾身体残疾，仍然积极开展工作。

按照中共中央和华东局的指示，胶东区党委统战部认真开展以查阶级、查工作、查斗志和整顿组织、整顿思想、整顿作风为主要内容的“三查三整”运动。全体干部认真学习中共中央文件，准确领会和贯彻党的统一战线理论，排除关门主义和只讲联合不讲斗争的“左”、右两种错误倾向的干扰，紧紧把握斗争形势的新发展和新要求，重点围绕“敌占城市如何全面深入地开展统战工作”进行深入探讨，肯定成绩，找出问题，纠正错误，明确方向。

他们还根据中共中央1947年2月28日、5月5日发出的《关于在蒋管区的工作方针和斗争策略的两个文件》，严格按照“党的组织要严守精干隐蔽，平行组织，单线领导，不转关系，城乡分开，上下分开，公开与秘密分开等原则。高级领导机关更须十分隐蔽，少开会，少接头，多做局势研究与策略指导的工作”的指示精神，对照实际工作进行检查分析，并在工作中认真落实。

15日，为进一步加强统战和城市工作，胶东区党委统战部作出《关于合并城工科在几项工作关系上的决定》，指出此次合并“不是减弱任何一方面的工作，乃是求得机构简化，便于人财力集中，把党的城市工作、海外工作、情报工作更好地相互作用，互相推移（进），更大地发挥敌区秘工效能”，同时还对工作关系、内外勤分工和任务等作出明确规定。

吴若岩和谢明钦认为：烟台等城市被国民党占领后，出现了秘密情报力量严重不足的问题，应当引起充分的注意。切实做到情报工作与城市工作相互融合，内外有别，不但可以为统战和情报工作的发展提供更为雄厚的群众和组织基础，同时也使城市党的组织建设有了更加明确的目标。运用统一战线这个克敌制胜的法宝，向敌占区发展，向敌占城市发展，向南朝鲜、日本和东南亚发展，动员一切力量支援解放战争。

吴若岩和谢明钦研究决定，在红石崖[9]复兴商行秘站的基础上组建青岛组，刘旭生任组长，主要任务是以阴岛[10]为重点，发动群众，扩大组织，建立交通线，同时兼顾青岛市区的情报工作。

阴岛设有国民党区公所和区队，下辖十六个保公所和保队，机构健全，人员充实，表面看上去似乎无懈可击。

刘旭生找到地下党员于吉芬问道："听说区公所特务组组长是你的表亲？"

于吉芬鄙夷地说："那小子不地道净干坏事，我早就不跟他来往了。"

刘旭生笑着说："你不光要跟他来往，还要把关系搞好。"

于吉芬很是纳闷儿："这是为什么？"

刘旭生严肃地说："组织决定派你打入特务组，搞情报和策反工作。"

于吉芬一听让自己当特务，心里很不情愿，经过刘旭生再三开导，才勉强接受了任务。他利用亲戚关系打入特务组，整天同组长以及几个骨干分子吃喝玩乐成了铁哥们，不久当上了收发文件起草文书的书记员，只要特务机关有什么风吹草动，有时候组长还不知道，情报已经传递出去了。

在青岛组的统一领导下，阴岛十六个村中十五个村有了地下党员，八个村建立了地下党支部，各支部分别派人打入各保公所，控制基层政权和武装。青岛组安排高家村的两名渔民党员暗中控制了一条渔船，建立了青岛—阴岛秘密交通线，负责接送情工人员、传递情报和文件。

有一天，于吉芬送来情报：国民党军近日将到阴岛抓壮丁。青岛组立即安排各党支部挨家挨户进行动员，最终引导数十名青壮年前往解放区，一部分参加地方工作，大部分加入了人民解放军。

据《胶东区党委统战部组织科 1947 年工作总结》显示，至 1947 年底，区统在青岛建立直属秘站九处，掌握情报关系五十一人，派遣秘密情工人员七人，其中打入国民党特务机关四人、海军二人、陆军一人，同时在烟台、上海、广州、大连、沈阳、徐州，以及南朝鲜、日本、东南亚等地建立秘密情报网络，选拔和培养了一批有胆识、有能力、有作为的情报干部。

至此，胶东区党委统战部情报工作发生了重大转变，从主要为中央服务，转变到既为中央服务，也为地方服务，真正成为名副其实的胶东区党委领导的情报机关，为迎接解放战争的胜利打下了基础。

一、注释

①绥远路：今包头路。

②金口：今属青岛市即墨区金口镇，位于即墨、莱阳和海阳交界处。

③《腐蚀》：著名进步作家茅盾在抗战期间创作的日记体小说，以重庆为背景描写女特务赵惠明复杂的生活和心理，抨击了国民党特务的法西斯罪行。

④掖县：今莱州市。

⑤奉天路：今辽宁路。

⑥嘱托：日语，顾问的意思。

⑦逆产：背叛国家民族者即汉奸的私人产业。

⑧昆嵛山：位于胶东半岛东部，牟平、文登和乳山交界地区。

⑨红石崖：位于胶州湾西岸，今属青岛市黄岛区红石崖街道。

⑩阴岛：也称荫岛，现名红岛，原为胶州湾中的孤岛，二十世纪初成为半岛。

二、人物简介

1. 丁治磐（1894—1988），字似庵，江苏东海人。江苏陆军讲武堂步兵科第一期毕业，历任排长，连长，营长，中校参谋主任，上校参谋长，旅长，军参谋长，第四十一师师长，第二十六军军长，第二十七集团军副总司令，第二绥靖区副司令官兼青岛警备司令，第十一绥靖区司令官，江苏省政府主席兼保安司令、国民党江苏省党部主任委员、京沪杭警备副总司令，台湾“总统府国策顾问”等职。

2. 蔡耀廷（1912—?），字廷桧，山东高密人，中央军校第十三期步兵六队毕业。

3. 徐行健（1893—1950），原名徐宝升，山东掖县（今莱州市）人。十二岁孤身跟随乡人闯关东谋生，先在吉林天和商号学徒，后到珲春源昌商店当店员，逐渐成为当地颇有名望的大商人。曾任中共外围组织敌占区抗敌同盟动员委员会主任委员，胶东区党委统战部南村普兴东秘站负责人。青岛解放后历任青岛市公安局代理科长，胶东军区企业公司经理等职。1950年追认为中国共产党党员。

4. 曾在因（1909—1994），山东莱阳人。山东大学化学系毕业，历任上海中西大药房制药部主任，青岛斯谊药厂厂长，青岛因光化学厂厂长，华北制药厂厂长，青岛启奥化学厂厂长。青岛解放后历任胶东企业公司工程师，青岛市轻工业局、化学工业局副局长，青岛市人民政府副市长，青岛市人大常委会副主任等职。

5. 谢明钦（1902—1988），原名谢纯熙，化名李文德、李子斌，山东莱阳人。山东省立第一中学毕业，1932年春加入中国共产党，历任莱阳县委委员兼秘书、第五区区委书记，莱阳县委组织部部长、书记，南海特委书记，莱阳县临时参议会参议长，青岛工委书记，胶东区党委统战部副部长。青岛解放后历任胶东区文物管理委员会主任，山东省古代文物管理委员会副主任，青岛市保密委员会主任，青岛市委党校校长，青岛市博物馆馆长等职。

6. 刘旭生（1918—2016），原名阚旭生，山东掖县（今莱州市）人。1938年参加革命工作，1939年7月加入中国共产党，历任掖县青救会宣传部部长，西海专区青联宣传部副部长，平北县委青委书记、城工科科长，平度城厢工委副书记，胶东区党委统战部青岛组组长。青岛解放后历任青岛市公安局科长、处长、副局长，青岛市人民检察院检察长等职。

第 3 章

上校处长

1 解放军战士冲上去一看，跪在地上举手投降的不是国民党军，而是金发碧眼的美国兵

1947 年 12 月。

吴若岩就任胶东区党委统战部部长没几天，又接到了新的任命：中国人民解放军胶东军区司令部情报处上校处长。

也许有人会有疑问：是不是搞错了，那时候解放军还没有颁授军衔吧？

事情的原由，要从 25 日的一次小规模战斗说起。

这天中午时分，大雪纷飞，气温极低，树压断，鸟冻死，天气状况非常恶劣。一辆美式军用吉普车沿着青（岛）莱（阳）公路由南向北行驶，很快抵近王疃院村附近解放军阵地前沿。随着一阵短促而激烈的枪声，吉普车翻入路沟起火燃烧，车上的武装人员随即停止抵抗。

解放军战士冲上去一看，跪在地上举手投降的不是国民党军，而是高鼻梁、黄头发的美国兵，其中一个身负重伤，已经奄奄一息，被紧急送往王疃院村后小庙解放军野战医院抢救无效死亡，在庙外荒地掩埋。

五名美军士兵隶属于美国西太平洋海军陆战队驻青岛部队：士官威廉·波拉德；士兵卡罗尔·迪克逊、罗伯特·哈特、汤姆斯·卡波迪斯奇亚和查尔斯·布莱顿（死亡）。据供称，他们为了欢度圣诞节，向部队长官请假后，携带卡宾枪一支和猎枪四支，乘坐一辆牌号92246的军用吉普车，从青岛驻地前往狩猎区打猎消遣。

当时，莱阳战役战况正紧，国民党军胶东兵团司令官范汉杰调集四个整编师十一个旅，分别由青岛和即墨等地出动，向莱阳县城攻击前进。

华东野战军第七纵队和胶东军区地方部队奉命向国民党援军侧后迂回，南海军分区特务营侦察连占领即墨县瓦前区王疃院村①附近阵地，出乎意料地俘虏了一帮美国兵。

26日，莱阳战役胜利结束，至此，胶东解放区先后动员十二万青年参军，二十万民兵配合作战，四十七万民工支前，华东野战军东线兵团和地方部队共歼敌六万三千余人，彻底粉碎了国民党的进攻，取得了胶东保卫战的决定性胜利，为扭转山东战局，配合西线兵团以及全国各个战场的战略进攻具有重要意义。

27日，中共中央复电华东局，指示王疃院事件处置办法："你们俘获的美军，正好为美军参加中国内战作证，望即派得力人员前往出事地点，搜集一切有关事证物证，并予拍照，以便公开宣传美帝罪状。宣传材料，望先电告我们。对被击毙之美军，可拍照殓葬，许其家属来领，以便影响美国人民，反对援蒋内战。被俘四人，暂勿释放，必须青岛美军司令部公开以书面有所表示，并使我们满意之后，方能考虑释放问题。你们应即将俘获美军一事发表简单消息，然后将详细情节宣布，并由华东人民解放军发布声明。"

同一天，美国驻青岛总领事斯派克致电国务卿马歇尔："五名现役陆战队士兵在超出允许狩猎范围18公里（注：实为24公里）的灵山西北2公里（注：实为8公里）处狩猎时，四人被中共军队俘获，一人失踪，吉普车被烧毁。”

就在美国和中共不约而同保持沉默的时候，八竿子打不着的国民党方面却抢先有了动作。丁治磐得到灵山[2]守军的有关报告后，立刻就像打了鸡血一样兴奋起来，急急忙忙于29日召开记者会宣布：“据灵山驻军侦悉，美军陆战队被俘士兵遭到共军虐待，至少有一名已被残忍杀害，吉普车被烧毁。”

岛城媒体一下子炸了锅，争先恐后进行报道：

《青报》：“失踪五美兵，至今尚无消息。”

《民报》：“美兵五人失踪事，迄今仍无下落，所乘吉普车已遭破坏。”

《中央社》：“在青失踪五美兵传有一人被击毙。”

美国海军在青岛栈桥登陆

《光华日报》：“美驻青陆战队士兵五人，自去年十二月二十五日失踪后，迄今已十四天，该五陆战队士兵失踪后外界谣传纷纷，谓该五士兵误入匪区，而遭杀害。沪美籍新闻记者对此颇表惊骇，纷纷致电驻青美军当局询问，据美陆战队当局于昨（七）日发布消息称其中四士兵于该日外出狩猎，另一陆战队士兵据测可能未经请假而随彼前去。综合各方面之报道，该五名士兵确已误入共区，关于该五名士兵是否被害或遭受虐待，尚无确息证实。该五士兵所用之吉普车已被国军在非戒严地带（远出于狩猎指定范围以外）发现，该车已被破坏并烧毁不堪再用。”

两军对垒，炮火连天，五名美军士兵竟然顶风冒雪，跑到超出狩猎范围 24 公里的国共战场打猎消遣，这份闲情逸致够荒唐，也够搞笑。其实，只要对驻青岛美军的来历和作为稍加探究，这场“狩猎”的真实目的，也就不言自明了。

1945 年 8 月，美国政府以尽快结束中国战事，协助遣返日本战俘为由，派遣海军陆战队第六师在青岛登陆。

1946 年 6 月，美国海军上将柯克率领第七舰队进驻青岛，并派遣海军顾问团，协助国民党建立“中央海军训练团”，后改为海军军官学校，并赠送了一批舰艇。

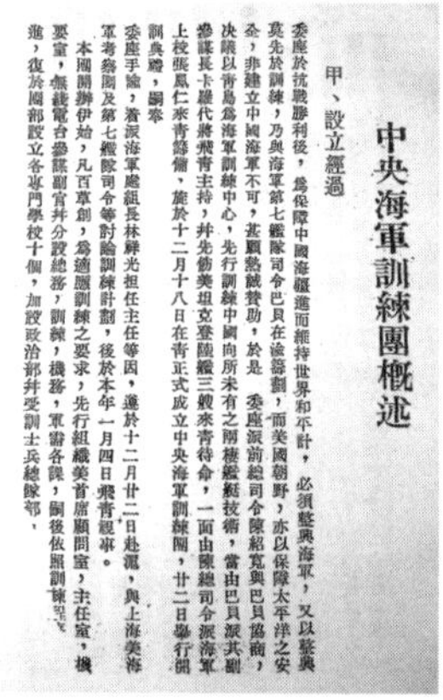
中央海軍訓練團概述

甲、設立經過

委座於抗戰勝利後，為保障中國海疆進而維持世界和平計，必須整興海軍，又以整興莫先於訓練，乃與海軍第七艦隊司令巴貝在渝籌劃，而美國朝野，亦以保障太平洋之安全，非建立中國海軍不可，甚願熱誠贊助，於是 委座派前總司令陳紹寬與巴貝協商，決議以青島為海軍訓練中心，先行訓練中國向所未有之兩棲艦艇技術，當由巴貝派其副參謀長卡雷代將飛青主持，并先飭美坦克登陸艦三艘來青待命，一面由陳總司令派海軍上校張鳳仁來青籌備，旋於十二月十八日在青正式成立中央海軍訓練團，廿二日舉行開訓典禮，嗣奉

委座手諭，着派海軍處組長林祥光担任主任等因，遂於十二月廿二日赴滬，與上海美海軍考察團及第七艦隊司令等討論訓練計劃，後於本年一月四日飛青視事。

本團開辦伊始，凡百草創，為適應訓練之要求，先行組織美首席顧問室，主任室，機要室，無線電台參謀副官并分設總務，訓練，機務，軍需各課，嗣後依照訓練[illegible]進，復於團部設立各專門學校十個，加設政治部并受訓士兵總隊部，

国民党海军《接受美国舰艇典礼纪念特刊》

1946 年 9 月，《中美 30 年船坞秘密协定》签订，美国以军事装备和物资，换取上海和青岛两处船坞的使用权。

1946 年 11 月，《中美友好通商航海条约》签订，规定美国船舶包括军舰在内，可以在中国“开放之一切口岸、地方及领水内”自由航行，紧急时可以开入中国任何不开放的“口岸、地方或领水”。

1946 年 11 月，《青岛海军基地秘密协定》签订，规定美军长期使用青岛港。

1947 年 1 月 1 日，美国第七舰队更名为美国西太平洋海军部队，驻地

仍为青岛。

“沈崇事件”[③]发生后，全国民众不断掀起反美浪潮，在美军陆续撤出上海、天津和塘沽等地的同时，柯克海军上将出于全球战略考虑，要求驻青岛美军从一千九百人增至四千人以上。

由于美国政府奉行“援助蒋介石政权，而不卷入中国内战”的鸵鸟式对华政策，并且未对驻华美军行动权限作出严格规定，以至于多次发生美国军用飞机和军事人员入侵解放区的事件。

1947 年 8 月 28 日，美国驻青岛海军的一架飞机在胶东解放区乳山县(今乳山市）浪暖区西里岛村[④]附近坠毁，一名飞行员被当地民兵俘获。

29 日清晨，美国海军七艘军舰驶入浪暖口以南近海，随即起飞舰载飞机在浪暖口沿海村庄低空侦察并散发传单，要求中方立即释放美军飞行员，否则将采取武力行动。上午 10 时左右，美国海军陆战队七十余人登陆，对残损飞机进行检查后纵火焚毁，并以战斗队形向内陆搜索前进，遭到浪暖区中队的阻击，不得不于傍晚撤回军舰。在为时十多分钟的交火中，双方各有伤亡。

30 日晨，解放军胶东军区东海军分区部队赶到浪暖口一带布防，美军鉴于军事手段难以奏效，派人登岸与中方联络，声称失事飞机由于迷航误入解放区，为了中美两国的友谊，请求尽快归还飞行员。由于当时国民党军即将对胶东解放区发起进攻，中方无意对此过多纠缠，随即同意与美方进行谈判。

在浪暖口海滩临时搭建的草棚里，中方代表根据有理、有利、有节的原则，与美方进行了为时三天的谈判，于 9 月 3 日达成协议：美方道歉并赔偿中方全部损失，保证不再侵犯解放区领海、领空和领土；中方释放美军飞行员。

仅仅四个月之后，美军再次入侵胶东解放区，难道只是偶然的巧合吗？据时任国民党军整编第五十四师第八旅少将副旅长施有仁回忆：解放军发起莱阳战役后，整编第五十四师和第三十六师等国民党军主力，由青岛和即墨等地出动救援。为了填补青岛守备兵力空缺，美国驻青岛海军陆战队派出部队进驻胶河西岸国民党军原有阵地，为避免遭受舆论谴责，采取黄昏后出动、拂晓前撤离的方式，借以掩人耳目。

这段史实，是对五名美军士兵此次“狩猎”最为贴切的注脚：他们不是为了消遣，而是企图侦察国共两军交战态势，为前出据守胶河阵地的美国海军陆战队提供准确情报，不论解放军获胜后乘势进攻青岛外围，还是国民党军战败后退守既设阵地，美军能够及时采取应对措施，避免发生不测事件。

1948 年 1 月。

4 日，为响应上海、北平等全国各大城市掀起的反美浪潮，国立山东大学[5]学生举行“抗议美军暴行”大会，强烈要求美军立即撤出中国。在这样一个极为敏感的时间点，王疃院事件势必将对中美两国关系的发展走向，产生一定的影响。

美国国务院与驻华美军当局一致认为，应与中共直接进行交涉，争取被俘人员尽快获释，但在交涉的方式上，双方出现了不同的两种意见：一是鉴于被俘人员生死不明，应首先通过中间人获取被俘人员的确实信息，然后酌情采取行动；二是通过官方渠道，以提供经济援助为条件，换取中共方面安全释放被俘士兵。

经过往来磋商，双方作出决定：由西太平洋海军与解放军胶东军区进行接触，视其情况发展再作下一步打算。

10 日，一架美国军用飞机出现在莱阳县城西南上空，投下一封美国西太平洋海军司令柯克海军上将署名的公函，要求与中国人民解放军胶东军区互派上校级别代表，就释放美军被俘士兵事宜，在海阳县城举行谈判。

收到胶东军区同意举行谈判的复函后，柯克随即下令由多艘军舰组成的混编舰队，护送谈判代表前往海阳县城。他还准备派出一支陆战部队，在海阳县城附近海域强行登陆，以最大限度的武力威慑，迫使中共屈服。

美国驻华大使司徒雷登闻讯后，立即致电柯克表示强烈反对，称这一鲁莽而不合时宜的计划无助于解决事端，反而可能将美国士兵的生命置于危险之中，迫使柯克取消了该计划。

2 吴若岩刚刚就任胶东区党委统战部部长，接着又挂上了胶东军区司令部情报处上校处长的头衔

1948 年 1 月。

据开国少将、时任胶东军区参谋长贾若瑜回忆：经华东局报请中共中央批准，由吴若岩出任胶东军区首席代表，负责与美国西太平洋海军进行谈判。“由于当时解放军尚未实行军衔制，上级决定特别授予吴若岩上校军衔，以中国人民解放军胶东军区司令部情报处处长的身份出任首席代表，这是胶东军区第一次对外使用军衔。”

贾若瑜旧照

吴若岩精通英语，抗战期间担任新四军第五师司令部情报处处长期间，曾与美国空军第十四航空队情报组配合工作，是胶东解放区为数不多的“美国通”。1946 年国共军事调处期间，他还为中原军区首长李先念、王震等人与美方代表会谈担任英语翻译。

谈判小组其他成员有：胶东行署外事特派员徐中夫、胶东区党委统战部材料科副科长童辛和工作人员李栋、胶东军区司令部英文翻译王越和电台报务员姚洪章等。

姚洪章是荣成人，当年刚满十七岁，小小的年纪，又是第一次离开部

队执行这么重要的任务，心中难免有些忐忑不安。吴若岩亲切地对他说：“你的任务就一个，发好报，收好报，保证与上级的通信联络畅通，有没有问题？”

姚洪章坚定地回答：“没问题，请首长放心。”

吴若岩严肃地说：“如果谈判不成，美军可能实施武力绑架，把我们抓到青岛做人质，所以一定要有不怕牺牲的思想准备，提前制定紧急情况下销毁电台和机密文件的办法。”

姚洪章表示：“一定完成任务，人在电台在，就是豁出命，也不给解放军丢脸。”

吴若岩带领谈判小组来到海阳后，立即着手了解县城各方面的情况。

海阳，因地处黄海之北而得名，海边有一条长约二十公里的沙滩，涨潮时千吨船舶可以直接进港，落潮时小型舢板也无法靠岸。一个多月前，国民党守军从海上撤离海阳，曾以舰炮向攻城的解放军实施拦阻射击，县城以及港口房屋倾颓，瓦砾遍地，生产生活设施遭到严重破坏。在地方党组织和政府的协助下，谈判小组初步选定了适当的谈判地点。

1948 年 2 月。

3 日，美国西太平洋海军代表乘登陆艇，在海阳县城东南海滩登陆。他们分别来自美国西太平洋海军司令部情报处和西太平洋海军陆战队司令部情报科，作为美军驻青岛的主要特务机构负责人，承担侦察和搜集情报、防范情报泄密等任务。

中美双方不约而同派出情报官员担任谈判代表，足以说明在当时国内国际各方势力角逐的形势下，这场貌似单纯军事性质的谈判，实际具有强烈的政治色彩，谈判代表必须具备缜密的思维、敏锐的判断力和高超的谈判技巧，才可以应付不可预知的复杂局面。

双方代表甫一会面，个个笑容可掬，热情握手，互致问候，尤其是美军代表，竟然用洋腔洋调的中国话打起了招呼，使中共代表忍俊不禁，现场气氛显得非常轻松。

但是，会谈尚未正式开始，双方就在谈判地点这个程序性问题上互不相让，发生了激烈的争论。

美军代表提出："我方认为应在海滩或美国军舰举行谈判，四个月前的浪暖口谈判就是在海滩上举行，最终达成了双方满意的结果；海滩属于中共辖区，以此作为谈判地点，实际是美方善意的表现；美国军舰拥有完善的办公、通信和生活设施，可以确保谈判富有效率地进行；如果深入内陆地区，难以保证美方代表的人身安全。"

中共代表表示："目前天寒地冻，海滩缺乏必要的御寒设施，不具备举行谈判的基本条件；美国军舰离岸较远，人员往返很不方便；海阳县城东石人泊村[⑥]王家祠堂距离海边只有六公里，交通设施、房屋建筑以及炊事取暖设施均可正常使用，而且便于布置警卫部队，保证双方代表的人身安全，我方认为，此处是目前最为合适的谈判地点。"

双方各执一词，互不相让，谁都说服不了谁，终于不欢而散。

通过这次初步接触，中共中央基本摸清了美方的真实意图，决定通过新闻媒体向外界公布王疃院事件真相，揭露美军直接参加中国内战，侵犯中国主权的无理行径。

13 日，新华社发表电讯《人民解放军总部发言人评胶东俘获美军事件》："人民解放军总部发言人，评去年十二月二十五日美海军陆战队五人在山东即墨以北王疃院参加内战之事件称：美国海军部曾企图解释此五名美国士兵之行动不是参加中国内战，那是徒然的。这五名海军陆战队士兵，是在离开青岛一百华里以外的地方与人民解放军作战，而且当时该地正在火线上，当时蒋介石匪帮的军队八个旅，正在美国反动派的欢呼与迫切期望中，进攻包围莱阳的人民解放军。此次山东即墨王疃院事件，人民解放军采取了完全正当的措施，一切责任应由美军负责。为了避免这种事件的再度发生，美国军事力量及军事人员应停止帮助蒋介石匪帮进行反对中国人民的内战，并应当立即退出中国去。”

16日，胶东区党委机关报《大众报》发表通讯《莱西南阻击战中，俘虏五个美国兵》以及《人民解放军总部发言人评美军直接助蒋内战》。

DAZHUNG BAO

大衆報

佈告

山東省政府

萊西南阻擊戰中 俘擄五個美國兵

富貴村打譜種春菜

人民解放軍總部發言人 評美軍直接助蔣內戰

解決過去漁民糾紛

1948年2月16日《大众报》第一版

新华社在随后的补发通讯中，说明了五名美军士兵被俘与死亡的具体情况，指出这是美国“直接帮助蒋匪作战之铁证”，要求美国政府为此道歉，保证今后不得再次侵犯解放区，如“能接受我上述合理要求，则我对被俘美军，亦本中美人民友谊精神宽大处理”，明确表达了中方通过谈判和平解决王疃院事件的基本态度和要求。

但是，美国政府未能准确理解中共的主张，反而希望通过更高层级解决争端。在此后的一段时间里，他们搁置了西太平洋海军与解放军胶东军区业已建立的联络渠道，试图通过第三方打通与中共中央的直接联系。

美国驻华大使司徒雷登亲自出面，委托公谊服务会⑦救护队成员杰克·多斯，向中共转达美国政府举行双边高级别谈判的请求。杰克·多斯曾在延安白求恩国际和平医院担任化验师，与中共中央不少高级领导人相识，因此被美国政府寄予厚望。

3月初，杰克·多斯向司徒雷登转达了中共方面的答复：“同意举行谈判，具体事宜由美国驻青岛海军与解放军胶东军区协商。”

美国政府绕了一个大大的圈子，却又不得不重新回到原点，由西太平洋海军与解放军胶东军区各派代表，在海阳县城东石人泊村王家祠堂举行正式谈判。

恰在此时，不久前擢升第十一绥靖区司令官兼行政长的丁治磐接到报告：据当地老百姓传闻，美军士兵查尔斯·布莱顿的尸体掩埋在王疃院村附近。他立即派兵前往王疃院一带搜索，企图抢在中美谈判达成协议之前，找到查尔斯·布莱顿的尸体。

可是，国民党军几次出动，不但没有找到美军士兵尸体的掩埋地点，反而引起了解放军的警觉。南海军分区部队奉命将布莱顿尸棺挖出，连夜转移到莱阳县（今莱阳市）夏格庄区[8]谓田村南的荒地里秘密掩埋。这次行动极为隐秘，不仅国民党军被完全蒙在鼓里，就连当地的老百姓也毫无察觉。

3 海阳百姓奔走相告：美国军队打着白旗从军舰上下来，向解放军投降了

1948年3月。

胶东地区遭受极寒天气，暴雪、冰冻和低温造成大批牲畜死亡，成片小麦因冻害将绝产，许多房屋倒塌，青岛港以及前海栈桥一带海面，甚至出现了极为罕见的流冰。

太平路美国西太平洋海军司令部旧照

胶东区党委发出“为不荒掉一亩地，不饿死一个人而奋斗”的号召，组织全区党政军干部战士和广大群众，掀起生产救灾运动的高潮。正在这时，从海阳传来一个重大的消息：美国军队打着白旗来投降了。

“不许携带武器，打着白旗前往谈判地点。”这是中共首席代表吴若岩向美军代表提出的要求。按照欧美战争法，白旗是暂时休战的标志，持白旗的军使享有不可侵犯的权利；但在中国人看来，打白旗就是投降。

可以想象，正在遭受国民党军和自然灾害双重侵害的胶东解放区军民，看到美国人打着白旗向解放军投降，将会产生多么大的振奋和激励。直到四十多年后，中共中央原情报部部长罗青长仍然对此记忆犹新：“有礼有节啊，叫他打着白旗来嘛。”

但在白旗的背后，美军依然保持着惯有的蛮横和霸道。白吉尔海军中将接替柯克担任西太平洋海军司令后，多次下令陆战队在青岛附近海面和陆地举行实弹演习，炮声隆隆，响彻市区，以此炫耀武力，实施威慑。只可惜中共方面根本不理睬，不买账，不在乎，只落得瞎子点灯白费蜡。

10日，中国人民解放军胶东军区与美国西太平洋海军代表，在海阳县（今海阳市）石人泊村王家祠堂举行正式谈判。

双方代表落座，略事寒暄之后，首先由中共首席代表吴若岩发言，他详细陈述了美军在浪暖口和王疃院等事件中，多次给中方造成人员伤亡和财产损失，以及配合国民党军打内战的事实，要求美方向解放区军民道歉并赔偿一切损失。

海阳市石人泊村近照（朱海燕摄）

吴若岩严肃地指出：“此次王疃院事件，无疑应当由美方承担全部责任，而美国军事力量及军事人员停止帮助国民党军进行反对中国人民的内战，并立即退出中国，则是避免再次发生类似事件的唯一途径。”

美军首席代表随后发言，承认吴若岩所陈述的各项事实，但对美军介入中国内战予以否认。他辩解道：“在王疃院事件中被俘的美军士兵，是在外出打猎消遣途中误入中共辖区，他们没有负担任何政治或军事使命，因此不应将其视为对政府军的支持和帮助。至于道歉和赔偿，美方代表没有获得相关授权，无法对此发表任何实质性意见。鉴于中方提出了新的问题，我提议暂时休会，等候上级指示。”

吴若岩同意暂时休会，他表示：“我们认为美方应当认清形势，正视事实，不要将中国共产党和中国人民的善意和宽容，误以为软弱可欺，只有接受中方的合理要求，进行正式道歉，并赔偿一切损失，被俘的美军士兵才有可能获得释放。”

休会期间，吴若岩组织谈判小组成员认真学习中共中央和华东局有关指示精神，对美国政府和驻青岛美军近期动态进行分析和研究。大家一致认为，美方企图淡化王疃院事件的政治色彩，同时又采取威逼利诱的手段，希望被俘士兵尽早获释，表面的强硬和蛮横，掩盖不了内心的虚弱和焦虑。我们一定要保持沉着冷静，通过有理有利有节的斗争，向全国和全世界人民揭露美国干涉中国内政的真实面目，完成中共中央和华东局交给的任务。

下旬，中美双方代表在石人泊王家祠堂继续举行谈判。

美军代表首先发言：“西太平洋海军新任司令白吉尔海军中将极其珍视中美友谊，对少数士兵违反军纪，擅自行动，造成不幸的流血事件深表遗憾，并愿意向中国人民道歉和赔偿。赔偿金额完全以中方提供的数据为准，美方对此不提出任何异议，并愿意在此基础上追加相当数量的经济援助，借以表达美国政府的真诚善意和良好愿望。”

关于道歉的方式和内容，美军代表表示：“由于美国承认中华民国政府为中国唯一合法政府，并未承认中国共产党领导的解放区，因此美方只能以口头方式表达美军士兵进入了解放区，如果以正式的书面文件作出陈述，将使美国政府在国际上陷入尴尬的境地，白吉尔极有可能立即丧失现任职务，中美双方代表在此达成的所有协议，也会随之成为一纸空文。希望中共方面充分谅解美方的实际困难，本着人道主义原则，尽快释放被俘的美军士兵，使他们能够早日与家人团聚。”

吴若岩当即予以驳斥：“美国采取干涉中国内政的政策，为蒋介石政府提供大量的现代化武器装备，出动飞机和军舰帮助国民党军队占领战略要地，驻华美军最多时达到十一万三千人，并派遣陆军和海军顾问团，训练、策划和指挥国民党军队进行反人民的内战。照此发展下去，蒋介石独裁统治下的中国将成为美国的附庸。中国共产党一定要打败蒋介石，是因为蒋介石出卖民族利益，反对中国人民的解放事业。中华民族必须独立，中国的事情必须由中国人民自己说了算，不容许任何帝国主义再有一丝一毫的干涉。”

吴若岩严肃指出：“美方的所谓尴尬和困难，正是由于美国政府所奉行的支持和帮助蒋介石打内战的错误政策所造成的。中国有句古话，解铃还须系铃人。只要美国政府悬崖勒马，停止干涉中国内政，将武装力量和军事人员全部撤出中国，目前所面临的一切问题都将迎刃而解。浪暖口和王疃院等地发生的流血事件，应当由美方承担一切责任，这是无可辩驳的事实，是美国政府以及在座的各位代表无法否认的。美军被俘士兵不能与家人团聚，完全是美方逃避责任，缺乏诚意，迟迟不愿接受中方合理要求所致。中国共产党和中国人民是讲原则的，是说话算数的，希望美方放弃侥幸心理，以公平公正的态度解决问题。”

由于双方所持立场相距甚远，谈判进行得异常艰难，每一点细微的进展，都要经过激烈的争论。按照上级要求，谈判情况应及时向胶东军区、华东局和中央报告，不得过夜。每次谈判休会，吴若岩都要立即召集小组成员开会讨论，起草报告，再由机要员译成密码，等到上电台发报的时候，常常是后半夜了。

海阳刚刚经历了一场激烈的攻防战，物资严重短缺，天气冷得出奇，电台又多次出现故障。姚洪章双手长满了冻疮，手指肿得像胡萝卜，稍不留神就鲜血直流。为了不影响工作，他坚持不戴手套，白天维修电台，夜间收发电报，经常一夜收发几千字，自始至终没有出现任何差错。谈判任务完成后，经吴若岩建议，胶东军区司令部为表现优异的姚洪章记三等功。

31 日，中美双方代表经过反复协商，终于达成协议：美军以书面形式正式道歉，赔偿中方全部财产损失；中共释放美军四名被俘士兵；交还死亡士兵尸体日期另行商定。

4 美国西太平洋海军司令白吉尔海军中将致函中国人民解放军胶东军区司令员许世友中将表示正式道歉

1948 年 4 月。

1 日上午，美国西太平洋海军司令白吉尔海军中将致函中国人民解放军胶东军区司令员许世友中将，承认美军士兵违反命令，擅自进入中共管辖的解放区，应承担全部责任，现正式道歉并承诺取消美军在青岛地区的狩猎权，以防再次发生类似事件。

同日下午，在国共两军交界处，四名美军士兵被释放。中美双方代表商定：4 月 7 日上午 10 时，在即墨县灵山北 5 公里处公路上交接美军士兵布莱顿尸体。中方特此声明：“如因国民党军攻击而导致的任何后果，中方概不负责。”美方对此表示理解。

同日晚间，四名美军士兵到达青岛，在记者会上介绍被俘经过以及拘押期间的情况。据《纽约时报》和《申报》等中外媒体报道称：“中共待彼等甚佳。”

眼看王疃院事件即将和平解决，丁治磐再也坐不住了。他企图利用王疃院事件，进一步恶化美国与中共的关系，甚至挑动双方发生直接的武装冲突，给在内战中焦头烂额的国民党喘息的机会。

同日夜间，丁治磐下令出动两个整编师的兵力增援潍县（今潍坊市潍城区），在占领王疃院地区后，对疑似掩埋布莱顿尸体的天宫院进行反复搜索无果，竟将这座闻名遐迩的千年道观付之一炬，彻底烧毁。当负责接收布莱顿尸体的美方代表汤姆斯前来询问时，丁治磐幸灾乐祸地说："国军已经进占王疃院一带，共军未必敢于送交尸体吧。"

十几天后，在解放军的猛烈反击下，国民党军被迫放弃王疃院地区撤回青岛。美军和中共代表商定，4 月 27 日在王疃院村后小庙交接布莱顿尸体。丁治磐闻讯后，又把灵山守军指挥官召来，如此这般吩咐了一番。

27 日上午，中美双方代表准时来到交接现场，正在履行相关手续时，突然接到解放军警戒哨报告："发现国民党军便衣武装约一个排，正从灵山向王疃院逼近。"

美军代表大为紧张，赶紧用报话机同驻灵山的美军人员联络，得到的答复是："经向国军指挥官查询，确有小股部队出发，但未携带通讯设备，现已无法制止。"

中共代表告知美军代表："既然美军方面无法制止，为了保证交接现场人员的安全，我方警戒部队准备向这股国民党军便衣武装实施火力打击。"

美方代表实在想不出更为妥当的解决办法，只好耸了耸肩摊开双手，无奈地表示同意。就这样，解放军与美军站在同一立场，将这股试图捣乱的国民党部队全部消灭，为王疃院事件增添了一幅颇为有趣的画面。

在王疃院事件中，中国共产党始终贯彻"有理有利有节"的方针，既坚持正义立场，又避免激化矛盾，揭露和批判了美国政府虚伪和自相矛盾的对华政策，有力地鼓舞了全国人民的斗志，并使美国政府更加深刻地认识到，以不介入中国内政为前提对蒋介石政权进行援助的政策，是不现实和不可行的，从而对推动美国政府对华政策的转变，产生了一定的影响。

4 月 26 日，美国国家安全委员会提出 NSC6 号文件，列出援华问题上的四种可选择方案，其中第一种方案是不再向中国提供更多的经济和军事援助，就此拉开了美国政府考虑从中国“脱身”的序幕，王疃院事件无疑起到了一定的催化剂作用。

同时，通过面对面的接触、较量和直观感受，中共方面不但初步摸了美国政府的底，而且进一步加深了对美军情报机构及其相关人员的认识和了解，为向驻青岛美军更加全面和深入地开展情报工作，起到了一定的积极作用。

1949 年 8 月 18 日，毛泽东在《别了，司徒雷登》一文中，对驻青岛美军的性质以及浪暖口、王疃院等事件作出评述：“青岛……有美国的海军基地。”“……青岛……驻过美国的军队。”“在胶东半岛，美国的军队或军事人员曾经和人民解放军接触过，被人民解放军俘虏过多次。”“所有这些，都是直接参战的行动，只是还没有公开宣布作战，并且规模还不算很大，而以大规模地出钱出枪出顾问人员帮助蒋介石打内战为主要的侵略方式。”

一、注释

①王疃院：今青岛市即墨区灵山镇院东村。

②灵山：原名零山，又名灵芝山，坐落于即墨城北，是青（岛）烟（台）、青（岛）石（岛）两条公路干线之间的制高点，号称青岛北部屏障。

③沈崇事件：1946 年 12 月 24 日夜，北京大学先修班女生沈崇看电影途经东单，被美国海军陆战队伍长皮尔逊等二人强奸。事件发生后，全国各大中城市学生和各界人士约五十万人举行声势浩大的示威游行，抗议美军暴行，要求美军撤出中国。

④西里岛村：时属牟海县浪暖区，今属威海市文登区小观镇。

⑤国立山东大学：1932 年由国立青岛大学更名，1938 年停办，1946 年复校，校址为青岛市市南区鱼山路 5 号。

⑥石人泊村：今属海阳市经济开发区。

⑦公谊服务会：简称 FAU，1914 年组建的国际性宗教慈善组织和非政府性的社会救护团体，曾于 1946 年前往延安开展医疗工作，受到毛泽东等中共领导人的欢迎。

⑧夏各庄区：今莱西市夏各庄镇。

二、人物简介

1. 徐中夫（1916—2014），山东乳山人。1938 年 2 月加入中国共产党，历任海阳县委书记，南海地委代理书记，南海军分区政委，东海地委宣传部部长，荣成县委书记，烟台市委副书记、市长，胶东行署外事特派员，山东省人民政府外事处副处长，驻外大使馆文化参赞、政务参赞、特命全权大使等职。

2. 姚洪章，1930 年生，山东荣成人。1946 年参加中国人民解放军，1947 年 8 月加入中国共产党，历任胶东军区司令部电台报务员，海军青岛基地无线电集中台台长，北海舰队通信处科长、副处长，电子工程学院副院长，总参谋部第四部副部长等职。

第 4 章

一声号令

1 丁治磐擢升第十一绥靖区最高长官，但他对司令部第二处既没有人事管辖权，也没有行动指挥权

1948 年 1 月。

2 日，蒋介石下令撤销青岛警备司令部，成立第十一绥靖区司令部，丁治磐任司令官兼行政长。所谓绥靖区，是国民党为实现“党政军通力协作，对赤患进行总体战”的目的，统一指挥所辖区域军事、民政和党务的综合权力机构，简称绥区。

5 日，丁治磐按照国民党军惯例，签发了《第十一绥靖区司令部人事命令》1948 年第一号，委任司令部各处、室、科、股代理负责人，唯独负责军事情报的第二处，只派了几名校级参谋代行各科业务，显得颇为特殊。

按照《绥靖区司令部行政公署组织规程》，第二处负责“掌理情报、防谍、兵要地志及谍员管理等事务”，但它的人事任命和业务工作直属国防部第二厅，绥靖区司令官根本无权过问。

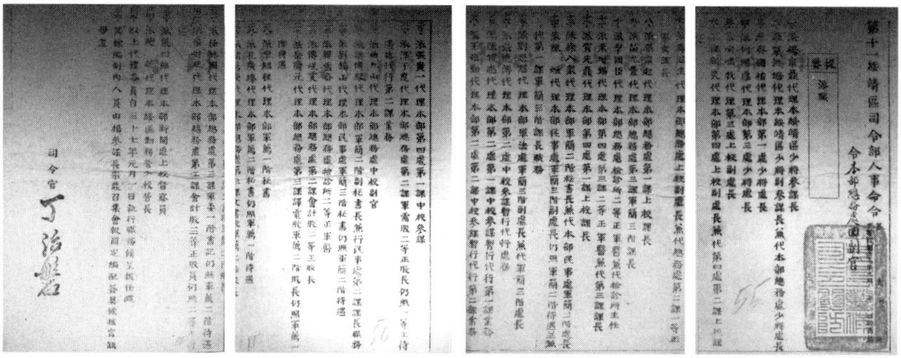

第十一绥靖区司令部人事命令 1948 年第一号

正如丁治磐本人所说，他非常重视“防谍”工作，自 1948 年 2 月 14 日至 6 月 9 日，先后签署和联署发布了《第十一绥靖区司令部登记无线电台的通告》《第十一绥靖区司令部为船只备用防止匪谍活动等事宜的公函》《第十一绥靖区司令部行政公署关于戒严时间的通告》和《第十一绥靖区司令部为戒严通行证加盖戳记的通告》等多项命令，力度和密度均是前所未有的。

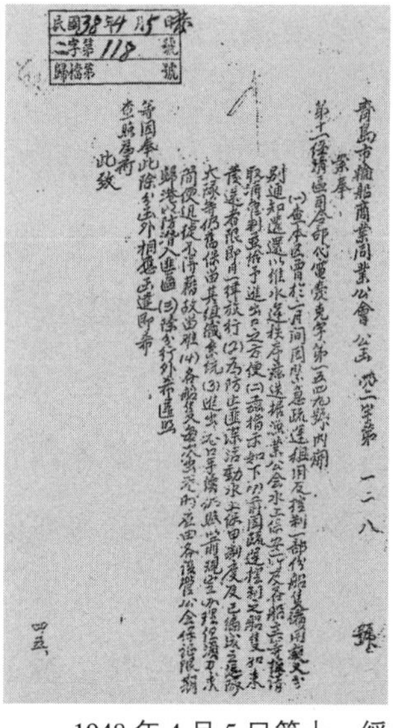

1948 年 4 月 5 日第十一绥靖区司令部为船只备用防止匪谍活动等事宜的公函

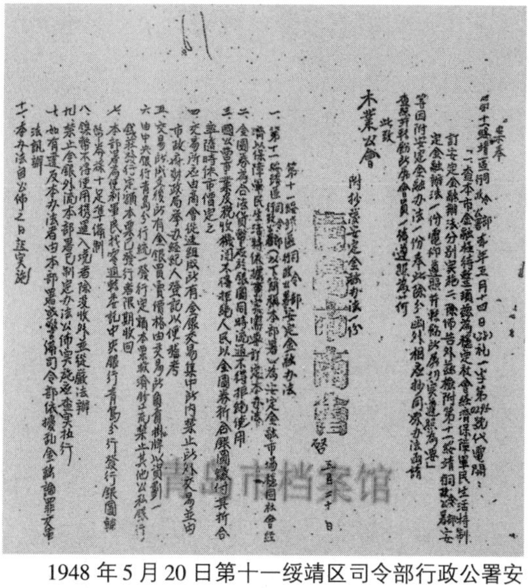

1948 年 5 月 20 日第十一绥靖区司令部行政公署安定金融办法

但是，面对国民党内部错综复杂的派系和权力斗争，即便是黄埔系、军统和中统内部，一旦涉及小团体或个人利益，这些命令就会成为一张张废纸，甚至被某些实权人物所利用，反而成为他们大发横财的好机会。

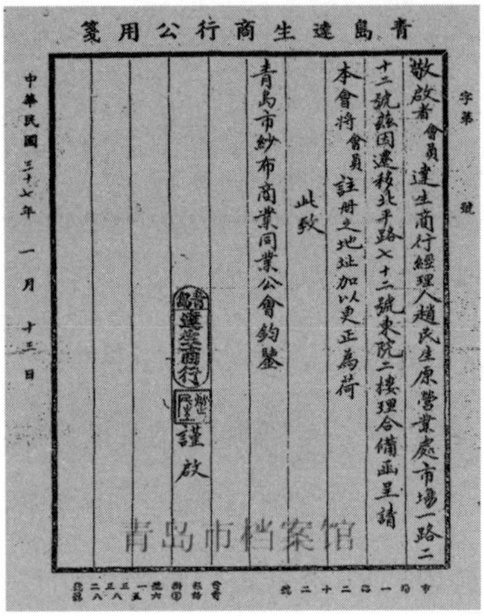

青島達生商行公用箋

字第 號

敬啟者會員達生商行經理人趙民生原營業處市場一路二十二號茲因遷移北平路七十二號東院二樓理合備函呈請本會將會員註冊之地址加以更正為荷

此致

青島市紗布商業同業公會鈞鑒

青島達生商行 謹啟

中華民國三十七年一月十三日

1948 年 1 月 13 日达生商行函

丁治磐的老把兄弟、青岛警备司令部总务处副官周汉三，与青岛市警察局督察长白伦阁等人共同出资开办达生商行，主营布匹、棉纱以及航空托运，普通商人很难获批的《第十一绥靖区物资出境许可证》，对他们来说却如同探囊取物一般手到擒来，只要能够赚来白花花的银子，至于物资是不是去了不该去的地方，他们根本懒得过问，或者是故意揣着明白装糊涂。

刘国宪曾任青岛市警察局副局长、代局长和局长，他以制作警服的名义，从中国纺织建设公司青岛分公司低价购买数百匹①细布，转手倒卖，大赚一笔。

第十一绥靖区司令部第二处青岛组上校组长刘沛，明知老熟人李中民有“共谍”嫌疑，却仍然委任为经济情报小组上尉组长，发给工作证、免费乘车（船）证、夜间通行证和持枪证等，就是为了让他顺顺利利地为自己做生意赚钱。

至于利用出入封锁线执行公务之机夹带私货捞取外快，更是特务们心照不宣的常规操作，谁要是两手空空白跑一趟，反倒会被大家嘲笑为不懂人情世故的傻瓜。

丁治磐费尽心思起草发布的各项命令，到了这帮“猪队友”和“狼下属”的手里，究竟能够起到多么大的作用，恐怕只能听凭天意了。

2　胶东区党委统战部一声号令，数以十计的秘站齐集南村，准备向青岛敌占区发起总攻

1948年1月。

按照中共中央和华东局的部署，胶东区党委统战部全面开展“三查三整”运动[②]，充分发扬民主，开展批评与自我批评，克服一切非无产阶级思想，纠正各种不良倾向，通过整顿组织，纯洁队伍，达到增强团结，改进作风，提高战斗力的目的。

1948年2月。

区统机关科级以上干部在海阳县（今海阳市）湖西村参加胶东区党委扩大会议，进一步统一思想，提高觉悟，振奋精神。

1948年3月。

按照《胶东区党委统战部整编的集中方案》，胶统科级以上干部和区统机关全体人员开展集中整编，从思想到工作，从主要工作到次要工作，从以往经验到今后任务，结合“三查三整”运动，着力解决领导不纯、思想不纯、成分不纯和作风不纯的问题，全面树立新的工作观点和作风。

吴若岩提出，根据当前形势对情工机构和人员进行重新调配，进一步明确任务目标和主要措施，深入全面地开展统战和情报工作：

第一，根据情工人员、情报关系、统战对象的政治可靠程度和业务能力，对具备条件的人员确定工作重点，下达具体、精准、可量化的任务目标，做到有步骤、有报告、有检查；对达不到条件要求的人员区别具体情况，分别予以清洗、调回训练或另行安排工作；对各地区工作状况进行调查，找出薄弱环节和空白点，整顿机构，调配人员，最大限度地提高战斗力。

第二，隐蔽斗争的重要原则是面对敌人，针锋相对，积极进攻，击中要害。情报工作形式上是隐蔽的，本质上是进攻的，是深入敌人内部的斗争，隐蔽不是躲避，更不是不动，要深入敌占区，在敌内和海外发展秘密力量，

而不是把主要力量放在解放区或边缘地带。要有组织、有计划、有目的地打入敌人的要害部门，建立内线，开展工作。情报工作必须要有严密的组织和严格的纪律，任何粗枝大叶和感情冲动，都可能造成不应有的损失。

第三，情报工作必须树立长期建设的决心，不经过较长时间的准备和建设，很难取得重大成效。由于胶东的特殊地理位置，必须对将来的斗争进行全盘规划，要做到长期打算与当前斗争相结合，通过当前斗争搞好长期建设，为长期建设培养干部。

1948 年 4 月。

2 日，华东野战军东线兵团发起潍县③战役，于 27 日攻克潍县城，切断了胶济铁路。由于西海地委统战部与潍东、潍县地方党组织联络协调不够，未能及时为攻城部队提供情报，在随后的城市接管工作中也暴露了不少问题。吴若岩和谢明钦深入一线调查情况，总结正反两方面的经验教训，为今后配合军事斗争，夺取中心城市提供借鉴。

1948 年 5 月。

胶东区党委统战部召开青岛工作会议，葛申代表部委会作了题为《积极大力的开展青岛工作》的报告，其中全面介绍了平东县（今平度市）南村的情况：南村位于平度、胶县、高密、青岛交界的国共边缘地区，东距青岛不足六十公里，南距蓝村火车站十五公里，是青岛至烟台、潍坊、济南陆路交通必经之地，集市兴盛，贸易繁荣，素有“陆上海关”“胶东通衢”的美誉，以此作为开展青岛工作的据点和出发地，可以进退自如，尽得地利。

葛申指出：“南村的特点，一是地处边缘，靠近敌人，针锋相对，很重要，也很复杂，我们注意，敌人也很注意。二是交通要道，联系广泛。三是来往的主要是商人，包括经过解放区的敌区商人以及到敌区做生意的解放区商人。四是位于解放区范围内，政治上对我有利。”

葛申强调：“南村工作的主要对象，是往来于解放区和敌占区的商人、主动向我疏通投诚的敌方人员、敌方派来的特务、我方情报和交通人员。

南村工作的主要任务，是向青岛开展工作，尽可能地利用各类商人，物色和选拔政治上进步、有一定能力、有培养前途、有特殊作用、与敌方有关系并可为我服务的人员，争取和教育他们为我工作。”

葛申要求，各有关部门和机构负责人，应将南村作为开展对青岛工作的主要出发阵地。

1948年6月。

胶东区党委统战部决定成立青岛工作委员会，张尧民任书记，童辛任副书记；下设军事情报组，组长王世昌；国民党特务组，组长高民；社会情报组，组长辛成学；材料组，组长邵桥。

同时，胶东区党委统战部作出部署，要求所属各地、市、县委统战部负责青岛工作的部门和秘站，全部移驻南村及其周边地区，在青岛工作委员会领导下实行组织合并，统一开展对青岛工作，主要任务是：保证解放区和敌占区党组织之间联络畅通；全面了解国民党青岛地区党政军的动向；派遣情工人员打入敌人内部，进行情报收集、分化瓦解和策反工作；掌握社情、民情等。

胶统所属秘站大多采取商业形式为掩护，有的开设客栈，有的经营店铺，有的修理车辆，有的往来行商，各自形成了相对固定的经营渠道和商业关系，与情报工作和交通工作相辅相成，密不可分。秘站实行跨区域迁移甚至撤编合并，势必将对经营收入产生影响，不可避免地引起相关人员思想上的波动。

区统直属掖县（今莱州市）朱桥恒丰商号秘站接到上级通知，准备迁移到二百华里以外的南村，有人对此提出不同意见：“我们主要经营朱桥本地特产，到了南村人生地不熟，生意搞不好，工作也受影响，难保不会赔了夫人又折兵。”

秘站负责人指出：“现在是集中全部力量开展青岛工作的关键时期，局部必须服从全局。南村号称胶东通衢，到了这样的经商宝地，我们的生意只会好，不会差。”

恒丰商号迁移到南村后，很快将“掖县毛笔”等朱桥特产打入青岛市场，成为秘密工作的掩护实体，实现了商业经营与情报工作的双丰收。

1948 年 7 月。

胶统干部队伍经过“三查三整”运动和集中整编，思想觉悟和组织纪律空前增强，面对新的形势和要求，他们以大局为重，坚决执行上级的决定，如期完成了秘站迁移任务：

胶统青工委进驻南村东北约十华里的柏家寨；

区统直属掖县朱桥恒丰商号秘站、平里店义聚合商号秘站、沙河裕兴栈秘站；烟台市委情报站；北海地委统战部青岛组；西海地委统战部平度组；平东、平南、平北县委统战部情报组等，先后进驻南村；

东海地委统战部青岛组进驻红石崖；

南海地委统战部增设南村和店集两个工作站，并派出情报小组进入大沽河以东敌占区开展活动。

此外，青岛市委社会组、青岛市委社会组情报中心、胶东区公安局情报站、华东野战军第九纵队（后改编为第三野战军第二十七军）情报中心、青岛市工委情报站、胶东军区政治部联络部情报站以及东海、西海、南海、北海军分区情报站等三十多个秘站，先后进驻南村及其周边的宗家埠、崖头、沙梁等村庄。

各情报机构在南村一带星罗棋布，形成网络，各自独立开展工作，相互不发生横向关系。由于靠近青岛敌占区域，交通联络便利，各秘站工作很快取得了很大进展：

胶统青工委军事情报组情工人员孟宪礼利用亲戚关系，发展国民党联勤总部第 44 兵站文书班桥为情报关系，获得绝密文件《青岛军需粮秣计划》；

南海地委统战部南村工作站情工人员张正埒利用曾任日伪自卫大队长的条件，打入国民党地方保安团并当上了谍报队副队长，先后发展青岛某报社职员葛鸣岐、还乡团团长张子荆、即墨县警察局局长宋立久等人为情报关系，获得大量情报；

青岛市委社会组情工人员任道治通过同乡关系，深夜潜入国民党第十一绥靖区司令部军事工程指挥部，取得《青岛市外围军事防御工程部署图》复制件；

胶东区公安局情报站情工人员杜子明打入国民党军内部，争取第十一绥靖区司令部少校秘书郑士敏，先后获得青岛外围马山防御守备计划、第十一绥靖区司令部第二处特务组织及其人员分布情况；

在胶东区党委统一调度下，青岛市委社会组先后两次派人，在南村与国民党军第三十二军第二五二师第七五四团团长方本壮的代表刘子珍、张德义会谈，成功策动该团1100多人起义，严重动摇了国民党青岛守军的军心士气。

3 刘安祺心里很清楚，青岛前有“匪区”，后临大海。要守，美军靠不住；要和，必须有本钱

1948年7月。

6日，刘安祺接任第十一绥靖区司令官兼行政长。刘安祺曾任蒋介石的警卫营营长和团长，抗战后期负责陪都重庆的卫戍任务，与蒋经国交往颇深，素以蒋氏父子的亲信自居。

刘安祺1948年摄于青岛天真照相馆

刘安祺信心满满来到青岛，特意到岛城最出名的天真照相馆摄影留念。可他万万没有想到，面前那位毕恭毕敬殷勤伺候的照相馆少东家兼经理郭存义，竟然是胶东区党委统战部的情报关系。没过多久，

第十一綏靖區司令部
青島市政府
自衛特捐徵收處公告

青島市工商業自衛特捐暫行辦法

中華民國三十七年十二月　日

處長
副處長

1948 年 12 月第十一绥靖区司令部、青岛市政府自卫特捐征收处公告

这张照片就摆在了胶统负责人的办公桌上。

第十一绥靖区的现实状况，令刘安祺大为失望：海阳、莱阳、潍县、平度、胶县和高密等县城先后“失陷”，青岛三面临海，一面被围，与内地的陆路交通中断，兵力不足，孤立无援，要守，美军靠不住；要和，本钱很不够。

面对这种不利局面，刘安祺只能把对蒋氏父子的忠心搁在一边，挖空心思寻找新的出路。经过精心策划，他先后走出了九步棋：

第一，在浮山所[④]设立第十一绥靖区干部训练班，对营长以上军官分批进行轮训。刘安祺摆出一副孤臣孽子的架势，在开班仪式上大唱高调：“我们可能有两个结局，一个是安全撤退，一个是撤退不了。但是只要保住一个山头，留下一面青天白日满地红国旗，我们必定能重返国土，光复大陆。共产党能侥幸一时，最终还将归于失败。”

第二，巧立名目，横征暴敛，强行收取工商业自卫特捐、银钱业自卫特捐、食盐自卫特捐、汽油自卫特捐、房租收益自卫特捐、飞机轮船票附加自卫特捐、富户特捐、戡乱乐捐、棉纱征捐、绥靖临时费和防御工事费等，为修筑外围防御工事筹集经费。

第三，为了对内对外显示固守青岛的决心，刘安祺将第十一绥靖区司令部从市区馆陶路 22 号，移驻到靠近外围防线的李村。

第四，采取各种手段强征新兵。据第十一绥靖区司令部参谋长冯骥和政务处副处长申资衡回忆，在当时“正常的征兵亦不好征”的情况下，实征人数竟然达到国防部下达任务的两倍，最终从青岛“撤退出来的十万人中，有八万三千多个壮丁”，竟然出现了祖父子三代同在一个班里当兵的奇特景象。

第五，沿惠民壕建立封锁线，在沧口板桥坊卡子门、大小港码头、火车站等交通要地，先后设立检查站二十五个，严格实行人员检查和物资禁运。

第六，组建社会情报网，要求全体市民和各地流亡青岛的“难民”，“人人参加自卫组织，人人接受自卫训练，人人履行戡乱任务，人人协助经济封锁，人人负责缉捕匪谍”，对中共地下组织和情报人员实行“严密侦防”。

第七，提出“破产保产，拼命保命”的口号，为了稳定金融秩序，严禁银元和黄金买卖，不惜“以人头对付大头[5]”，在泰安路市场当众枪决了一名黄金贩子。

第八，以交换情报为由，每个周末都要同美国西太平洋海军司令白吉尔把酒言欢，拉拢感情，争取美军“协防”青岛。

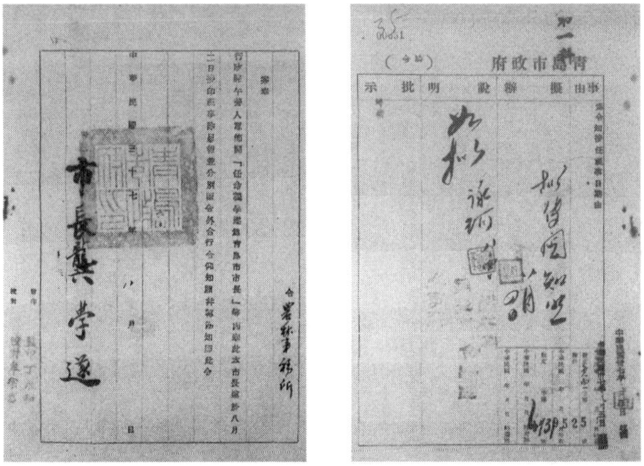

1948 年 8 月 3 日青岛市政府训令

第九，推荐龚学遂担任青岛市市长，利用他中间偏“左”的政治立场以及同中国民主同盟[⑥]副主席罗隆基的私人关系，同中共方面取得联络，力图缓解军事压力，等待形势变化。

龚学遂担任青岛市市长后，发挥专家型行政管理才能，在垃圾清理、煤炭储运、粮食供应、重新开通公共汽车等民生领域颇有作为，赢得了一定的声誉。但同时，他对刘安祺推行的治安防谍、物资管制、加征捐税和强征壮丁等扰民害民之举，也无不亦步亦趋，全力襄助，因此颇受青岛工商界和士绅阶层的诟病。

第十一綏靖區司令部
青島市政府
佈告
司令官 劉安祺
市長 龔學遂
中華民國三十七年八月廿一日

1948 年 8 月 21 日第十一绥靖区司令部、青岛市政府布告

1948 年 9 月 9 日青岛市商会函

1948 年 10 月 4 日第十一绥靖区管制物资实施办法

经民盟副主席罗隆基居间联络，中共方面同意龚学遂派代表前往青州闵家庄，与华东局负责人接洽。刘安祺为了表达谋求和平的决心，不惜降尊纡贵，同范澄川、王新元、张公制、刘承烈和龚学遂等知名人士结拜金兰，立誓共同保护青岛。

4 合理调配，优化组合，这些当今流行的企业管理术语，早已是胶统情报系统的常规做法

1948 年 8 月。

胶统青岛工作委员会成立后，对区统和各有关地、市、县委统战部秘密情工人员进行优化组合，建立了一批组织健全、特点突出、工作能力较强的秘密情报组（站），很快取得了显著成效。

南村普兴东秘站。

徐行健先后派遣丁方桐、刘岱峰、张学礼、张斌、史斗晨、陈杰三和张炳南等秘密情工人员潜入青岛市区，与蛰伏两年之久的张佩甫等人接上关系，利用抗战时期“敌占区抗敌同盟动员委员会”的工作基础，先后同以下人员恢复或建立联系：

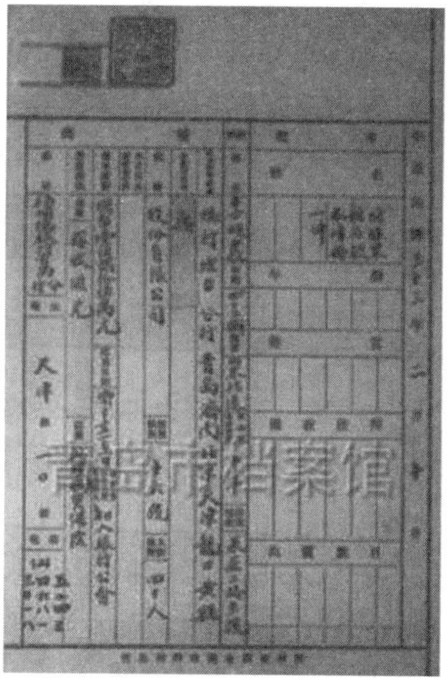

李砚农登记表

李砚农，福顺德银号青岛分行经理，青岛市银钱业同业公会常务理事；

王其如，志诚海外贸易行经理，青岛市进出口同业公会常务理事；

陈志藻，博济医院院长；

曾在因，启奥化学厂厂长；

潘行之，美国驻青岛领事馆会计；

孙性天，美军汽车修理厂会计；

柳白光，国民党青岛海军军官学校中校教官；

柳浩然，国民党海军第二军区电台报务员。

王其如和柳白光曾经专程前往南村普兴东秘站接受情工训练，成为徐行健直接领导的情工人员。

张佩甫毕业于国立山东大学机械系，他与民盟成员、青岛市工业联合会秘书长陈仰之合作，在尹致中、范澄川等企业家的资助下，创办了青岛私立高等工业学校，先后担任教务主任和校长等职。

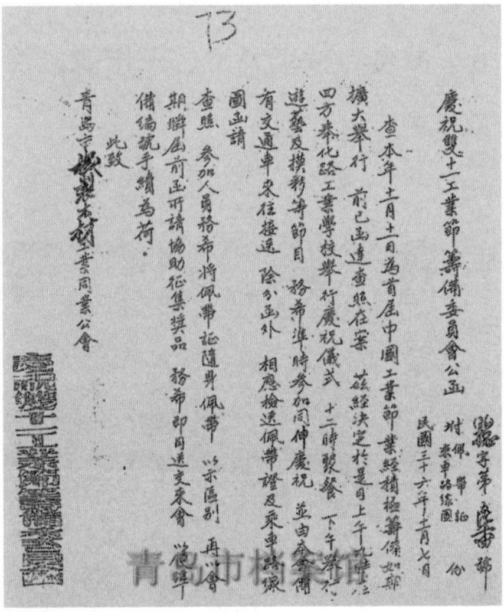
慶祝雙十一工業節籌備委員會公函 [illegible]字第 [illegible] 號

對佩帶証 份 參車路綫圖

民國三十六年十一月七日

查本年十一月十一日為首屆中國工業節 業經積極籌備 如期擴大舉行 前已函達查照在案 茲經決定於是日上午[illegible]四方春化路工業學校舉行慶祝儀式 十二時聚餐 下午[illegible]遊藝及撲影等節目 務希準時參加同伸慶祝 並由本會備有交通車來往接送 除分函外 相應檢送佩帶證及乘車路綫圖函請

查照 參加人員務希將佩帶証隨身佩帶 以示區別 再 會期瞬屆 前函所請協助征集獎品 務希即日送交本會 [illegible]備編號手續為荷。

此致

青島市[illegible]業同業公會

1947 年 11 月 7 日庆祝双十一工业节筹备委员会公函

该校师资力量雄厚，学生水平较高，在青岛工业界享有一定的声望，曾经多次主办“中国工业节”庆祝仪式。张佩甫借此机会同工业界头面人物加强联系，基本摸清了他们的政治态度和思想状况，同时与青岛市工程师学会建立协作关系，对全市工业企业的设备、产品、管理水平和生产能力等进行调查，取得了大量的第一手资料。

经李砚农牵线搭桥，张佩甫先后结识了青岛电厂厂长徐一贯和协理[7]刘文东、阳本印染厂老板陈孟元等，积极宣传中共保护民族工业的政策和解放战争形势，引导他们拒绝南逃，保护工厂，继续为青岛人民的福祉做出贡献。

阳本印染厂是规模较大的私营企业，老板陈孟元在青岛乃至全国工业界颇有声望。胶东区党委统战部某些领导干部认为，陈孟元出于大资本家的剥削阶级本性，不可能从根本上反对国民党统治，不可能同共产党一条心，对这种人开展工作，实际上犯了方向路线错误，怎么能这样干呢？

面对争议，吴若岩专门召开会议对陈孟元的问题进行讨论。他说：“我们应该全面准确地理解党的统一战线方针和政策，以客观和发展的眼光看待国民党某些派系、人物和民族资本家，在解放战争迅速发展的形势下，他们思想状态可能发生转变。正是由于陈孟元地位高，影响大，更应该积极开展工作，对工商界起到榜样作用，把我们的人搞得多多的，把敌人搞得少少的。”

在吴若岩的支持下，徐行健给陈孟元写了一封亲笔信，先叙个人友情，再谈天下大势，以老朋友的身份鼓励他留在青岛，造福桑梓。陈孟元经过再三权衡，最终决定留下来保护工厂，迎接解放。

青岛解放初期，陈孟元将阳本印染厂的库存布匹全部批发给国营商业公司，货款存入北海银行，协助人民政府稳定市场和金融秩序，受到军管会的高度赞扬。

陈孟元旧照

说起老朋友，不能不提起曾经同徐行健一起合作开办斯宜药厂的曲佩光。曲佩光出身平民，多年经商，一门心思发大财，享受荣华富贵。他在担任祥瑞行美术印务馆经理期间，执意拿出一千元入股斯宜药厂，并不是要为抗日救国做贡献，而是看准了医药行业的可观利润。抗战胜利后，他充任中统《民众日报》经理，也是因为贪图个人名利，才走上了与国民党同流合污的邪路。

徐行健认为：“曲佩光本质并不坏，而且是个明白人，现在国民党兵败如山倒，他怎么可能丢下一家老小往绝路上走呢？只要我们大胆开展工作，向他指出立功赎罪的光明前途，肯定会得到积极的回应。”

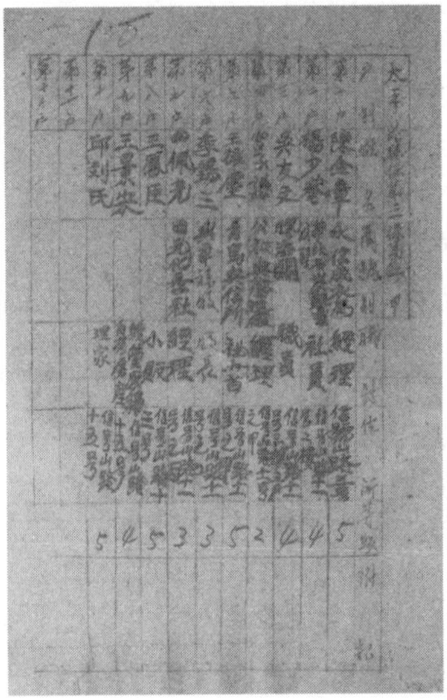

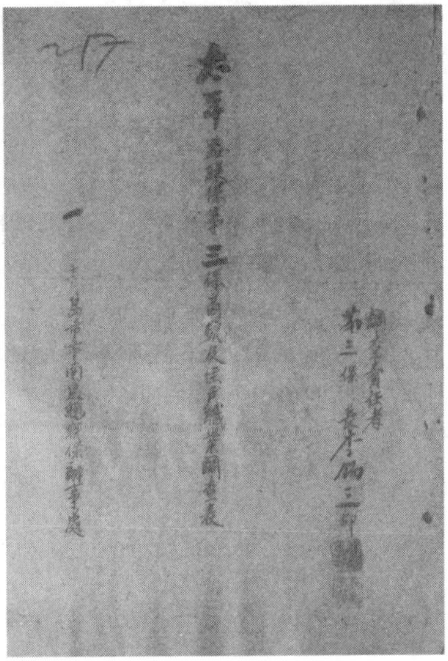

曲佩光住户登记表

张佩甫从理智上认为徐行健的话很有道理，但在感情上对曲佩光的中统特务身份难以接受。这天晚上，他怀着忐忑的心情，以掖县（今莱州市）同乡和老朋友的身份，敲开了信号山路 11 号丙曲佩光的家门。

这是一座独栋别墅，装饰豪华，陈设高贵，但与此形成鲜明对比的是，主人曲佩光脸色阴郁晦暗，显得心事重重，丝毫没有见到老朋友的热情和愉悦。

信号山路 11 号丙曲佩光住宅旧址近照（朱海燕摄）

寒暄过后，张佩甫试探地问："听说蒋总统派来中央军三个师，这下守住青岛没问题了吧？"

曲佩光摇摇头，叹着气说："大势所趋，大势所趋啊。"

张佩甫用手比划了个八字，意思是指八路军（解放军)：“你说的大势是这个？”

曲佩光点了点头：“短短两年，不过两年，就让人家占了上风，这还不是大势所趋吗？”

张佩甫关心地问：“那你有什么打算？”

曲佩光指着老婆孩子苦笑道：“你看我这拖家带口的，还能有什么打算？过一天算一天吧。”

张佩甫趁机说道：“一位老朋友很关心你，特意让我问候。”

曲佩光有些纳闷儿：“老朋友，谁呀？”

张佩甫微微一笑：“徐老板。”

曲佩光盯着张佩甫眨巴了半天眼睛，忽然又惊又喜地问：“他！是他让你来找我的？”

张佩甫点了点头：“徐老板让我转告你，只要愿意为解放青岛出力，就可以将功赎罪，既往不咎。”

曲佩光连连表示：“我愿意，当然愿意，需要我做什么尽管说，一定竭诚效劳，全力以赴。”

经徐行健批准，曲佩光在张佩甫陪同下专程前往南村普兴东商行秘站接受情工训练，并被发展为情报关系。回到青岛后，他充分发挥社会关系广，活动能力强，尤其是与上层人物来往密切的特点，先后做通了中统《青岛日报》记者王金寿、国民党市北区区长徐鸿逵以及日伪青岛市市长赵琪的侄子赵贤亮等人的工作。

随后，王金寿与青岛市警察局消防队队长马元敬，山东大学学生张文一、刘新和何景建立联系；徐鸿逵利用朋友关系，向国民党海军驻青岛第二军区开展工作；赵贤亮发展他的妹妹、文德女子中学美术教师赵仲玉及其好友数学教师郭美珍加入地下组织，并向中国纺织建设公司青岛分公司经理范澄川开展工作。

罗茂先和唐康情报组。

组长罗茂先和副组长唐康夫妇，都在二十世纪二十年代加入中国共产党，后与党组织失去联系。1946 年，应青纺公司第一纺织厂厂长楼震旦的邀请，罗茂先受聘该厂人事课主任，唐康担任图书管理工作。1947 年秋，经进步人士辗转介绍，罗茂先和唐康夫妇同胶东区党委统战部建立关系，成为秘密情工小组负责人。

小组成员：姚国雄，美国驻青岛领事馆电台报务员；王济善，美国西太平洋海军驻青岛陆战队司令部第二（情报）处处长威廉姆的英文翻译，后任国民党青岛空运指挥部英文翻译；黄孝友，王济善的妻子；周苓芬，著名女舞蹈演员；舒成和王慕陶，摄影爱好者。

唐康年约三十岁，风姿绰约，端庄优雅，她和黄孝友、周苓芬有一个共同的“爱好”——跳交际舞，汇泉路联合大饭店、冠县路大青岛舞厅和广西路第一旅社等高端舞厅，到处都能看到她们的身影。这些地方经常有美国海军官兵光顾，俗称“货腰女郎”的职业舞女为了多赚几块美元，纷纷学习日常英语会话，在同美国大兵的攀谈中，能在无意之间听到有关美军的动态。唐康她们以舞女为目标，获得了许多重要的情报。

周苓芬家住前海沿，早晨起来登上山顶练功，是她每天的必修功课。这里与美国海军舰艇锚地近在咫尺，美国舰艇的数量、型号、出入港口时间和舰载机起降架次等，周苓芬无不一目了然，都用代号一一记录下来。

舒成和王慕陶是岛城颇有知名度的业余摄影家，他们经常手持照相机，在海边转来转去拍摄风景和人物，有时还“热情”地邀请美军官兵一起合影，趁机将美军舰艇、飞机和军用设施收入镜头。

姚国雄利用职务的便利，获得美国驻青岛领事馆电台装备、频率、呼号、收发报内容以及人员编制、日常活动等大量情报。

太原战役期间，阎锡山租用美国“飞虎将军”陈纳德航空公司的大型运输机为太原守军空运补给物资，国民党兵站第六分监部少将分监王德派驻青岛负责联络。

王济善利用担任翻译的机会，将空运计划以及太原武宿机场跑道长度、飞机掩体、炮位点、机场与周边村庄距离、机场附近河流长度和深度等视野略图全部抄录下来。华北野战军根据上述情报，于太原战役打响的次日凌晨，一举攻占武宿机场，迫使美蒋飞机改用空投方式，补给量大为减少。王继善还搜集提供了美国海军陆战队的系统资料，对研究美军具有重要价值。

国立山东大学进步女学生赵崇智上了黑名单，随时可能被国民党特务逮捕。唐康闻讯后亲自赶到山大，与赵崇智商定了脱身的办法。第二天一早，王济善身穿国民党军服，驾驶美军牌号吉普车，把赵崇智从山大校园接到唐康家里。唐康提前买好机票，亲自护送赵崇智进入沧口机场，登上了飞往上海的飞机。

5 华东局和山东分局主要负责人给予《青岛调查》高度评价，认为它“是几年来青岛工作成果的集中表现之一”

1948年9月。

吴若岩到区统材料科检查工作，看到副科长童辛的办公桌上摆着几本小册子，是二战时期日美特务机关编印的《玲珑金矿调查》《张店铝矿调查》《烟台》和《威海》等资料汇编。他很有兴致地翻看了一下说：“这种做法值得借鉴。你们材料科近年来搜集了大量的资料，在此基础上做些补充，编印一部全面反映青岛社会、经济、地理和军事等各方面现状的资料汇编，为解放和接管青岛做好准备。”

经华东局统战部和胶东区党委批准，吴若岩指定区统材料科组成专班，副科长童辛主持，丛晓之、梁小凡、张良、谭天、叶余、孙玉林、李伯达和谭志刚等人参加，负责编纂大型资料汇编《青岛调查》。

当今的人们可能会感到奇怪，编印这样一部包罗万象的资料汇编，也属于情报工作的范畴吗？葛申在《今后情报工作应如何开展》的讲话中，对这个问题作出了明确的回答：

“什么是情报？反映蒋区特别是蒋美真实情况，以供我们了解敌人的本质，全面掌握敌人动向，直接或间接有助于打倒蒋介石的各种斗争，并且能够解决我们斗争中的一个或数个问题的材料，这就是我们要求的情报。只有既熟悉了敌人，又善于掌握我们当前的具体要求，才能准确地提出获取对象。我们需要的是敌人极力保守的秘密。”

《青岛调查》的作用，就是为“组织群众保卫人民的利益和将来属于人民的各种财产”，提供准确可靠的情报。

多年来，材料科通过收听敌台广播、研究敌方动态和收集国统区各类报刊，积累了海量的资料。他们对敌占区报刊进行摘选，以明码电报发给华东局，最多时每月发报六万多字；编印《情况通报》，报送胶东区党委、胶东军区和华东局统战部主要负责人；制作手抄《情况通知》，直接报送有关单位；编印《青岛蒋海军情况》《青岛蒋海军情况补充材料》《青岛蒋海军情况补充调查》《蒋党空军初步调查》《青岛特务线索汇集》一、二、三、四、续集等。但是，对于编纂《青岛调查》这样一部大型资料汇编来说，这还远远不够，应当更深入、更全面、更完善地搜集和补充有关资料。

胶东区党委于 1948 年 7 月 27 日下发指示，要求青岛市委、烟台工委和胶东区工商管理局等单位搜集以下材料：

1. 民营工厂、公司、商店的机构、业务、资产数量、管理方法，最近活动与重要人物的思想动态与对我政策的态度。

2. 国民党中央、地方以及官僚资本的金融、财政、经济、海关、税收、贸易、交通、运输、工厂、矿山、公司等机关、企业的组织机构、系统业务、资产、历史发展、派系背景、最近动态及其重要人物简历。

3. 国民党政府、参议会、党部、三青团机关和御用小党派及团体、帮会、派系人物的情况。

4. 民主党派人物的历史、组织、活动以及社会知名人士的情况与思想态度。

5. 国民党市政管理组织机构及有关法规条例。

6. 中等以上学校、医院、地方报刊的历史、规模、背景、经费、负责人及其政治态度。

7. 外国人开办的工商业、教会、学校、医院、慈善机关的历史、规模、经费、人物及其政治态度。

随后，胶东区党委统战部于 1948 年 9 月 22 日下达《调查通知（第 3 号）》，要求所属各部门和秘站进行补充调查，并对文字规范和书写格式，作出具体要求：

（一）青市蒋方党特军政御用社团及文化教育机关与人物材料（人物包括在职与退休者）。

（二）各官营民营各行各业之工厂、公司、商行、交易馆社、店铺及其职员以上之人物。

搜集以上材料之方法：

（一）参阅青岛电话簿，熟悉青岛一般情况。

（二）布置由蒋区返回之外出人员分别具体的按参考提纲汇集已知之一切情况。

（三）与工商局、公安局及民营商行等取得密切联系，有目标地有重点地向来往旅客搜集之。

（四）零星的材料亦应分别填写，如发现重要材料的调查线索，则应专门布置调查。

（五）材料之整理请以一个人物一个机关一个工厂一个商店一个公司……单独按类、分页书写，书写用纸一律以二十四开横写为准。

即墨县（今即墨区）于庄村商人侯文书、平东县（今平度市）兰底村商人万子林和万子均兄弟，先后被胶统南村秘站发展为情报关系，他们的任务只有一个：向南村秘站运送国统区出版的《大公报》《世界日报》《军民日报》《民言报》《青岛公报》《观察》《论语》和《新闻天地》等十六种报刊。

侯文书和万子林、万子均通过居住在青岛敌占区的亲戚朋友订阅报刊，每当农历二、七南村逢集，他们把新报刊夹在废旧报纸里，与中草药和糖果等杂货混在一起，通过国民党的多道哨卡，秘密送往南村秘站。在青即战役最为激烈的时候，他们冒着枪林弹雨，挑着担子，从麦田里机智地穿越封锁线，按时完成了运送报刊的任务。

中国市政协会青岛分会⑧曾于1947年2月编印了一部内部读物《青岛指南》，由于印数很少，而且很快停止了发行，胶统青工委多方寻找都没有成功。有一天，葛申听说承印《青岛指南》印刷厂的一名工人来解放区探亲，马上亲自上门做工作，辗转托人，几经周折，终于拿到了该厂职员个人收藏的样书。

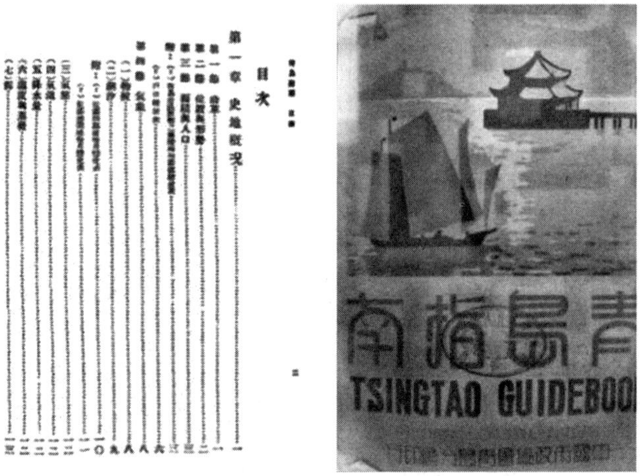

《青岛指南》封面和目录

辛成学在一次例行检查中，从运输货物的车上偶然发现了一本破旧的《青岛市电话号簿》，拿起来随手一翻，看到上面印有国民党军政警特机关、报馆、银行、学校、行业公会、工商企业以及官员、各界知名人士的住址和电话号码，不禁大感兴趣：“这本电话号簿借我看看。”

商人赶紧献殷勤：“随便看，送给你好了。”

辛学成把《青岛市电话号簿》送交葛申，葛申就像捡到大元宝一样高兴，当即指示务必在一个月内，搞到1948年最新版的《青岛市电话号簿》。

《青岛市电话号簿》一般与电话机配套发行，而且仅限于军政机关及其官员、外国驻青机构以及报馆、银行、学校、行业公会、公共交通事业和二百人以上的大型工厂，不但普通的青岛市民很难买到，就是要同青岛企业做生意的外国公司，也得向青岛市商会发函，颇费一番周折才能得到。

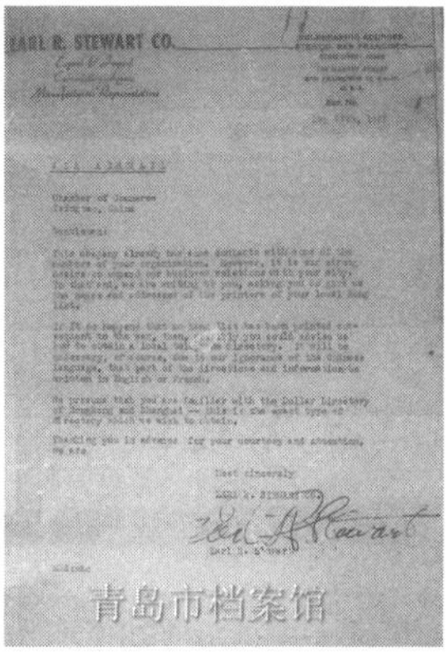
EARL R. STEWART CO.

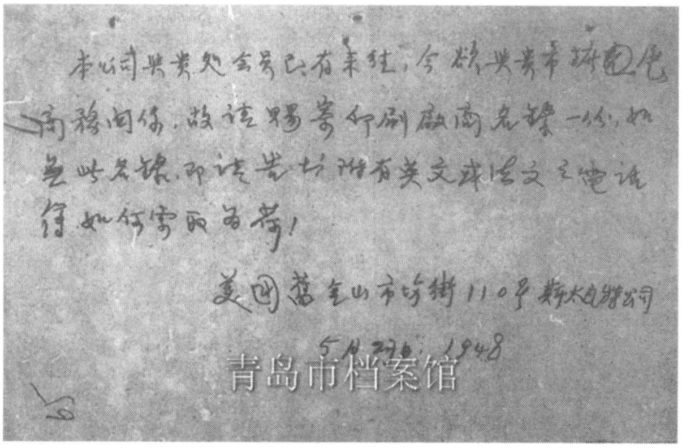
5月27日 1948

1948年5月27日美国旧金山斯太瓦特公司致青岛市商会函

辛成学分别找到十几名比较熟悉的商人，要求他们十天内拿来新版的《青岛市电话号簿》。这些商人个个满口答应，可是十天过去了，一本号簿也没送来。

辛成学心想这事难度是大，但也不至于一本都找不到。他吩咐经济检查大队进行有针对性的检查，很快抓到了这些商人偷税漏税的证据，然后挨个叫过来训斥一通：“叫你搞几本电话簿，拖拖拉拉不见影，也不看看这都什么时候了，再不干点好事，以后还想不想混了？”这招果然奏效，没出五天，崭新的1948年版《青岛市电话号簿》送到了辛成学手中。

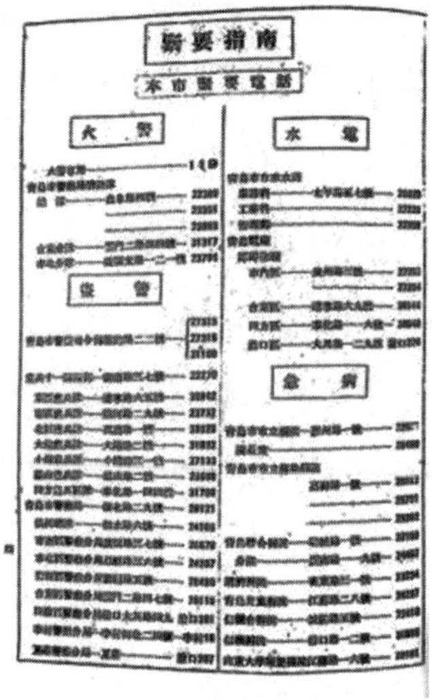

1948 年版《青岛市电话号簿》

以童辛为首的《青岛调查》编辑专班，每天清晨六点开始工作，深夜十二点休息，将堆积如山的资料进行筛选、分类、抄录和编撰，按照部、章、条、目，汇集成册。童辛还派专人住在印刷厂里，每一批书稿送到，随时校对，随时付印。

经过三个多月夜以继日的工作，终于赶在 1948 年 12 月 31 日下午，将四册、十部分、五十章、六十多万字的《青岛调查》印制完成。由于时间紧迫，各单位上报的部分材料没有来得及收入书中，随后又增印了更正和续集。

《青岛调查》的内容包括：

第一部分：史地概况。

一、沿革。

二、位置与形势。

三、面积与人口。

四、市街区之划分。

五、兵要地志。

六、名胜与古迹。

七、气象。

第二部分：军事。

一、青即兵要地志图。

二、青即地区蒋匪工事详图。

三、沧口飞机场图（附沧口飞机场岔道图）。

四、青岛市区兵要地志。

五、青即境内蒋匪分布图。

六、青市蒋美军分布图。

七、驻青美军战斗序列。

八、蒋军十一绥区战斗序列。

九、美蒋军事机关。

第三部分：党派情况概要。

一、特务情况概要。

二、青岛市参议会。

三、行政概况。

四、其他政治机关。

第四部分：经济。

一、官僚资本。

二、金融。

三、渔盐。

四、贸易。

五、农林。

六、粮煤。

第五部分：工商。

一、工业。

二、商业。

第六部分：文教。

一、大学教育。

二、中学教育。

三、国民教育。

四、社会教育。

五、报章。

六、杂志。

七、新闻通讯社。

八、剧社。

九、书局。

第七部分：交通。

一、邮政电信。

二、陆上交通。

三、海上交通。

四、空中交通。

第八部分：社团宗教。

一、政治团体。

二、群众团体。

三、社会团体。

四、文化团体。

五、其他团体。

六、宗教团体。

第九部分：人物。

第十部分：青市各种机关社团及主要企业商店住户驻地索引。

一、首字笔画检阅部。

二、分类检阅部。

三、市区街道检阅部。

1949 年 2 月，胶东区党委组建青岛市准备接管委员会（对外称青岛教育研究会），抽调四千五百多名干部进行集中培训，《青岛调查》被列为培训内容的第四单元。

《青岛调查》封面

东海地委秘书长兼宣传部部长章若明负责接管中国纺织建设公司青岛分公司第九纺织厂，同时承担山东大学学生自治会等青年学生团体的领导工作，超大部头的《青岛调查》，给他留下非常深刻的印象：“十六开大本，洋洋大观，达数百页之厚，从国民党的党、政、军、团、特，到全市的工业、农业、商业、交通、学校教育、卫生以至会道门等各个方面，各行各业的基本情况都提供了资料。这对我们这些准备进青岛市的人了解青岛社会的基本情况是大有裨益的。我就是从中得知了青岛市的区划概况、大中学校和交通等情况，减少了进城后的盲目性。”

年仅十七岁的胶东建国学院行政队学员王桂云，对青岛的第一印象就是来自《青岛调查》，几十年后仍然清楚地记得开篇第一句：“六十二年前的青岛是一个荒凉的渔村。”

1949 年 6 月 2 日青岛解放当天，接管人员按照职责分工，手持《青岛调查》，按部就班地开展接管工作。一名被俘的国民党军官看到这部书，十分震惊地说：“一本书就把青岛的家底掏光了，这可比千军万马厉害多了。”

华东局和山东分局主要负责人对《青岛调查》给予高度评价，称它“是几年来青岛工作成果的集中表现之一”，对城市接管工作起到了重要作用。

一、注释

①匹：用于计算纺织品单位量词，等于四十市尺。

②“三查三整”运动：1947 年冬至 1948 年夏，中国人民解放军利用作战间隙，通过“诉苦”（诉旧社会和反动派所给予劳动人民之苦）和“三查”(查阶级、查工作、查斗志)，进行阶级教育，实行政治、经济、军事三大民主，整顿组织，整顿思想，整顿作风，开展群众性的练兵运动。毛泽东将其概括为“新式整军运动”。

③潍县战役：潍县（今潍坊市潍城区）是胶济铁路中段军事重地，山东省较大的工商业城市。1948 年 4 月 2 日至 27 日，华东野战军东线兵团攻克潍县城及其周边十几个县城，使胶东、渤海和鲁南解放区连成一片，是华东战场战略反攻具有重大意义的胜利。

④浮山所：位于青岛市市南区，明朝设立浮山寨备御千户所防御倭寇，由此得名。日军侵华时期在此建立“陆军医院”及其他建筑，抗战胜利后改为国民党海军医院，青岛解放后由人民海军接管。

⑤大头：以袁世凯头像铸造的银元。

⑥中国民主同盟：简称民盟，1941 年 3 月成立，初期名称是中国民主政团同盟，由中国青年党、国家社会党（后改称中国民主社会党）、中华民族解放行动委员会（后改为中国农工民主党）、中华职业教育社、中国乡村建设协会、全国各界救国联合会等党派团体组成，后改现名。主要领导人有张澜、沈钧儒、章伯钧、罗隆基等。

⑦协理：旧时银行和规模较大的企业中协助经理主持业务的职员。

⑧中国市政协会：研究中国市政问题、促进城市建设的学术团体，1933 年由北平市政问题研究会为主体组成，在各地设有分会。1945 年迁上海，曾出版《市政问题》《市政评论》月刊和丛书。1949 年停止活动。

二、人物简介

1. 刘安祺（1903—1995），字寿如，山东峄县（今枣庄市峄城区）人。黄埔军校第三期步兵科毕业，历任第四十师师长，中央军校第七分校学生总队总队长，青年军第二〇五师师长，青年军第六军军长，第七十一军军长，第七兵团司令官，第十一绥靖区司令长官兼行政长，第二十一兵团司令官，第二军团司令官，金门防守司令，陆军总司令，陆海空三军大学校长等职。

2. 龚学遂（1895—1968），原名龚伯循，曾用名志仁，江西金溪人。日本东京帝国大学矿山学科毕业，历任江西省政府委员兼建设厅厅长，南昌市市长，国民政府军委会运输统制局运输总处处长，交通部公路总局副局长，交通部政务次长，大连市市长（未到任），青岛市市长，山东省煤炭工业管理局科研所代主任，山东省政协常委等职。

3. 陈仰之（1913—1993），浙江嘉兴人。1937 年毕业于山东大学，1944 年 11 月加入民盟，历任民盟青岛干部会主任，民盟青岛支部临时工作委员会主任，山东省政协第一届委员会委员，青岛市政协第一届委员会副主席，民盟第一、第二、第五届候补中央委员，青岛市人民政府委员，青岛市民政局局长，民盟青岛市第八届委员会名誉主委等职。

4. 王其如（1904—1986），山东青岛人。烟台益文商业专科学校毕业，先后在烟台英商怡和商行、青岛德商礼和商行任职员，创办青岛志诚海外贸易行并任经理，当选青岛市进出口商业同业公会常务理事。青岛解放后历任山东省工艺品进出口分公司副经理，山东省畜产进出口分公司济南支公司副经理，济南市工商联顾问，民建济南市委综合支部主任等职。

5. 陈志藻（1902—1993），别名陈工夫，山东黄县（今龙口市）人。赴日本留学获医学博士学位，曾任青岛寿康医院院长、华北卫生研究所化学科科长、博济医院院长。青岛解放后历任青岛市公安医院院长，青岛市卫生局局长，民革青岛市第二、第三届委员会专职主委，民革青岛市第四、第五届委员会副主委，民革青岛市第六届委员会名誉主委，民革山东省委常委，民革中央候补委员等。1988 年 9 月加入中国共产党。

6. 曲佩光，山东掖县（今莱州市）人，曾任青岛祥瑞行美术印务馆经理，斯宜药厂副经理等职。抗日战争时期加入中统组织，抗战胜利后任《民众日报》社经理。

7. 陈孟元（1894—1963），原名陈嗣宗，山东掖县（今莱州市）人。先后开办聚丰福印刷厂、太阳烟草公司、青岛阳本染织厂。青岛解放后历任青岛市人民政府副市长，青岛市政协副主席，青岛市民主建国会主任委员，青岛市工商联常委等职。

8. 刘文东（1913—1968），山东黄县（今龙口市）人。哈尔滨工业大学毕业，新中国成立后历任燃料部翻译室主任、石油部情报所副所长等职。

9. 徐一贯（1903—1981），福建福州人。上海交通大学机械工程系铁路机车专业毕业，历任莆田、湘西、自流井、西安、青岛电厂厂长。青岛解放后历任青岛市电业局局长、城建局局长，青岛市政协副主席，青岛市人民委员会委员，山东省政协常委，民革青岛市委主委等职。

10. 罗茂先（1906—1995），又名罗维，四川射洪人。1927 年加入中国共产党，任上海市沪西区工会联合会秘书、全国互济总会上海援救部秘书处总干事兼秘书长、中共满洲中心省委秘书等职，后与党组织失去联系。青岛解放后历任青岛市纺织管理局办公室副主任，山东省纺织工业厅办公室副主任，青岛纺织医院副院长等职。

11. 唐康（1910—1962），原名唐慧莲，上海川沙人。1926 年加入中国共产主义青年团，1928 年加入中国共产党，曾任全国济难总会干事，江苏省济总妇委会委员，后与党组织失去联系，1950 年恢复中国共产党党籍。

第 5 章

新的形势

1 王继川静静地坐在客厅角落，一边打着毛衣，一边侧耳倾听客人们高谈阔论，很快摸清了每个人的思想倾向

1948 年 7 月。

“立即前往南村秘站汇报工作。”王继川过了一年的“阔小姐”生活之后，终于盼来了秘密交通员传达吴若岩的指示。她以探望在济南山东省黄河修防处工作的父亲为借口向刘沛“请假”，到警察局领取了通行证，堂而皇之地登上了开往济南的火车。

列车驶出青岛站五十二分钟之后，王继川在蓝村站悄然下车，雇了一辆捎脚的自行车，一路向北渡过大沽河，来到南村工商所秘站。次日凌晨，秘站站长辛成学亲自护送，与王继川各骑一辆自行车，赶在天亮以前来到柏家寨区统驻地。

王继川在区统机关住了二十多天，将自己在青岛落脚生根的经过，以及对王桂浑、罗赤霞以及其他几位密友的观察和了解，向吴若岩和葛申等领导同志做了详细汇报。

王桂浑和罗赤霞热情好客，慷慨大方，交际很广，朋友故旧遍及军政界。每逢周末，他们家里总要摆下丰盛的宴席，高朋满座，酒酣耳热，正所谓樽中酒不空，往来无白丁，颇有几分当代孟尝君的模样。

客人们都没有太过留意，或者说是不曾在意，当他们高谈阔论的时候，王家大小姐总是坐在客厅的角落里，安静地打着毛衣。

提起王继川打毛衣，还有一个小故事：抗日战争初期，罗荣桓率领八路军第一一五师挺进鲁西，王继川奉命来师部配合工作，看到罗荣桓的毛衣破了，他的夫人林月琴却不会修补，便从自己穿的毛衣上取下毛线，三下两下就补好了，让罗荣桓夫妇对这位豪门出身的大小姐刮目相看。

现在，王继川以打毛衣为掩护，仔细观察在座的每一个人，了解他们的职责范围和工作能力，分析他们的政治倾向和思想状况，考虑谁是对开展秘密情报工作有用的人？

王桂浑。

原名王桂芬，山东文登人，从小跟随王守政生活，曾与汪静之、于黑丁等编辑《青岛时报》文艺副刊，从事进步文化事业。在北平师范大学教育系读书期间担任学生会组织部部长，参加“一二·九”反帝爱国运动，加入中华民族解放先锋队。抗日战争全面爆发后，他跟随女朋友罗江云一家去了大后方，历任贵州毕节县立中学和贵阳力行中学校长。抗战胜利后回到青岛，1946 年 2 月任市立李村简易乡村师范学校校长。

王桂浑从小看着王继川长大，对这个大妹妹的性格和政治信仰十分了解，对她精心编造的那套假履历一个字都不相信，直截了当地说：“别跟我撒谎了，你就是共产党。说吧，需要我干什么？”

罗赤霞。

字维曙，湖南浏阳人，黄埔军校第三期交通科毕业，曾任国民党陆军辎重兵学校教官、联勤总部第二公路指挥部少将指挥官等职，他的二女儿罗宇澄和女婿吉伽夫都是中共地下党员。皖南事变时，罗赤霞曾经护送共产党员逃脱国民党特务的追捕。为了反对蒋介石发动内战，罗赤霞毅然辞职并退出现役，到女婿家中就养。

廖忠国。

廖忠国旧照

号帅伦，湖南衡山人，联勤总部陆军辎重兵汽车第二十一团少将团长，中央军校长沙分校第三期步兵科（后转入南京本校第六期交通科）、陆军大学特别班第七期毕业，复兴社成员，清帮大佬张树声嫡传“清洪合一”[1]通字辈弟子。

在陆军大学特别班[2]学习期间，廖忠国先后出版和发表《国防机构论》（1946 年 11 月台湾现代兵学月刊社）、《国防部组织研究》（《建国青年》1946 年第二卷第一期）、《依据孙子兵法原理对于马陵长平与坎尼坦能堡四次战役之比较研究》（《现代军事》1946 年第一卷第七期）等著作，受到陆军大学教授李浴日少将和兼职教授刘咏尧中将的好评。

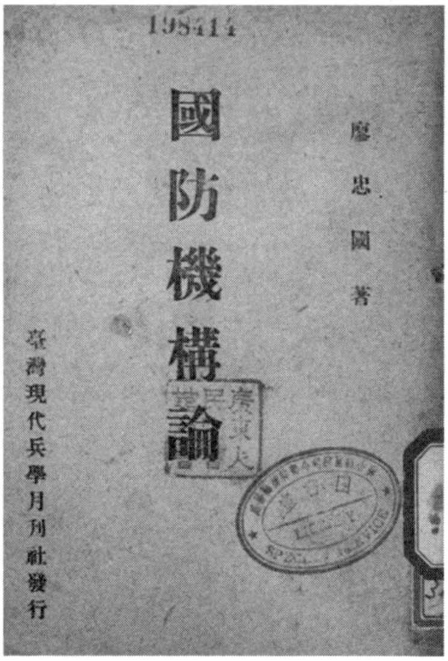

廖忠国著《国防机构论》封面

驻防台北期间，廖忠国主持编印《技术教育丛书》一至四辑并作序言，不但解决了第二十一团官兵缺乏专业技术教材的问题，而且受到其他汽车部队以及地方运输单位的欢迎。

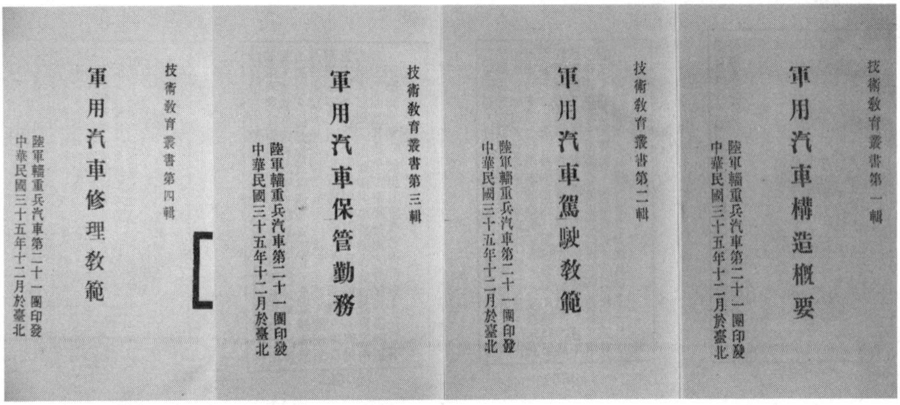

技術教育叢書第一輯
軍用汽車構造概要
陸軍輜重兵汽車第二十一團印發
中華民國三十五年十二月於臺北

技術教育叢書第二輯
軍用汽車駕駛教範
陸軍輜重兵汽車第二十一團印發
中華民國三十五年十二月於臺北

技術教育叢書第三輯
軍用汽車保管勤務
陸軍輜重兵汽車第二十一團印發
中華民國三十五年十二月於臺北

技術教育叢書第四輯
軍用汽車修理教範
陸軍輜重兵汽車第二十一團印發
中華民國三十五年十二月於臺北

《技术教育丛书》一至四辑

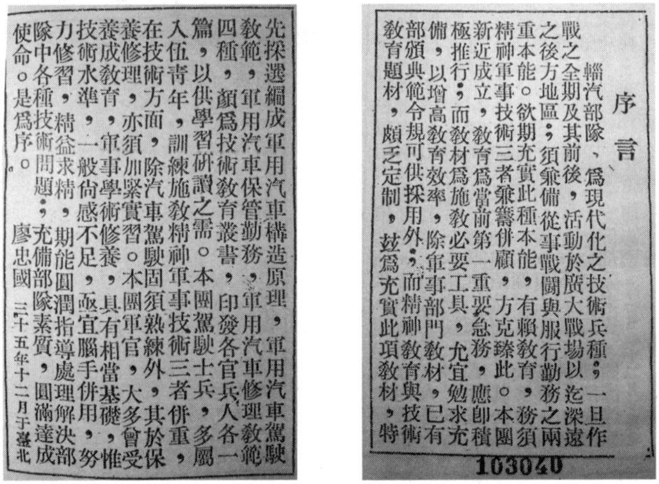

序言

輜汽部隊、爲現代化之技術兵種；一旦作戰之全期及其前後，活動於廣大戰場以迄深遠之後方地區；須兼備從事戰鬭與服行勤務之兩重本能。欲期充實此種本能，有賴教育，務須精神軍事技術三者兼籌併顧，方克臻此。本團新近成立，教育爲當前第一重要急務，應即積極推行；而教材爲施教必要工具，允宜勉求充備，以增高教育效率，除軍事部門教材，已有部頒典範令規可供採用外；而精神教育與技術教育題材，頗乏定制，茲爲充實此項教材，特先採選編成軍用汽車構造原理，軍用汽車駕駛教範，軍用汽車保管勤務，軍用汽車修理教範四種，顏爲技術教育叢書，印發各官兵人各一篇，以供學習研讀之需。本團駕駛士兵，多屬入伍青年，訓練施教精神軍事技術三者併重，在技術方面，除汽車駕駛固須熟練外，其於保養修理，亦須加緊實習。本團軍官，大多曾受養成教育，軍事學術修養，具有相當基礎，惟技術水準，一般尚感不足，亟宜腦手併用，努力修習，精益求精，期能圓潤指導處理解決部隊中各種技術問題；充備部隊素質，圓滿達成使命。是爲序。

廖忠國

三十五年十二月于臺北

103040

廖忠国所作《技术教育丛书》序言

廖忠国作为“穿黄马褂③”和“戴绿帽子④”双料“天子门生”，只要忠心耿耿为蒋介石卖命，高官厚禄唾手可得。但是，他熟读中国古代兵学著作，深刻理解“兵者，国之大事，死生之地，存亡之道，不可不察”的道理，对蒋介石以一党一派之私，不惜将中华民族推向战争深渊的行径极为痛恨，斥之为“获罪于天，无可祷也”。

1947 年春，廖忠国率部驻防青岛后，几乎每天都要到鱼山路 6 号，与思想观点相同的罗赤霞、王桂浑等人谈天说地，纵论时局，希望能为早日结束战争，减少人民痛苦，做出自己的贡献。

张宝山。

山东荣成人，复旦大学土木工程系毕业，曾在王守政手下担任青岛市工务局施工科技佐[5]，与王桂浑的关系也很密切。抗日战争期间担任阜阳中学校长时，曾经主动保护王继川免遭国民党特务的迫害。抗战胜利后返回青岛，担任市政府社会局局长。

王继川出于掩护秘密工作的目的，曾经请张宝山帮忙介绍工作。

张宝山连连摆手说："你还是好好在家待着吧，别出去工作了，外边危险。"

王继川叹了口气："我是走投无路才回来住娘家，总不能老是吃闲饭吧？"

张宝山笑了笑，话里有话地说："你那篇说辞，还是留着给别人听吧。"实际等于向王继川暗示"别在我面前装了，我知道你是共产党"。他不但没有丝毫加害之心，反而以世交的身份经常到家里探望，与王继川东聊西聊，问寒问暖，含蓄地流露出向共产党靠拢的意思。

其他还有：

蔡耀廷，陆军辎重兵汽车第二十一团第一营中校营长。

王丕真，陆军独立工兵第十七团上校团长。

田树樟，青年军第二〇八师第三旅第九团上校团长。

朱铁锋，青岛要塞司令部上校参谋主任。

卢庆善，第十一绥靖区少将视察官。

宋昭淑，第十一绥靖区司令部第四（运输）处少将处长。

王继川认为，这些人文化水平较高，有一定的职务地位，反蒋反内战的态度比较坚决，具备开展情报工作的条件。

吴若岩经过研究决定：王继川为情报小组组长；吸收王桂浑和廖忠国为情工人员；张宝山为情报关系；蔡耀廷等人根据情况灵活运用；派孙声

远进入青岛，安排适当职业，担任王继川的专职秘密交通员。

王继川回到青岛，向王桂浑和廖忠国传达了上级的指示。王桂浑建议安排孙声远到他开的土产店当店员，王继川听了眼前一亮，连连点头说好。

原来，由于国统区经济崩溃，物价飞涨，学校经费发下来在账上存不了几天就会大大缩水。王桂浑在市区开办了一家土产店，主营米面粮油副食调料等生活日用品，以商品实物和经营收入抵消物价上涨造成的货币贬值。

孙声远在土产店当店员，通过电话与王继川保持联系，利用送货上门的机会出入鱼山路 6 号，接收情报，传达上级指示。

“小孙吗？我是王桂荣，请你送一斤花生油还有一斤盐一瓶醋，请快点，做饭等着用呢。”

“好，马上送到。”

孙声远接到王继川的电话，立即骑自行车来到鱼山路 6 号，提起货篮走上台阶。

“您要的东西送来了，看看少什么不？”孙声远进入楼内，把东西交给王继川。

“辛苦你跑一趟。”王继川客气地表示感谢，似乎很随意地把一沓钞票递给孙声远。钞票里夹着一张卫生纸，上面是用碘酒密写的情报。

孙声远接过钞票，小心翼翼地塞进衣兜，提着空货篮离开了鱼山路 6 号。

刘沛曾经派特务对鱼山路 6 号实行二十四小时不间断的监视，门口有几个石阶，楼顶有几片瓦，他们都记得清清楚楚，却从未对孙声远产生过丝毫怀疑。就连王家的小保姆也完全不知底细，直到青岛解放后看见孙声远穿上了民警制服，这才恍然大悟。

廖忠国的辎重兵汽车第二十一团代号“仰光部队”，下辖三个营两个连，一千六百余人，五百辆卡车，负责向各部队运送装备物资，是第十一绥靖区唯一的机械化运输部队。

因此，廖忠国对国民党部队的军事部署、驻地分布和物资装备等情况掌握得清清楚楚，提供的情报很多，很准确，也很及时。他的情报大多写在香烟的内包装纸上，卷起来装进香烟盒里，来鱼山路6号做客时，不落痕迹地交给王继川。

张宝山在搜集美军情报方面很有办法，市长李先良知道的，他都了解；李先良不知道的，他也能掌握。1948年7月，李先良不再担任青岛市市长，张宝山也随之辞去社会局局长职务，挂上了市政府参事和顾问的虚衔，但他仍能通过私人关系，同美国西太平洋海军官员接触，获得许多重要情报。

朱铁锋先后提供了《青岛要塞核心区（含陆海正面）地形侦察报告书》《青岛要塞海正面堡垒地带区分表》等情报。国民党军撤退之前，将青岛要塞的海岸炮炮栓拆卸下来沉入海底。朱铁锋绘制位置示意详图，由罗赤霞转交王继川。

王丕真多次提供国民党外围防线的情报，并表示坚决不打内战，选择适当时机起义。1949年5月上海战役期间，王丕真率领陆军独立工兵第十七团起义，为保护工厂和重要交通设施立了大功。

王继川对情报进行分类，少部分顶级情报交给秘密电台发报，大部分次要情报用淀粉水抄写在卫生纸上，由交通员混在整打的卫生纸里带过关卡，送往南村秘站。

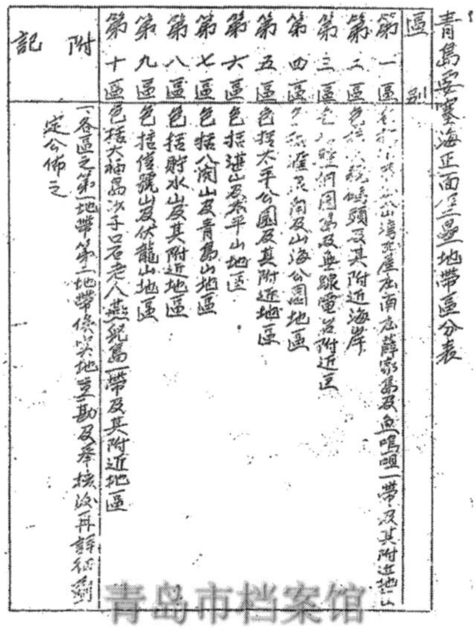
青島要塞海正面堡壘地帶區分表

區別	
第一區	[illegible]
第二區	包括[illegible]頭及其附近海岸
第三區	[illegible]及無線電台附近區
第四區	[illegible]及山海公園地區
第五區	包括太平公園及其附近地區
第六區	包括湛山及太平山地區
第七區	包括八關山及青島山地區
第八區	包括貯水山及其附近地區
第九區	包括信號山及伏龍山地區
第十區	包括大福島汶子口石老人燕兒島一帶及其附近地區
附記	一、各區之第一地帶第二地帶係[illegible]地查勘及[illegible]核後再[illegible]定公佈之

青岛要塞海正面堡垒地带区分表

鱼山路 6 号北侧近照（朱海燕摄）

王家的楼房坐落于小鱼山下，人站在山坡上就可以清楚地看见屋里的情况。王继川每次抄写情报，都要把电灯罩上黑布，窗帘拉得严严实实，不能向外透出一丝光亮。

青岛解放后，王继川在市公安局第一处负责秘书工作，觉得自己抄写情报的卫生纸不便管理，请示上级是否可以销毁。副局长葛申笑着说："这可不能丢掉，都是你的档案。"

2 早在抗战胜利不久，胶统派遣秘密党员李昌言前往国民党军吴化文部进行长期潜伏，终于在三年后的济南战役中收获奇效

1948 年 8 月。

国民党军整编第八十四师中将师长吴化文看到了一封匿名信，立刻神色大变，坐立不安，经过再三揣测，断定写信的人是李昌言。当天晚上，他把李昌言请到办公室，屏退左右，紧闭门户，直截了当地问道："你是共产党吧，能不能帮我捎个口信？"

李昌言，山东掖县（今莱州市）人，生于 1922 年，1945 年 11 月加入中国共产党，1947 年 2 月受中共西海地委统战部派遣，利用表姐林世英系吴化文妻子、二哥李正言担任吴化文部军需主任兼济南办事处处长的条件，进行长期潜伏，伺机策动起义。

1948 年春夏间，华东野战军山东兵团按照中共中央的部署，连续攻克

周村、潍县和兖州等地，彻底切断了山东境内两大战略要地青岛与济南的陆上交通。

李昌言认为时机已到，写了一封匿名信悄悄放在吴化文的办公桌上，主要内容是劝他认清形势，当机立断，投奔光明。只是没想到吴化文的反应来得这么快，这么直接。

李昌言表情平静地回答："我是共产党。你想捎什么信？"

吴化文对李昌言的镇定自若很是佩服："老弟年纪轻轻，就能这样老练沉着，真是人才难得。我想请你给陈毅司令员捎个口信，说我吴化文打算起义，只要条件成熟，可以配合解放军解决济南。不过，蒋介石答应补充一批美式装备还没到手，我的家眷也住在南京，能不能给我一两个月的时间？"

李昌言听出吴化文并没有下定起义的决心，只是想脚踏两只船等待形势变化，便点头答道："请你给我出入济南的证件，我负责把你的意思报告给陈毅司令员。"

4日，李昌言身穿国民党军服，携带整编第八十四师谍报证，通过多道哨卡混出济南城，与中共济南市委取得了联系。

当天深夜，胶东区党委统战部接到华东局急电："李昌言自称系西海地委统战部副部长林志一派去济南工作，现正代表吴化文与我军联系起义，请立即查证回报。"

5日清晨，胶东区党委统战部经查证后复电华东局："1945年11月，西海地委统战部副部长林志一（现名杨光天）派遣地下党员李昌言前往济南长期潜伏，伺机策反吴化文。"

华东局随即派出华统第一科科长王征明赶赴济南，听取李昌言的全面汇报，研究策动吴化文起义的方案。

12日，李昌言返回济南城里，向吴化文转达中共方面提出的上中下三策："上策是单独起义解决济南；中策是里应外合，配合解放军行动；下策是顽抗到底，自取灭亡。”

吴化文信誓旦旦地表示：“感谢陈司令员给我指出光明前途，没二话，我肯定选上策。”

李昌言说：“陈司令员要求你尽快制订具体的行动计划，设立秘密电台，直接向解放军报告。”

吴化文摆出一副为难的样子说：“现在时机还不成熟，电台还是再等等吧。”

李昌言说：“解放军打不打济南，什么时候打济南，取决于解放军而不取决于你。请你认真考虑，早下决心，不要重蹈兖州霍守义城破被俘的覆辙。再说世上没有不透风的墙，你要老是迟疑不决，一旦走漏消息，可就追悔莫及了。”

吴化文思考再三，终于同意从南京接回家属，并开设秘密电台，同解放军建立联络。

24日，南京方面传来消息，蒋介石任命吴化文为整编第九十六军军长兼第八十四师师长，并将亲率大军救援济南。吴化文随即思想产生动摇，并拒绝按照约定与李昌言见面。

李昌言急中生智，当着林世英的面大发牢骚：“我是看在亲戚的面子上，冒着风险四处奔走，还不是为了吴化文的前途出路？可他不知好歹，说话不算话。算了，他既然不想见面就算了，我明天就离开济南。”

林世英赶紧去找吴化文发了一阵脾气：“你要再这么固执，我也走，是死是活由你自己折腾。”

李昌言以退为进的一招果然奏效，吴化文于当天晚上同李昌言见面，首先表示歉意，然后商定9月3日前同解放军建立电台联络。为了保密和安全，吴化文随后将他的指挥部由商埠转移到西郊营房，并进一步加强戒备。

9月。

16日夜，济南战役正式打响，但吴化文并没有按照预先约定主动配合解放军行动，而是按兵不动，固守阵地。

18 日夜，为了促使吴化文打消幻想，尽快行动，解放军向其所部簸箕山阵地发起攻击，仅用二十分钟就消灭了一个营六百多人。

吴化文闻讯大怒，狂喊道："打，只有打才有饭吃！"下令部队准备向解放军发起全线反击。他的亲信甚至提出杀掉李昌言，向蒋介石表示忠心。

李昌言临危不惧，义正词严地对吴化文说："贵军不遵守协议撤出阵地，才造成了今天的冲突，如果再不设法挽回，解放军势必集中兵力消灭贵军，后果不堪设想，请吴军长三思。"

吴化文逐渐冷静下来，经过一番激烈的思想斗争，终于下定了率部起义的决心。

20 日上午，吴化文所部三个旅两万余人撤出阵地，向泺口以南区域集结，使国民党济南西部防线门户大开，解放军顺利占领西郊飞机场和商埠地区，为攻克济南奠定了基础。

吴化文（右）旧照

济南战役的胜利，是解放军第一次攻克十万以上重兵据守的大城市，从根本上动摇了国民党凭借坚固设防进行顽抗的信心，同时揭开了辽沈、淮海、平津三大战役的序幕。美联社对此发表评论："自今而后，共产党要到何处，就到何处，要攻何城，就攻何城，再没有什么阻挡了。"

胶东区党委统战部及早谋划，提前布局，深耕细作，久久为功，终于在李昌言卧底潜伏三年之后，获得了石破天惊的重大成果。华东局曾发出专电，对胶东区党委统战部为争取吴化文起义做出的优异成绩予以表彰。

3 范澄川高兴得几乎跳起来：我一直在找那边的门路，现在终于来了

1948年9月。

一天晚上，中国纺织建设公司青岛分公司经理范澄川和夫人文佩南、十三岁儿子范与中走进华山路13号的院子，谁都没有想到，楼上的窗户里正有两双眼睛，透过窗帘的缝隙，仔细观察他们的一举一动。

华山路13号旧照

华山路13号是一座两层小楼，范澄川夫妇住楼下；两位年轻的女士赵仲玉和郭美珍住楼上的一个大间和一个套间，另外一个单间是范与中的卧室。

赵仲玉，又名赵琰，字怡君，知名画家，私立文德女子中学美术教师，容貌端庄，举止大方，气质优雅，很有大家风范。二十世纪三十年代与晚清军机大臣瞿鸿禨的孙子瞿昭旗结婚，后因感情不和分居，终生没有再婚，也未生育。她以"赵玉记公馆"在电话号簿登记，朋友一看便知，外人却不太容易猜出是谁。

郭美珍，永泰和汽车行老板的二女儿，文德女子中学数学教师，从小热爱体育，曾代表青岛参加第十七届华北运动会排球、垒球和游泳比赛。

赵仲玉和郭美珍参加中共领导的地下组织后，接到了徐行健安排的重要任务：动员范澄川反对国民党搬迁和破坏工厂的阴谋。

但是，这两位年轻的知识女性一贯洁身自好，平时对身为国民党接收大员和官僚资本代理人的范澄川避之唯恐不及，再加上范澄川夫妇每天在大学路10号母亲家里吃饭，晚上才到华山路13号住宿，除了刚上初中的范

与中有时来找郭美珍补习功课，再没有别的来往，像这种见了面只不过打个招呼点个头的关系，从何谈起做动员工作呢？

赵仲玉（左）郭美珍（右）旧照

经过一番观察和研究，赵仲玉和郭美珍决定从两方面着手：把她俩负责刻印的油印宣传小报《民主报》每期留出一份，投进范家的信箱作为试探；通过为范与中辅导功课，设法接近范澄川。

范与中非常聪明，尤其关心国家大事。有天晚上，他看爸妈还没回来，主动邀请两位老师到楼下收听新华社广播，打开收音机顺手一拧就找到了频率。

赵仲玉惊奇地问："你这么熟悉，一下就找到了？"

范与中毫不在意地说："当然，我爸每天晚上都要听。"

赵仲玉和郭美珍会心地相视而笑，信心一下子增加了。

第二天晚上，赵仲玉看范澄川夫妇回来的时间不是太晚，便对范与中说："你去问问爸妈，我们可不可以到楼下拜访？"

范澄川夫妇丝毫没有架子，对两位老师表现得很热情："听与中说你们两位经常给他辅导功课，几次想上楼当面表示感谢，可又觉得不便冒昧打扰，很抱歉失礼了。"

虽然是初次交往，只说了些客套话，但彼此都留下了良好的印象。随着接触越来越多，范澄川主动邀请她俩到青纺⑥工厂参观，其间谈起了抗战胜利后接收日资纱厂，以及青纺公司恢复生产和不断发展的过程。

青岛纺织业与上海、天津并列，素有"上青天"之称。抗战胜利后，由于国内纺织技术和管理人才不足，青岛日资纱厂的接收工作迟迟未能开始。

国民党官员为了中饱私囊，趁机提出要把这些企业出售给私人资本经营。

范澄川认为，青岛日资纺织厂的机械设备和生产技术都是当时最先进的，如果转为私营，以资本家的自私和贪婪，必然拒绝与其他企业分享技术，对民族纺织产业的发展有害无益，因此表示坚决反对，同时加快了接收工作的步伐。

在接收大康纱厂时，日籍厂长私下对范澄川说："有数百件六十支双股细线，是日本投降前从上海运来的，还没来得及登记入库，属于'无账物资'，按照惯例可由您自行处理。"

范澄川马上意识到这是日方人员企图行贿，而且很可能不仅针对他一个人，随即下令各厂对"无账物资"一律申报造册，不得隐匿，接收人员如有损害国格的行为，将受到严厉惩处。

由于范澄川精通纺织技术，同时具有较高的经营管理水平，在他的领导下，中国纺织建设公司青岛分公司迅速发展到十三家工厂、三十六万纱锭、七千台布机、一千多名工程技术人员和两万多名工人，成为青岛最大的企业。

赵仲玉问："听说军方要求工厂南迁台湾，有没有这回事？"

范澄川答："有，而且直接找到我的头上。"

就在几天前，一位据说是从南京来的姓陈的运输司令，由第十一绥靖区司令部第四处处长宋昭淑陪同，与范澄川商谈青纺工厂设备迁往台湾的计划。

范澄川早有防备，慢条斯理地说："公司没有这方面的指示，我们分公司也没有考虑这个问题，但粗略想来，迁厂必须解决几个问题：首先需要拆卸机器，编号装箱，运到目的地后再重新安装。制作木箱所需要的大量木材和洋钉⑦不易采购，一年前公司要我把两百台布机运往天津，就是因为这两种材料不足，至今未能运出；其次是需要大量船只装运，以纺织一厂为例，仅机器设备就需要三到四艘五千吨级货轮；再次是拆卸机器需要技术熟练的保全工[8]，他们大多是本地人，把机器运走实际等于打碎他们的饭碗，肯定不会情愿，闹起来会很麻烦。”

陈司令沉吟半晌问道：“先拆迁一个小厂行不行？”

范澄川言之凿凿地回答：“青纺各厂只有梭管厂规模较小，不过台湾正是出产梭管的地方，工厂规模比我们大得多，搬过去不但赚不了钱，恐怕连本都保不住。”

陈司令无言以对，只好告辞。

《约法八章》[9]发布后，赵仲玉和郭美珍把印有相关内容的小报悄悄投进范家信箱。第二天晚上，她俩见到范澄川，故作神秘地问：“我们在学校看到了解放军的《约法八章》，您看到没有？”

范澄川笑着回答：“不但看到了，还收到一份。”

赵仲玉问：“不知您有何想法？”

范澄川坦率地说：“这八条很好，应该照办，尤其是第一条和第二条，保护人民生命财产，严惩反革命破坏，保护工商业继续生产，是我们义不容辞的责任。我今天召开了青纺各厂厂长联席会议，公司副经理王新元、杨樾林和厂长们大概也都看到了《约法八章》，他们一致反对南迁，主张护厂。但是护厂是响应共产党的号召，肯定会引起当局怀疑，这不能不让我感到责任重大。”

赵仲玉问：“各厂的情况怎么样？”

范澄川说：“现在局势紧张，逃风日盛，一部分南方籍员工有尽快返回家乡的想法。但工人大多数是本地人，亲眼见过 1938 年初沈鸿烈炸毁日资纱厂，数万工人失业的惨状，他们担心国民党军故技重施，情绪很不稳定。”

赵仲玉觉得时机已经成熟，开始说到正题：“我的一位朋友同解放区有联系，他让我问问范先生，愿不愿意留下来同他们合作？如果愿意，他们非常欢迎。”

范澄川马上意识到，面前这两位女士是共产党派来的，他高兴得几乎从沙发上跳了起来，喜笑颜开地说："我一直在找那边的门路，总也找不到，现在终于来了！我当然愿意留下，最好和那位朋友见个面，我应该怎样合作，也好当面请教。"

赵仲玉说："那位朋友已经回解放区了，不知道什么时候再来。他临走时说，如果您愿意合作，要我们转告三点，一是相信共产党的政策；二是希望您留下，团结技术人员和管理人员留下，坚守岗位，安心工作；三是争取以合法的形式，组织全体职工保护工厂，避免遭到国民党的迫害。"

范澄川略一思忖："第一点和第二点没有问题，只要我不走，各厂厂长、工程师、技术员和管理人员绝大多数都不会走。你所说的合法形式非常重要，也是令我最为苦恼的问题，一定要想出妥善的办法。护厂无异于在虎穴中防虎，虽然有青纺两万多职工做后盾，但毕竟要同凶恶的敌人作斗争，决不能轻举妄动。"

赵仲玉叮嘱道："这件事情不要对任何人讲，包括最亲近的家人。还要密切注意国民党的动向，有什么情况请您随时告知。"

青纺公司是国民党军政警特机关密切关注的重要企业，经常收到《关于防范奸匪间谍来青活动的代电》《时有奸匪间谍来青活动的代电》和《关于收缴匪谍散发之宣传品事宜的代电》等杀气腾腾的文告函电，公司和各厂都有不少暗藏的"特务职工[10]"，第一纺织厂人事课课员丁铁夫和第二纺织厂职员李天摩等军统特务，整天枪不离身，凶相毕露，进步职工遭到逮捕和杀害的惨剧时有发生。

馆陶路 3 号青纺公司旧址近照（朱海燕摄）

范澄川毅然选择奔向光明，注定要走一条布满荆棘、危机四伏的道路。范澄川曾在青年时代与中国共产党第一位女党员向警予结识，初步接受了马克思主义理论的启蒙，后又与中共早期党员蔡叔厚、楼震旦长期交往，因此他以国民党官僚资本代理人的身份毅然决然投身人民革命的事业，绝对不是偶然的。

4　他只用了不到两年时间，就从身无分文的“盲流”，成为众人瞩目的大老板

1948 年 10 月。

平原路 27 号张灯结彩，热闹非凡，泰丰商行乔迁新址，吸引了许多商界名流前来祝贺。经理刘萍年仅二十来岁，但精明干练，气度从容，一看就是见多识广的大生意人。可又有谁能想到，就在两年前，他还是一个几乎身无分文的“盲流”。

刘萍旧照

刘萍，原名刘纯贤，山东黄县[11]人，自幼跟随做生意的父母在北京生活，对大城市的社会环境比较熟悉。1947 年 2 月，刘萍从黄县老家出发，骑自行车将近二百公里，把国民党青岛警备司令部军法处处长刘竹南的母亲和女儿送到青岛，原本打算利用这个机会打入国民党军内部，不料却被六亲不认的刘竹南断然拒绝，只好前去投靠在青岛经商的两位远亲，一位是洪丰商行经理徐福五，一位是东祥泰商行经理徐镇北。

刘萍从小耳濡目染，原本懂得不少生意经，经过在洪丰商行一段时间打杂，很快摸清了青岛商界的门道，经徐镇北介绍，到达生商行当上了店员。

达生商行主营棉纱、细布和航空托运，股东是青岛警备司令部总务处

副官周汉三、石殿奎和青岛市警察局督察长白伦阁。他们虽然不懂生意经，但眼看刘萍把商行业务料理得井井有条，白花花的银元越挣越多，心里别提有多高兴，逢人就夸刘纯贤为人正直，诚实可靠，无意之中为刘萍开展秘密情报工作打开了方便之门。

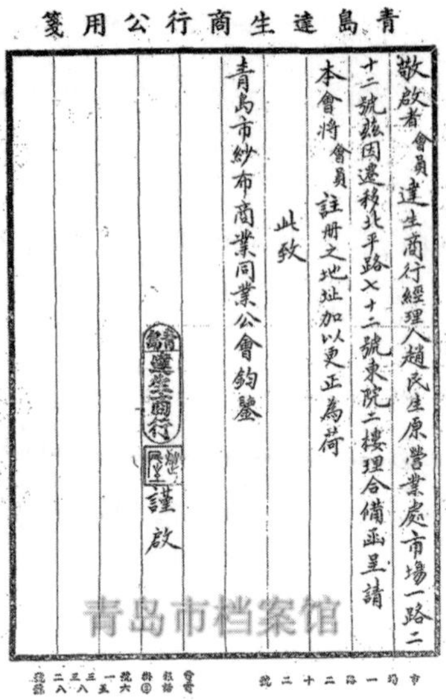
青島達生商行公用箋

字第　號

敬啟者會員達生商行經理人趙民生原營業處市場一路二十二號茲因遷移北平路七十二號東院二樓理合備函呈請

本會將會員註册之地址加以更正為荷

此致

青島市紗布商業同業公會鈞鑒

（達生商行）謹啟

中華民國三十七年一月十三日

达生商行函件

一年多后，刘萍手头有了一些积蓄，打算开一家自己的商行。徐福五对刘萍的能力深信不疑，不但拉来同族亲戚一起入股，还将济宁路 33 号洪丰商行的几间闲房借给他无偿使用。泰丰商行开业后生意十分红火，刘萍的经济实力和社会地位也随之水涨船高，为开展情报工作提供了资金保障和掩护实体。

济宁路 33 号洪丰商行旧址近照（朱海燕摄）

1948 年 9 月，刘萍奉命来到胶统南村秘站，胶统青工委书记张尧民指着一张青岛地图对他说："情报关系张永年是国民党联勤总部青岛水路军运办公处上士通信勤务兵，工作地点是恩县路 18 号，他在递送机密文件的途中与你接头，每次接头时间不得超过十五分钟。现在泰丰商行设在洪丰商行内寓，距离水路军运办公处比较远，而且人员来往多，情况复杂，不利于同张永年接头，要尽快另选独立的经营场所。”

经过一段时间的运作，刘萍把平原路 27 号的一处楼房租赁下来作为业务室兼经理住宅，对外称“刘公馆”，随后又在保定路 14 号设立经营场所，使泰丰商行的经营规模和业务范围都有了很大提升，他本人也成为受人瞩目的“大老板”。

由于国民党对交通实施严格管制，以经销外埠粮食为主的洪丰商行货源断绝，不得不于 1949 年 5 月 6 日歇业，长时间忙于清理账务，人来人往，十分忙乱。刘萍对此既感到惋惜，又暗自庆幸：“如果泰丰商行继续留在洪丰商行原址，肯定会对秘密工作造成不利的影响。”

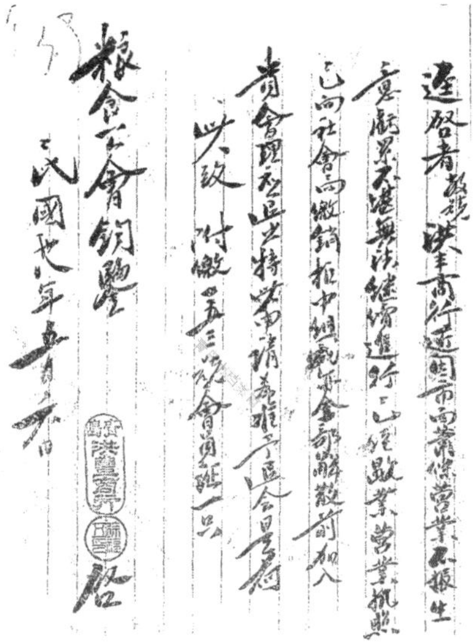
逕啓者敝號洪丰商行适因市面萧條營業不振生意虧累不堪無法继續進行已經歇業營業執照已向社會局繳銷在中組織部令解散前加入貴會理應退出特此函請希准予退会是荷

此致

粮食公會鈞鑒

附繳第五三八號會員証一只

洪丰商行 啓

民國卅八年五月六日

1949 年 5 月 6 日洪丰商行给青岛市粮食商业公会的函

平原路 27 号近照（朱海燕摄）

刘萍作为有身份地位的商行经理，前来接头的情工人员却是普通的士兵，一回两回没什么，次数多了难免引起别人的怀疑。胶统青工委很快注意到这个问题，派交通员护送刘萍的妻子蔡梅田和孩子一起来到青岛，平原路 27 号从此有了女主人，来来往往的要么是娘家的兄弟，要么是孩子的表叔，“刘公馆”也更加名副其实了。

联勤总部青岛水路军运办公处的主要任务，是向上海、连云港、青岛、烟台、塘沽、秦皇岛、葫芦岛和营口等港口运输军用物资装备，配属 147 电台驻荣成路 42 号，148 电台驻正阳关路 8 号，与南京总部和各港口保持联络，收报电文报送水路军运办公处，交由通信勤务兵张永年分别送达有关单位。

张永年在传送文件途中到“刘公馆”接头，刘萍必须在十五分钟以内完成启封文件袋、选择文件、抄录文件和重新装袋密封。随着解放战争形势的发展，水路军运办公处的收报电文越来越多，但张永年的停留时间依然如故，一分一秒也不能增加。

国民党军事机关的文件袋，一般使用面粉或淀粉熬制的糨糊封口。刘萍起初是用暖水瓶的热气暖化糨糊，但耗时过长，效率不高，后来添置了蒸汽炉，预先烧热，即到即用，效率有所提高，但时间仍然不够。

按照国民党军队的保密规定，机密文件应由机要员负责装袋密封，但这些人嫌麻烦，把这些零儿八碎的活，全都推给了忠厚老实的张永年。

张永年毫无怨言，照单全收，而且形成了自己独特的“操作流程”：先在文件袋上填写收件单位并装入文件，然后集中封口，尽量多用糨糊，尽可能以最快的速度赶往“刘公馆”，在封口的糨糊尚未干透之前，蒸汽炉都用不着，轻轻一揭就可以启封。

5 对收复烟台的正反两方面经验教训进行总结，成为解放、保护和接管青岛的一次实兵演练

1948 年 10 月。

9 日，胶统获得情报：蒋介石下令驻守烟台的国民党军第三十九军，于 12 日开始海运东北葫芦岛，会合其他各部救援锦州。吴若岩立即带领区统部分工作人员赶赴烟台，指导烟台市工委统战部接管城市和肃清特务潜伏

组织。

15日夜，烟台市工委统战部工作组跟随解放军先头部队进入市区，接管国民党军政机关和物资仓库，并根据事先掌握的情报和线索，先后破获国民党中统鲁东区室王子峰、保密局青岛站尹得玉等五个潜伏特务组及其外围掩护机构。

1948年11月。

3日，吴若岩返回柏家寨区统驻地，随即召开会议，对烟台市工委统战部一年来工作的经验教训进行总结：

一，去年八月敌人进攻胶东时，区统曾去帮助烟统（即烟台市工委统战部）布置潜伏工作，可是到今天来检查，预伏布置的电台至少有三架之多，但皆无法使用。

二，整编结束时，本规定烟统于八月二十五日即返回原地，迅速按方案布置战时工作，争取在两个月内把工作深入市内，可是回去以后，由于好意地想把在区统整编学习的全部问题，向烟统坚持工作的同志进行传达以教育干部，直到九月二十五日传达完毕，十月三日始布置战时工作，刚布置不久敌即进行封锁准备撤退，于是有些工作尚未能布置到市内。

三，在对关系本质的认识掌握上，普遍地存在着右倾观点，受些花言巧语小恩小惠欺骗蒙蔽，误认敌人为自己同志，过去所认为的内线，却都是敌特或投机分子，并以为我工作掩护其特务活动，致使事先所计划的工作，如起义、投降、预伏等工作全部落空；而过去所认为不能起任何作用的一般关系，有几个却在这次战争中冒着危险起了很大的作用。

四，市郊工作、战时交通联络工作，原早已布置，但未认真执行，故而战争一发生，市里与市外断绝联系。

吴若岩要求胶统各级统战部和秘站，根据中共中央关于青岛工作的指示，以潍县和烟台等地工作中暴露出的问题和教训为借鉴，“检查已经布置的青岛工作，从检查当中作进一步的布置。同时将胶统系统除已经集中成熟的青岛敌区敌内力量外，再将经过这一时期（九、十月）培养训练教育已较成熟的青岛力量恰当地集中”，同时决定“立即抽调一些主要干部到南村附近建立指导机关，加强外部联系，及时指导工作”，对青岛工作进行全面检查和布置，并“将东海地统之海军工作组调至青岛附近，与南村工作站举行联席会议”。

以上各项措施很快取得成效，区统以及南海、西海、东海和烟台等秘密情工小组，先后向青岛敌占区派遣情工人员和发展情报关系八十多人，获得大量重要情报：

蒋介石下令东北和华北嫡系部队进行整编，限 1948 年 11 月 15 日前撤至长江两岸地区；

联勤总部下令青岛和海州兵站分监部清查物资，待命撤运；

秦皇岛国民党军南运；

美军决定从青岛撤退；

美国陆海军、领事馆、侨民撤退计划；

国民党军政特机关撤退计划；

太原战役爆发后，国民党驻青岛空军奉命推迟撤离；

国民党破坏青岛计划；

国民党驻青岛海军舰艇性能、装备、主官姓名；

国民党海军驻全国各地巡防处、舰艇电台呼号以及对陆军和空军通报暗码、国际呼号、信号等；

美国驻世界各地海陆空军作战序列、武器配备、人员编制、主官姓名和简历；

南朝鲜李承晚伪军整编计划及作战序列等。

在此期间，华东局统战部和社会部、华东军区、山东军区发给中共中央军委和中央情报部的电报中，有关“胶东”“胶统”“胶统电”以及“胶统内线关系”的情报内容大幅增加，表明胶东区党委统战部情报工作成效显著，日益受到上级的重视。

6 按照战时最困难、最恶劣的情况布置交通工作，各级领导必须亲自检查，务求届时有效

1948年11月。

12日，胶东区党委统战部在《在胜利的新形势下区统对各地市统工作指示》中明确指出，要求有关领导亲自检查交通工作，发现问题，切实改进，务求实效：

一，仅是由外面向里走的单线，而缺乏由里向外送的复线，市里机关如获重要情报难以及时反映，目前应全部（首先是重要关系）建立相互不发生关系的复线交通。

二，即使单线的也尚不巩固，如交通人员没有应付万一的准备与口供是极其普遍的现象，而领导同志也不检查或检查不周，保密工作纪律的松弛已到了令人惊奇的地步。

三，现有交通人员对自己业务不重视，多以行商获利为目的，代座走私之风甚盛，并且普遍不遵守时间，为己可以误公，为商可以忽视工作，大部分名为专任，实为捎办，这是一个很严重的错误现象，各地应严格纠正。

四，目前一般关系的交通来往太疏，一月一次者为平常，至少一月应有二次，重要时甚至一月若干次（这是讲一般的，切勿借此又去机械应用），且次数不一定一个交通跑，如复线的话，一月二次则一个交通仍等于一月一次。

五，现在的交通工作到战时绝大多数（甚至全部）无用，届时敌方封锁，内外水泄不通，但又恰是正需要保持联系之时，因此我们必须在目前即很迅速地认真地来布置战时最困难最恶劣情况下的交通工作，布置之后

领导必须亲自检查，务求届时有效。

26 日，胶东区党委统战部在《关于对青岛工作的两套方针与两套打算》中对交通工作进一步提出要求：“应准备有效的经常交通（合法的、非法的、市内的、市郊的——特别是合法化的交通），保证交通不断联系，特别是在紧急情况下仍能保持内外联系。在十二月底以前，各单位应经常掌握这样的三个到五个交通。”

区统先后建立了两条海上交通线，一是红石崖庆兴昌货栈，曲永昌任站长，肖向文、肖向武和韩芬德等任交通员，主要负责以密写和口头方式传送情报，护送情工人员进出青岛敌占区，采购解放区急需的各种物资，与鞠庆珍等国民党海军潜伏人员保持联系等；二是青岛组建立的青岛—红石崖交通线，负责传递情报、运送宣传品和接送情工人员。

刘安祺曾于 1949 年 5 月 8 日下令：“凡进本市船只，均须在大小港码头登陆。”“凡由红石崖、胶县过来船只或由青岛开往匪区船只一律予以击沉。”区统建立的两条海上交通线突破敌人的严密封锁，始终保持畅通，直到青岛获得解放。

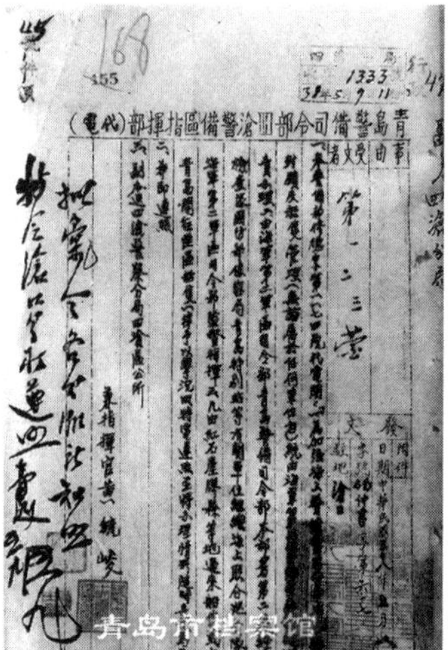

1949 年 5 月 9 日青岛警备司令部四沧警备区指挥部代电

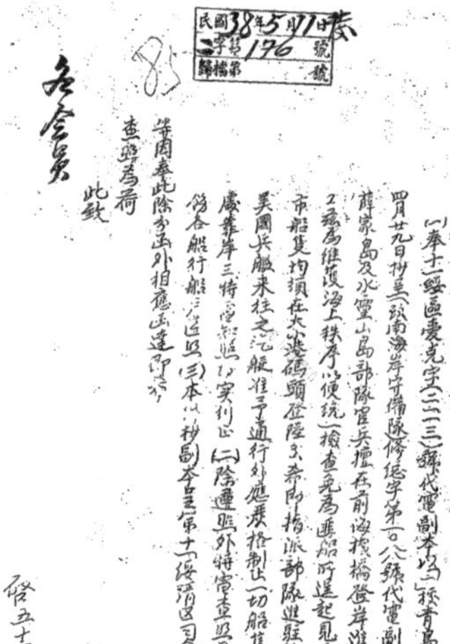

1949 年 5 月 11 日青岛市轮船业同业公会公函

板桥坊卡子门[12]是除胶济铁路以外，陆路出入青岛市区的必经之地，国民党青岛警备司令部抽调青岛市警察局警士和宪兵第十一团班长以上人员，组成警宪联合检查站。

中共秘密交通员每次经过这里，都要遭受极其严格的搜检，辱骂殴打是家常便饭。为了确保情报安全，他们不得不把一个甚至多个胶囊塞入肛门，忍受着极大的生理痛苦。

青岛市警察局秘密情工人员刘纯佑按照上级指示，设法调任板桥坊卡子门警宪联合检查站检查员，发展警长李朋云为情报关系，表面上李朋云是上司，暗地里刘纯佑是领导，他们密切配合，巧妙掩护，使交通员提心吊胆的“鬼门关”，变成了畅通无阻的“放心岗”。

胶东区党委统战部一方面依靠自身力量设立秘密电台，一方面控制和利用国民党军第五十四军、第三十二军第三二〇团、第十一绥靖区司令部、六五八五部队、黄海水产公司某渔轮以及业余电台爱好者林汝章等六部电台，建立了表面上属于敌人，实际上为我所用的无线电通信网。

7 《关于对青岛工作的两套方针与两套打算》是青岛隐蔽战线极为重要的历史文献

1948 年 11 月。

26 日，胶东区党委统战部向所属各地、市委统战部和工作站发出《关于对青岛工作的两套方针与两套打算》的指示。

隐蔽战线斗争是中国共产党革命事业的重要组成部分，它的重要意义不仅体现在一次成功的秘密行动，或者获得一份重要的情报等战术性成果，更重要的是把握国际国内政治军事形势的发展变化，为完成党的阶段性中心任务，起到无可替代的战略作用。

《关于对青岛工作的两套方针与两套打算》全面分析了胶东解放区、青岛敌占区以及全国的政治军事形势现状和发展趋势，提出了对青岛工作的“长期”和“短期”两套方针和两套打算。

文件着重指出：“由于美帝国主义视青岛为它的远东大陆重要战略基地，视为反对世界民主力量的重要的军事基地之一。所以青岛问题不决定于蒋介石，而决定于美帝国主义，然而至今美帝国主义整个对华政策仍在摇摆不定迟疑不决当中，既看成蒋介石是它唯一在中国大陆反苏反共的宠儿，又觉得蒋介石的抵抗无用、贪污腐化，怕把美援投到老鼠洞里；既痛恨和反对共产党，又避免与我党发生直接的军事冲突。就是它对青岛问题的具体表现上也是摇摆不定猜疑不决的，一面做四小时的撤退准备，一面又做持久性的盘踞措施。在这样的具体情况下，对青岛形势的认识既要克服‘敌人要撤’的速胜论思想，又要克服片面的机械的了解‘长期打算’。随着整个形势的发展，美帝国主义对青岛态度也将渐趋明朗，因此对美帝国主义这一态度的了解，是我们对青岛问题掌握的关键。”

文件还指出，国民党越是接近全面崩溃，“对敌占区内各种特务统治必更加强，对我区之破坏行动必更积极，用各种卑鄙伎俩、复杂花样（伪装进步、伪装投诚、严密检查、潜伏、伪装、捕杀、破坏等）进行活动”，因此，我们的“秘工纪律应更加严格，内部组织应更加严密，防奸教育应更加深入，克服因胜利而疏忽的麻痹大意的倾向”。

毛泽东在陕甘宁边区保卫工作人员大会上指出：“做特殊工作的人，必须懂得一般工作的战略策略。不懂一般工作的战略策略，就不懂一般规律，就会成为盲目的技术工作者，就不能把握政治方向，不能运用党的策略同敌人斗争；而不懂特殊工作的战略策略，就是空头政治家，不能做好本身的工作。因此，一个合格的优秀的保卫工作者，必须懂得一般工作的战略策略，同时精通特殊工作的战略策略。”

胶东区党委统战部的情报工作，曾在解放战争初期走过一段弯路，遭受了一些挫折。经过总结经验，吸取教训，他们从思想认识上，将胶东地区的局部斗争，纳入全国解放战争和国际斗争的整体布局之中，以全面、深入、客观的分析和判断，将“一般工作的战略策略”与“特殊工作的战略策略”相结合，为实现解放和保护青岛的战略目标，做出了重要贡献。

《关于对青岛工作的两套方针与两套打算》是“一般工作的战略策略”与“特殊工作的战略策略”相结合的典范，在青岛隐蔽战线斗争中具有重要的历史意义。

一、注释

①陆军大学特别班：主要招收国内外军官学校或兵科专门学校毕业的中校以上、中将以下、年龄45岁以下的优秀军官，经师、军、中央三级考试，每期限额60—100人，学制三年，毕业后一律升级任用。学员有卫立煌、黄维、黄百韬、韩练成、何基沣和段伯宇等。

②清洪合一：抗日战争时期，封建清帮和洪帮合并收徒，扩大势力，影响遍及国民党军队和党政机关。

③穿黄马褂：意思是蒋介石嫡系黄埔军校出身。

④戴绿帽子：绿与陆谐音，且陆军大学学员领章为绿色。

⑤技佐：相当于助理工程师，一般由专业技术人员担任。

⑥青纺：中国纺织建设公司青岛分公司简称。

⑦洋钉：铁钉。当年凡从欧美传入中国的物品都加“洋”名，如火柴为洋火，水泥为洋灰等。

⑧保全工：维护、保养、修理和调整机器设备的综合性技术工种。

⑨《约法八章》：1949年4月25日以《中国人民解放军布告》的形式公布的中国共产党对新解放区八项基本政策：一、保护全体人民的生命财产。二、保护民族工商农牧业。三、没收官僚资本。四、保护一切公私学校、医院、文化教育机关、体育场所和其他一切公益事业。五、除怙恶不悛的战争罪犯和罪大恶极的反革命分子外，凡不持枪抵抗，不阴谋破坏的

国民党各级政权组织的一切人员，一律不加俘虏，不加逮捕，不加侮辱。六、一切散兵游勇，均应向当地人民解放军或人民政府投诚报到，交出武器。七、有准备有步骤地废除封建的土地所有权制度；逐步提高农业生产水平，改善人民生活。八、保护外国侨民生命财产的安全。

⑩特务职工：以职工身份为掩护的国民党特务分子。

⑪黄县：今龙口市。

⑫板桥坊卡子门：侵华日军在沧口板桥坊村西北角（今四流北路与兴城路交叉口）设立检查站，国民党占领青岛期间继续沿用。

二、人物简介

1. 王桂浑（1915—2016），原名王桂芬，山东文登人。北平师范大学毕业，历任贵州毕节县立中学校长，贵阳力行中学校长，青岛市立李村简易乡村师范学校校长，胶东区党委统战部秘密情工小组成员。青岛解放后历任青岛市文教局副局长，青岛市体委副主任，青岛市文化局局长，青岛市政协副主席，民革山东省委副主任委员等职。

2. 罗赤霞（1893—1971），字维曙，湖南浏阳人。广州第二军官学校、中央军校辎重班毕业，公派日本留学辎重技术，历任南京辎重兵学校教官，湖南省汽车总队副总队长，国民政府军委会后勤部汽车管理处第一科上校科长，联勤总部第二公路指挥部少将指挥官。青岛解放后历任青岛市政协委员，民革青岛市委委员兼秘书处处长，山东省政协委员等职。

3. 廖忠国（1908—?），字帅伦，湖南衡山人。中央军校第三分校步兵科、陆军大学特别班第七期毕业。曾任陆军辎重兵汽车第二十一团团长，胶东区党委统战部秘密情工小组成员，奉派前往台湾执行潜伏任务，卒年不详。

4. 张宝山（1904—1983），山东荣成人。复旦大学土木工程系毕业，历任青岛市工务局施工股主任技佐，威海卫公立中学校长，国民党文登县县长，安徽阜阳中学校长，青岛市社会局局长，青岛市政府参事、顾问。青岛解放后历任山东工学院速成中学教师，民革青岛市委社联组组长，青岛市中山业余学校校长等。

5. 范澄川（1896—1995），原名新度，字澄川，湖南长沙人。湖南工业专门学校肄业，历任武汉国民政府军委会宣传科科长，北平电车公司车务课课长，湖南省公矿营业处处长，湖南第一纺织厂厂长，中国工矿建设公司总经理兼川湘盐务处处长，中国纺织建设公司青岛分公司经理。青岛解放后，任华东纺织管理局副局长，青岛市人民政府委员，山东省人民政府委员，纺织科学研究院副院长等职。1995 年加入中国共产党。

6. 赵仲玉（1919—2001），又名赵琰，字怡君，山东掖县（今莱州市）人。北平京华美术学院毕业，先后任教于北平国立艺术专科学校、北平京华美术学院、青岛美术专科学校、青岛文德女子中学。青岛解放后历任民盟青岛市委委员，青岛市政协委员，青岛市美术工作者协会副主席，青岛市文联执委等职。

7. 郭美珍（1917—1969），山东青岛人。历任青岛市江苏路小学、文德女子中学数学教师。

8. 王新元（1904—1969），原名王星垣，湖南长沙人。1926 年 10 月加入中国共产党，任上海总工会秘书长，贵州企业公司秘书长，中国纺织建设公司青岛分公司副经理。新中国成立后任轻工业部副部长。1962 年经中共中央统战部批准公开中共党员身份。

9. 刘萍（1923—2018），原名刘纯贤，山东黄县（今龙口市）人。曾任胶东区党委统战部情报组组长。

10. 张尧民（1910—1979），山东莱阳（今莱西）人。莱阳中学、北京汇文学院毕业，1937 年参加革命工作，1939 年 3 月加入中国共产党，历任莱阳中心区委书记，胶东区党委统战部科长，胶东区党委统战部特派员，胶东区党委统战部青岛工委书记兼南海地委统战部部长。新中国成立后历任中共中央统战部办公室主任，全国政协秘书处副处长等职。

第 6 章

奔向光明

1 由于“蓄意聚众闹事”“长期投弹不准”，家属迟迟不去台湾，杜道时被政训室特务列入黑名单

1949 年 1 月。

25 日中午，国民党空军第八大队餐厅，飞行员们正在吃饭，猛地听到值日官一声大喊：“起立。”大家齐刷刷站起身，定睛一看，原来是上校大队长顾兆祥到了。

顾兆祥宣布：“空军总司令部命令，我大队全部人员和飞机今天下午飞往上海虹桥机场，明天转场台湾新竹机场。大家饭后马上通知家属收拾东西，下午三点准时起飞。”

顾兆祥走后，飞行员们立刻开始纷纷议论：

“老婆孩子还有这么多东西，根本来不及嘛。”

“为什么这么突然，还专挑午餐的时候宣布命令？”

“这帮当官的，成心拿我们开涮。”

“这摆明了是不相信我们，怕我们闹事。”

只有上尉分队长杜道时紧皱双眉，沉默不语，似乎在思索着什么。

杜道时，山东高唐人。父亲杜友蕖在北京大学理科读书时积极参加五四运动，被捕后身患重病去世。伯父杜友棻是前清秀才，曾任山东省议会议员、山东省教育厅督学等，矢志抗日，一心救国，临终时留下遗书，鼓励儿子杜顺时和侄子杜道时为国家民族效力。

杜道时在北平亲身经历了“一二·九”救亡运动，爱国主义思想更加坚定。他放弃到清华大学深造的机会，考入杭州笕桥中央航空学校第九期，毕业后任空军第八大队飞行员。

国民党空军等级森严，尔虞我诈，军心颓废，贪贿横行，使杜道时感到极度失望。1943 年，杜道时奉派前往美国接受 B-24 型轰炸机的飞行训练，这使他有机会阅读《红星照耀中国》等英文原版进步书籍，经常与好友刘善本交流思想认识，探讨国家前途，对中国共产党和解放区廉洁朴素、艰苦奋斗的精神风貌无限向往。

返回国内后，杜道时任空军第八大队上尉分队长。1946 年 6 月 26 日，刘善本驾机起义飞往延安的壮举，使杜道时深受震动和启发，从此萌生了驾机起义投奔光明的念头。

但是，驾驶 B-24 型轰炸机需要一个完整的机组配合操作，同时，起义的飞行航线和降落机场等，也是必须解决的问题。正当杜道时愁肠百结，寝食难安的时候，阔别多年的堂弟杜顺时突然来到他的面前。

杜顺时，生于 1927 年，1947 年加入驻青岛的国民党青年军第一〇八师第一旅第一团，因反抗军官无理虐待，与朋友通信时对国民党表示不满，被军法处判处有期徒刑。

在第十一绥靖区监狱服刑期间，杜顺时结识了中共烟台市工委统战部秘密情工人员林正山，两人言语投机，成为密友。年轻的杜顺时直爽热情，富有朝气，求知欲强，在林正山的教育和鼓励下，决心加入人民革命事业，为推翻国民党反动统治而战。

杜顺时刑满释放后，由林正山介绍来到烟台市工委统战部驻地，又经部长林一夫引荐，赶赴海阳县（今海阳市）当道村胶东区党委统战部驻地，由副部长谢明钦亲自安排，经过一个多月的强化训练，于1948年6月化名杜鸣前往上海，执行策动杜道时起义的任务。

杜道时与杜鸣畅叙别情，漫谈国事，产生了强烈的思想共鸣。谈到激愤时，杜鸣扯开上衣，亮出身上被宪兵拷打留下的疤痕，恨恨地说："反对当官的就是反对国民党，就要关起来判刑，这是什么三民主义！不推翻它的反动统治，我死不瞑目。"

杜道时感慨道："我早就有起义的想法，困难再大也决不动摇，只是一些具体问题需要解决。"

杜鸣说："驾机起义不能只靠一个人，要把有共同思想基础的战友团结在一起，比如说同你关系较好感情较深的人，同官长存在积怨的人，反对国民党打内战的人，先从个人感情入手，循序渐进地进行思想教育和引导，建立秘密的起义机组。"

杜道时恍然大悟："真是听君一席话，胜读十年书。我一定按照你说的干，不达目的，决不回头。"

两人商定了两处通信地址，一是在上海做小生意的高唐老乡刘志成，一是已被停飞的飞行员马雪天在镇江的老家。堂侄杨幼震在上海当交通警察，思想倾向进步，并有一定的活动能力，经杜鸣考察，决定由他担任杜道时与胶东区党委统战部的交通联络任务。

杜道时以第八大队和第二十大队为重点，选择个人关系较好、思想进步、对长官不满的官兵开展工作，很快建立起由副驾驶、空中机械士、领航员等十多人组成的起义机组。

1948年10月，第八大队队部下令全体军官家属迁往台湾。杜道时为了不影响起义，立即将在上海市区租赁的房屋退租，安排母亲到重庆堂妹杜敏时家暂住，妻子和女儿去镇江马雪天家隐蔽，要求起义机组成员做好驾驶 B-24 重型远程轰炸机飞往解放区的准备。

正在这时，杨幼震从胶东解放区返回，向杜道时传达了胶东区党委统战部负责人的指示：继续留在敌内，加强动员工作，争取策动更多的飞行员驾机起义。

杜道时串联第八大队驻南京的部分军官，向国民党空军总司令部检举大队长顾兆祥贪污公款和福利金，最终顾兆祥因罪证确凿被撤职查办，杜道时却也被扣上“蓄意聚众闹事”“长期投弹不准”以及家属迟迟不去台湾等罪名，受到停飞和警告的处分。

黑暗的现实进一步教育了第八大队官兵，自 1948 年底至 1949 年初，飞行员俞渤、郝桂桥、陈九英和领航员周作舟、张祖礼等十一人，先后驾驶六架飞机起义。

2 杜道时密报：遭特务监视并停飞，请求立即驾机起义。上级指示：继续工作，勿早飞回

1949 年 2 月。

杜道时随第八大队来到台湾新竹后，在县城西郊租赁了三间平房，门前有一片空地，屋后是茂密的芭蕉林，偏僻安静，行人很少，便于起义机组秘密开会。

他利用领航员盛承尧回上海探亲的机会，通过杨幼震向胶东区党委统战部发出密信，报告到达台湾后的行动计划、联系方式和暗语，同时请求驾机回归。上级用暗语回复：继续工作，勿早飞回。

3 日晚上，国民党空军总司令周至柔亲临新竹机场，召集第八大队全体军官，声色俱厉地训话：“党国处于风雨飘摇之际，蒋总裁以国家民族为重，不计个人毁誉，毅然引退下野，实为万世之楷模。但有少数目光短浅之徒，受赤色宣传蛊惑，竟然以为党国完了，不惜卖身投靠共党，实乃空

军之耻。对不稳定分子，要加强监视；对违法乱纪之徒，应严加惩戒。情节严重者，不惜以枪毙之。”

训话结束后，大家纷纷传说：“第八大队留驻上海的中尉飞行员黄友寿、张雨农、任永荣和中尉空中射击员黄文刚，昨天驾驶 B-24 型轰炸机起义。周至柔为此大光其火，把张培义臭骂了一顿，接下来第八大队肯定要严加管控了。”

杜道时心想，自己历来是大队部政训室特务的监控目标，以后的日子就更难过了。

果然，杜道时不久就调到大队部第二课坐班，但又没有安排具体工作，从周一到周六，每天整理照片、看报纸打发时间。中队长刘希瑞与杜道时原本没有什么来往，现在每逢周日都要到他家里走一趟，今天送袋面粉，明天带点水果，这边看看，那边问问，还不时拉着杜道时七岁的女儿宝宝聊上几句，成了甩不开的膏药。

杜道时与起义机组的战友们约定：窗台上摆着一盆万年红，表示情况正常，可以进屋；没有万年红，表示屋里有“客”，不能进屋。他还让女儿上放学时从屋后芭蕉林穿过，给战友指引一条避开监视的“秘道”。

1949 年 3 月。

1 日，杜道时接到杨幼震从上海寄来的信件，其中“祝努力”三字是上级指示立即起义的暗语。

不久，第八大队部下达 3 月中旬派飞机出动的命令。由于杜道时被停飞，不能公开驾机升空，起义机组制定了武装劫机起义的行动方案。正当一切准备就绪时，第八大队大队长张培义突然宣布：为避免锈蚀，全体空勤人员佩枪一律集中保管，使劫机起义的计划完全落空。

杜道时望着飞机一架接一架升空飞走，不禁仰天长叹，脱口吟出北宋潘阆词作《酒泉子》：

举头咫尺疑天汉。

星斗分明在身畔。

别来无翼可飞腾。

何日得重登。

1949年4月。

10日，这天是星期日，杜道时心情郁闷，一大早带着妻子和女儿到海边散心，一眼看见了多年未见的老朋友郝子仪。

郝子仪是青岛人，性格爽直，乐于助人，任第八大队机工长期间，与杜道时性情相投，思想一致，关系非常密切。后来郝子仪考入中央航校军佐班，与杜道时分别多年，不曾想在台湾意外重逢。

杜道时高兴地问："哎呀是你呀，什么时候到台湾来了？"

郝子仪喜笑颜开："我调到二十大队了，驻新竹机场。"

杜道时又惊又喜："我们就在同一个机场，真是远在天边，近在眼前。你怎么一个人出来，还没结婚吗？"

郝子仪说："我刚结婚不久。加了一夜班，心里闷得慌，出来走走。你怎么样？"

这时，一辆吉普车停在不远处，第八大队政训室主任从车上下来，不停地向这边张望。

杜道时愤愤地说："不但不让飞，到哪儿都有人盯着。"

郝子仪既担忧又关心："他们是冲你来的？那你还犹豫什么，三十六计，走为上计，赶紧想办法走吧。"

杜道时不知从何说起，只是叹了一口气。

郝子仪以为他还没有打定主意，劝说道："上层高官贪污腐败，无耻无能，不管是下野还是和谈，都是缓兵之计，局势很快就会有大的变化。"

杜道时心里一动："你有什么打算？"

郝子仪叹了口气："我早想离开，可惜来二十大队时间太短，跟飞行员没有来往，手里管着几架飞机，就是找不到信得过的人飞。"

杜道时忽然闪出一个念头：“我来飞怎么样？”

郝子仪有些迟疑：“B-24 油料全都放光，电瓶拆了，轮子用木桩塞住，机翼交叉，前后重叠，动都动不了。C-46 倒是可以飞，不过你没飞过，恐怕不行吧？”

杜道时很有把握地说：“两种飞机不完全相同，但原理是一样的，应该没有问题。”

郝子仪高兴得直搓手：“太好啦，这真是柳暗花明又一村呐。”

杜道时与郝子仪商定，两人不再公开见面，只要一有机会，郝子仪穿过芭蕉林到杜家报信。

政训室主任走到杜道时身边，望着郝子仪的背影追问：“这人好面熟，是谁呀？”

杜道时故意挠着头皮想了半天：“我也觉得这人面熟，就是想不起叫什么名字，又不好意思问。”

政训室主任讨了个没趣，只好作罢。

16 日，郝子仪接到第二十大队队部通知：准备十五架飞机，明天飞往上海换防。

中队长毛尚贞是蒋经国的表弟，他驾驶的 333 号 C-46 型运输机是全中队最新的，郝子仪特意对这架飞机做了重点准备，油箱加满，停放在跑道尽头的停机坪。

晚上 10 点多，郝子仪穿过芭蕉林来到杜家后院，与杜道时商定了起飞时间、航线和预备降落的机场。由于新竹机场不许家属进入，两人决定对她们保密，这既是起义的需要，也是特殊情况下最好的保护。

杜道时不忍舍弃起义机组的战友，而且 C-46 型运输机操作程序复杂，需要多人协同，但此时已是深夜，贸然出门肯定会引起特务注意，带来麻烦，他只好遗憾地放弃了这个想法。

杜道时回到屋里，妻子李淑静问：“子仪来有什么事？”

杜道时像平常一样平静地说："他叫我明天一早帮忙送东西。"

李淑静与杜道时从小学就是同班同学，耿直朴实，不善言辞，学习成绩名列前茅，很受杜友棻的喜爱。在双方家长主持下，他俩在读高中的时候订了婚。

1940 年，李淑静从山东高唐老家出发，千里奔波来到成都同杜道时成婚。杜道时奉命赴美受训后，体弱多病的李淑静既要挣钱养家，又要照顾老迈的婆婆和年幼的女儿，省吃俭用，日夜操劳，从来不叫一声苦。李淑静对丈夫投奔光明的决定十分支持，每当起义机组在家里开会，她就主动到门外望风，有情况立刻示警。

杜道时的女儿杜文更，乳名宝宝，聪明伶俐，惹人喜爱，在上海读小学一年级时，曾经获得全区中小学生演讲比赛优秀奖，而且还是幼儿园的小舞星。

杜文更摄于 1947 年

想到自己将要不辞而别，飞向海峡的另一边，今生今世不知能不能再次相见，杜道时忍不住心潮奔涌。但他转念一想，母女二人不知实情，反而更有利于自我保护，她们在袍泽同僚的帮助下，肯定能够平安返回大陆。时值暮春，乍暖还寒，杜道时由于心情异常激动，竟然大汗淋漓，浸湿了被褥。

3 大家看到飞机机身竟有二百多个弹孔，两个外油箱各有一个碗口般的大洞，不由得感到后怕

1949 年 4 月。

17日，又是星期日。杜道时不到3点半起床，带上装满子弹的手枪、三张地图、粘地图的透明胶纸条和黑红蓝三色铅笔，穿上皮面绒布夹克，向还在熟睡的妻子轻轻说了声："我走了。"他不忍回头，悄然出门，穿过芭蕉林，提前十多分钟来到新竹河桥边。

4点整，郝子仪准时到达，一边走一边低声说："我一夜没睡，写了三封信，第一封痛斥当局昏庸反动，不顾底层官兵死活；第二封呼吁受压迫的空军官兵走反蒋起义的道路；第三封诀别爱妻金秀兰，请她原谅，另谋出路。"

来到机场大门口，郝子仪对警卫说："我们是来做机务准备的。"由于郝子仪以前经常在天亮前进入机场，警卫已经习以为常，马上抬杆放行，对杜道时也没有过问。

C-46型是当年国内航程最远，载重量最大的运输机，仅航空仪表就有二百多个，一般需要五人机组驾驶。这是杜道时第一次驾驶该机型，却只有郝子仪一位助手。郝子仪多年从事机务，不但擅长辨认地标，而且基本掌握了地面滑行和空中飞行简单动作，是一位合格的助手。

杜道时把手枪递给郝子仪，用手指着自己的太阳穴说："万一起飞出了问题，就朝这里打。你也别让他们抓活的。"郝子仪接过手枪，郑重地点了点头。

时针指向5点，天色已经大亮。

郝子仪发动两台发动机，收起挂梯，关闭舱门，然后松开尾轮锁，放好襟翼。杜道时打开手刹，将飞机滑上跑道，定好时钟，打开地平仪，加大油门，随着发动机巨大的轰鸣声，飞机腾空而起。

飞机爬升中经过桃园机场上空，郝子仪特意向下张望，只见停在机场上的一排P-51歼击机静悄悄的，没有任何动作，说明敌人毫无察觉。他用力拍了拍杜道时的肩膀，两人同时放声大笑起来。

上升到五百英尺安全高度后，郝子仪协助驾驶飞机平飞，杜道时画好飞行航线，操纵飞机向海面下滑。为了避开敌机的追击和拦截，杜道时先飞西南方向，到达金门岛上空后，绕开航线机场区域，对正三百度航向，爬升到一万两千英尺，打开无线电罗盘，同时利用南昌、南京和武汉广播电台，在地图上画线定位。

为了消耗敌机燃料，避免降落时遭到攻击，杜道时采用慢速度，低油耗，沿航线左右四十五度蛇形飞行。郝子仪一人承担多项职能，既要调整发动机温度，又要在飞机出云时对空警戒和辨认地标，为了尽量延长续航时间，直到发动机放炮，表明一个油箱燃料耗尽，他才更换另一个油箱。

过了庐山，杜道时沿长江向东北方向穿云下降到三百英尺，在安庆上空出云。判定位置后，继续向东北方向飞到芜湖江面，再沿淮南铁路北上至田家庵，到达津浦铁路上空时，已经是中午十一点稍过。

江北乌云飘散，天空逐渐晴朗，杜道时采取超低空飞行，在陇海与津浦铁路交叉点上空突遭敌机攻击，两发炮弹击中外油箱，万幸没有起火。杜道时判断，国民党飞机肯定会在徐州机场上空盘旋，为了确保降落时净空安全，他决定向东低飞，将它们“熬走”。

二十分钟后，敌机没有找到攻击目标，油料消耗殆尽，不得不全部返航。杜道时转回徐州机场上空，爬升到五百英尺后，发出预定信号：摇摆机翼，放下起落架，投出保险伞，请求着陆。

后来知道，从当天早晨八点多钟开始，先后有五架蚊式和一架B-25型轰炸机，在徐州机场上空轮番扫射轰炸，当它们离开不到半个小时，杜道时的飞机就到了，早就憋了一肚子火的解放军战士不管三七二十一，向着空中猛烈开火。

飞机正处于地面对空射击的最佳高度，弹雨横飞，千钧一发，随时可能机毁人亡。杜道时操纵飞机急转弯脱离市区，然后斜插机场，对正跑道，待郝子仪放大襟翼后，全闭油门，大速下滑，两点着陆。

经过整整七个半小时的飞行，杜道时和郝子仪终于重新踏上了大陆的土地。

人们蜂拥来到飞机旁，看到两个外油箱各有一个碗口般的大洞，机身上密密麻麻竟然有二百多个弹孔，不禁大为惊愕，为两位英雄平安着陆深感庆幸。

4 张培义用力拍着桌子吼道：你知道什么，你到底在想什么？杜文更吓得大哭起来：我想我爸爸

1949 年 4 月。

17 日上午，空军第二十大队正在到处寻找第 333 号飞机的下落，新竹机场乱成了一锅粥。

第八大队大队长张培义幸灾乐祸地笑道："这回二十大队的飞机也跑了，看他们还笑不笑话我们？"

由于这天大家都在家休息，谁也想不到杜道时与第二十大队跑掉的飞机会有什么关系。到了中午，李淑静不见丈夫回家，领着女儿到郝子仪家去找，半路上听说郝子仪一早飞到大陆去了，赶紧来到杜道时关系最密切的一位战友家里。

对方一听杜道时失踪，马上明白了："为什么不叫着我呢，可能是来不及吧？趁现在大队部还不知道，我去找人摸清情况，商量对付张培义那帮人，保护你们不受迫害。"

回到家里，李淑静对女儿说："你爸爸早上离开家，到现在还没回来，一定是飞回大陆去了。"

杜文更听爸爸和他的战友多次说到起义，天真地问："爸爸是不是起义了？"

李淑静一夜没睡，销毁杜道时的信件和日记，藏好值钱的东西。第二天一早，她带着女儿去大队部，一再叮嘱杜文更做好坐牢的准备。走到半

路，迎面遇上了大队长张培义和中队长刘希瑞。

原来，第二十大队星期一早点名，发现飞行员一个不少，就打电话问第八大队飞行员是不是都在。张培义一看杜道时没来，立马慌了神，赶紧开着吉普车往杜家赶。

李淑静一见张培义便抢先说道："杜道时说到大队部值班，一天一夜没回家，我们娘俩正要去找他。"

张培义气得脸色铁青："防他跑防他跑，到底还是跑了。"

刘希瑞信口胡说："杜道时开的那架飞机，昨天在徐州附近被我们击落了。"

李淑静根本不信，哭哭啼啼向他们要人。

张培义气急败坏地说："杜道时是从家里到机场去的，我们怎么能负这个责任？"

李淑静哭得更凶了："你们不讲道理，是你们叫他值班，你们把他关哪儿了，我去送饭总行吧？"

到了大队部，张培义把杜文更单独带到另一间屋里，装出一副和颜悦色的样子问："你爸爸到哪里去了？你爸爸最近常和那些叔叔来往？你爸爸临走前跟妈妈说了什么？"

杜文更的回答只有三个字："不知道。"

张培义气坏了，拍着桌子吼道："你知道什么，你到底在想什么？"

杜文更吓得大哭起来："我想我爸爸！"

一招不灵，又使一招。张培义派车把李淑静母女送回家，还派了一名勤务兵专门负责"照料"，同时对平时与杜道时来往密切的李家瑞、陈渊泉和罗桂泉等人严加讯问，结果仍是一无所获。

21 日，国民党空军总司令部下令，将郝子仪的新婚妻子遣返老家；杜道时的妻子和女儿驱逐出境。

李淑静和女儿被特务强行带到基隆，丢在街头不管不问，她只好将随身物品变卖，买船票返回上海。

可是，李淑静的父母为了躲避国民党的迫害，不知搬到哪里去了，杨幼震也不知下落。她们娘俩只好在一家小客店住下，熬过了解放前最为黑暗的时光。

上海解放后，这天杜文更正在小客店门外跟解放军宣传员学唱歌，有个中年男人过来问道："小妹妹你几岁了？"

杜文更回答："七岁了。"

那人问："你姓什么？"

杜文更回答："姓杜。"

那人又问："你叫什么？"

这时李淑静出来了，拉着女儿就往里走。

那人追着问："请问你们是从哪里来的？"

李淑静头也不回："你不要管。"

没过多久，一辆吉普车停在小客店门口，下来了几名解放军干部。原来，上海市军管会接到上级指示，一直到处寻找李淑静母女，现在终于找到了。

李淑静母女来到北京，与杜道时重新相聚。杜道时轻轻拍着女儿的头，望着泪流满面的妻子，无限感慨地说："你们都瘦了！"

23日晚，中国人民解放军总司令朱德和中共中央军委副主席周恩来在中南海怀仁堂接见杜道时和郝子仪。

朱德亲切地询问杜道时和郝子仪起义的过程以及家属的情况，对他们的正义行动表示赞许。

周恩来在宴会上讲话："今天请你们来，表达党对你们的热烈欢迎。我们的空军就要正式成立了，希望你们在工作中，不断提高政治水平和业务能力，为建设人民自己的空军贡献力量。"

25日，《人民日报》报道了国民党空军第八大队上尉分队长杜道时和第二十大队中尉机械员郝子仪驾驶C-46型333号飞机起义，于17日自台湾新竹机场飞回大陆的消息。

5 月 1 日，杜道时在北平广播电台作了《告在台湾的同学同事书》广播讲话，号召国民党空军战友袍泽举行起义。

10 月 1 日，杜道时驾驶 C-46 大型运输机参加中华人民共和国开国大典空中检阅。

杜道时旧照

李淑静旧照

1949 年 7 月，李淑静加入中国人民解放军。

1949 年 9 月，杜顺时（现名杜鸣）完成任务后回到青岛，经吴若岩介绍到山东大学学习，后任浙江宁波某大学教授。

杜道时（左）、杜鸣（右）1991 年摄于空军某干休所

5 由于胶统负责人违反隐蔽斗争原则，海军秘密工作遭到严重挫折，黄安舰起义险些胎死腹中

1949 年 1 月。

胶统秘密工作人员鞠庆玺被国民党海军当局逮捕后，面对严刑逼供，始终坚贞不屈，严守秘密，最终英勇就义。他的二弟鞠庆珍悲痛万分，在家里设下灵堂祭奠。

黄安舰少尉枪炮官刘增厚、准尉枪炮军士长王子良一起前来吊孝。性格直爽的王子良破口大骂国民党："这帮混账王八蛋滥杀无辜，这仇一定得报！咱们豁出去了，脑袋掉了也不过碗大的疤。"

鞠庆珍看看四周没有外人，擦了擦眼泪，试探地问："我一定要给大哥报仇，兄弟你说该怎么办？"

王子良脱口说道："我也不藏着掖着了，我是共产党青岛市委地下工作人员，刘增厚是八路军胶东军区联络部地下工作人员，我们哥几个没别的意思，就是想劝你一起把军舰开到解放区去。"

其实，鞠庆珍对王子良和刘增厚的真实身份早有耳闻。枪炮班上士班长孙露山曾经对他说过："刘增厚和王子良很可能跟地下党有联系，他们今天对我说国民党快完蛋了，最好是把军舰开到解放区去。"

鞠庆珍问："你怎么说的？"

孙露山说："我就含含糊糊，没答应，也没不答应。"

鞠庆珍告诫道："王子良是个炮筒子倒没什么，刘增厚不吭不哈的难说。你可不能乱说，上了当没地方买后悔药去。"

鞠庆珍，山东荣成人，早年参加东北海军，担任海琛舰舰长张凤仁的勤务兵。在一次航行中，由于风浪过大，张凤仁不慎失足落海，幸亏鞠庆珍奋不顾身营救脱险，两人从此结为生死之交。

抗日战争全面爆发后，国民党海军几乎全军覆没，鞠庆珍为谋生计，到私营驳船公司干起了托运。1946 年 7 月，鞠庆珍按照胶东区党委统战部的指示回到青岛，重新加入国民党海军。他利用与中央海军训练团[①]训练主任兼第一炮艇队队长张凤仁的特殊关系，先后担任海城号炮艇轮机长和艇长，以公开身份为掩护开展秘密工作。

1947 年 5 月，由于胶统主要负责人急于求成，要求鞠庆玺率领炮艇起义未能成功，引起国民党海军当局的怀疑，鞠庆珍也受到牵连，被调到正在大修的接 17 号舰，当了个有名无实的轮机长。鞠庆珍不甘心就这样当个闲职，经海军第二军区[②]司令部接舰处[③]处长谢越森的疏通介绍，调任黄安舰中尉舰务官。

黄安舰，原日本海军海防 81 号舰，日本舞鹤造船所制造，动力一千九百马力，最高航速十六点五节，第二次世界大战结束后，作为战争赔偿交付中国，按接收顺序称为接 22 号，1949 年 1 月命名黄安号，入列国民党海军第二军区第二海防舰队。

1948 年在青岛造船所大修的黄安舰

当时黄安舰正在更换安装武器系统，主管人员上下其手，将好端端的电机、发动机配件和铜制管件报废，偷偷送到黑市出售，然后申领资金重新购置，好处全都塞进了个人腰包。鞠庆珍看在眼中，痛在心里，更加认识到国民党的腐败，增强了投奔光明的决心。

鞠庆珍借口充实航海和轮机部门，从海城号炮艇和青岛海军造船所调来张杰、周文竹、张金诺、王书恩等七名技术人员，分别担任航海班长和电工军士长等职，他还以拜把子的方式团结了一批骨干，仅轮机部就有八人，基本控制了主辅机。

鞠庆珍没有想到的是，黄安舰竟然存在三个系统的中共秘工人员，由于秘密工作纪律禁止发生横向关系，他们各自分头开展工作，出现了相互戒备、相互摸底、相互策反的奇特场景。

经过一段时间观察，鞠庆珍对王子良和刘增厚有了一定的了解，可还没等他去做工作，人家已经找上门来了。原来，王子良接到青岛市委指示，利用国民党海军即将南撤之机，发动黄安舰起义。

但是，军舰最重要的三个部门，王子良和刘增厚只能基本控制枪炮部，航海部和轮机部完全被鞠庆珍的亲信把控，事情明摆着，没有鞠庆珍的配合，根本无法发动起义。

由于鞠庆珍同舰长刘广超、接舰处处长谢越森等上层官员来往密切，平时说话总是党国长，总统短，一副国民党孝子贤孙的模样，使王子良他们不敢轻易接近。鞠庆玺被杀害的消息传出后，王子良和刘增厚觉得机会难得，这才有了利用吊孝的机会进行策反的一幕。

鞠庆珍认为王子良的话基本可信，但他还在继续试探："我知道兄弟你是好心，可就凭你我刘增厚孙露山四个人，怎么开得动这么大一艘军舰？"

王子良一撸袖子："枪炮部是我们哥几个管着，航海部和轮机部是你的天下，只要咱们一条心，还怕开不动军舰？"

鞠庆珍脸一沉问道："要是我不跟你们一条心呢？"

王子良愣了，看看刘增厚，又看看鞠庆珍，干咽了一口唾沫，不知说什么才好。

刘增厚沉稳地说："我们看你平时做事公平公正讲义气，如今又跟国民党结下了血海深仇，肯定会跟我们一条心。"

鞠庆珍压低声音说道："看你们诚心诚意，我也实话实说，我和孙露山是胶东区党委统战部地下工作人员，民国三十五年我就跟共产党干了。"

王子良高兴地直拍大腿："嗨，原来咱们都是一条线上的，你怎么不早说，害得我们猜来猜去的。”

王子良误打误撞，却促成了黄安舰三个系统的中共秘工力量会集在一起，也使起义工作进入了快车道。

6 敌舰是否追击？美国军舰是否干涉？目的地选择哪里？什么时间起义？缺乏起义骨干怎么办？有人反对起义怎么办？

1949 年 2 月。

由于战局日趋紧张，南撤迫在眉睫，黄安舰仅安装了两门高射炮和两挺高射机枪，在主炮空缺的情况下，正式入列国民党海军第二军区第二海防舰队。

这时，王子良向鞠庆珍传达青岛市委的指示，要求对舰长刘广超进行策反，争取更多的高级军官参加起义。

鞠庆珍心里清楚，刘广超和他担任长治舰舰长的弟弟刘广凯一样，都属于国民党顽固分子，策反成功的可能性很小。但是，现在战争形势急转直下，他们的思想或许会产生某些变化，如果刘广超同意参加起义，将对国民党海军官兵产生更大的影响，从这个角度来说，应当积极地加以争取。

一次同刘广超喝酒的时候，鞠庆珍借着几分酒意说：“现在长江以北基本都属于共产党了，据说八路准备封锁胶州湾，咱们要是出不去，不如投过去算了。”

刘广超脸色猛地一沉，指着鞠庆珍的鼻子破口大骂：“你小子想干什么？你大哥刚丢了一条命，你他妈的也不想活了是吧?!”

鞠庆珍赶紧往回找补：“我是酒后失言胡说八道，你还不知道我吗？一切都听你的，你指哪儿我打哪儿，绝对不含糊。”

刘广超气哼哼地说：“要不是看在往日的情分上，我决饶不了你。”

从此以后，刘广超明显对鞠庆珍有了戒心，对他平时来往密切的王子良、刘增厚等人，也格外留意起来。在一次全舰军官聚餐时，大家正喝得起劲儿，刘广超突然对王子良瞪起眼睛说道："听说你整天牢骚怪话不断，还说国军连吃败仗，要往南逃跑？"

王子良赶紧站起身来，满脸委屈地说："舰长，我冤枉啊，我从来没说过国军要逃，这肯定是有人诬告。发牢骚是有的，我在海军干了这么多年，才混上个准尉，连老婆都说我没出息。"

刘广超听他说得可怜，一时不便发作，便转移了话题。但他并没有放过王子良，过了两天又对鞠庆珍吩咐道："王子良不可靠，找个借口把他弄走。"鞠庆珍解释了一番，又让王子良给刘广超送了一份厚礼，总算暂时把事情压了下来。

10 日，黄安舰奉命装载数百吨弹药、柴油等军用物资，到前海抛锚待命。当天晚上，起义领导小组成员鞠庆珍、刘增厚、王子良、孙露山和张杰等，在军舰上召开秘密会议，研究起义计划。

第一个问题：敌舰是否追击？

鞠庆珍对此心里有数："就算敌人下令派舰追击，也肯定追不上。首先，各舰舰长和大部分军官晚上都要上岸回家，士兵也有请假的，有了情况先通知舰长回来，再把其他军官和士兵找回来，然后开始备航，这一套下来没四五个小时起不了航。其次，我们黄安舰航速十六节，敌舰航速最快的太平号和太康号二十节，我们起航四五个小时以后他们开始追，怎么可能追得上？就算追上了，他们的炮最大口径三英寸，很难对我们造成威胁。再次，有人说敌人就不会出动飞机吗？据我所知，空军对打击海上目标缺乏实战经验，我们又是夜间航行，他们很难找到目标。"

第二个问题：美国军舰会不会干涉？

鞠庆珍说："我带舰艇出入港口很多次了，美国军舰从来没有干涉过，顶多问一下到哪里去，我们回个信号答复一下就行了。"

第三个问题：目的地选择哪里？

鞠庆珍指着航海图，提出了烟台、威海、石岛、大连和连云港等五个备选港口。大家经过比较，一致选择连云港。理由一是航程不远，一夜就可以到达；二是出敌意料，他们想不到我们会向南；三是不少起义骨干多次跑过这条航线，对海区和港口比较熟悉。

第四个问题：什么时间起义？

鞠庆珍说："后天是元宵节，舰长刘广超今天上午上岸回家了，肯定会在家里过节；军官在青岛有家的，也会回去过节；没有参加起义的军官和士兵，也可能上岸找地方喝酒。这是敌人最松懈的时候，也是我们起义的最好时机。"

第五个问题：能不能增加起义骨干？

鞠庆珍说："我的同乡田秉吉是老资格的引航员，前两天刚从荣成解放区到青岛探亲；我表哥王德隆是海城号炮艇的轮机兵。可以请他们上舰帮忙。"

第六个问题：副舰长刘振东一直待在舱里不上岸；电讯官宁德辉掌握电台；大多数官兵对起义不了解，尤其是几个台湾省籍士兵早就希望南撤。如果他们阻碍甚至破坏起义，如何处理？

王子良眼睛一瞪说道："老鞠是舰务官，刘振东是副舰长，他怎么会听咱的指挥？要是他拿出副舰长的牌子反对起义就麻烦了，我觉得最好提前处置了他。"

鞠庆珍表示反对："只要他们不反抗，尽可能不要流血。起义前派人把刘振东和宁德辉看管起来，没有参加起义的官兵封闭在舱里，看他们的表现再作决定。"

第七个问题：起义骨干家属怎么办？

大家一致决定，以过元宵节为名，将起义骨干家属全部接到舰上一起走，其中觉悟较高，有一定能力的，可以参加起义工作。

12 日晚 7 点，起义领导小组召开最后一次会议，确定起义骨干职责分工。

鞠庆珍：起义总指挥，负责指挥航行；

刘增厚和王子良：看管副舰长和电讯官，封闭电报舱，警戒舱面；

孙露山：发放枪支弹药，协助警戒舱面；

张杰：负责航海部门；

刘彦纯：负责轮机部门，保证机器正常运转；

周文竹：负责电机、锚机、舵机和空气压缩机的配电；

张大发：操纵主机；

杨玉荣：担任信号兵；

王德隆和田秉吉：把守士兵舱口，严禁出入。

起义人员臂缠白布作为标志；起义骨干每人发一支手枪；起义时间定为当晚 8 点 30 分。

7 黄安舰驶抵解放区连云港，岸上枪炮齐发，炮弹子弹像雨点一样打了过来

1949 年 2 月。

12 日晚 8 点 30 分，鞠庆珍一声令下，包括鞠庆珍的妻子王淑琴、王子良的妻子袁丽峰在内，全体起义骨干立即开始行动。

鞠庆珍借口检查舰锚，把两名武装值日兵叫到舰首，严肃地说："今晚我们要把军舰开到解放区去，这是你们年轻人唯一的出路，跟我们一起干吧。"

两个值日兵咧开嘴笑了："早就盼着这一天了，坚决跟你干。"

其他没有参加起义的官兵不但没有反抗，反而纷纷表示拥护。帆缆军士长杨子良用埋怨的口气说："老鞠，咱弟兄平时交情不错，你怎么不带上

我呀?”航海官鲁恩远态度诚恳地表示:“只要同意我参加起义,叫干什么就干什么。”副舰长刘振东一改平时没精打采的样子,主动表示履行副舰长职责,协助鞠庆珍指挥备航和航行。鞠庆珍一一表示欢迎,安排他们参加起义工作。

8点50分,黄安舰起锚出航。由于狂风大作,海浪很大,国民党军舰都已另找地方避风,只有美国军舰在前海停泊,黄安舰从巨大的美国军舰中间曲折穿行,驶向外海。

美国舰队旗舰发来信号:“你们去哪里?”

鞠庆珍命令信号兵杨玉荣回答:“风浪太大,找地方避风。”

美国人没看出什么破绽,不再问了。

黄安舰驶出胶州湾,进入黄海。海面上刮着七八级的大风,星月暗淡,视界不良,却对黄安舰起到了很好的掩护作用。航行到竹岔岛附近,鞠庆珍下令全舰实行灯火管制,经水灵山、石臼所和岚山头海区全速航行。

13日清晨4点左右,黄安舰抵达解放区连云港外海的东西连岛。这时天刚蒙蒙亮,码头上一片寂静,没有丝毫光亮,几乎让人怀疑是个空港。

信号兵杨玉荣操作信号灯,连续发出预定联络信号三长两短,可港口里依旧静悄悄地没有一点儿反应。眼看将近6点,天已大亮,有人报告:“里面回信号了,进港吧。”

鞠庆珍下达“前进一”指令,黄安舰向港内缓缓行驶。突然,只听岸上枪炮齐鸣,一颗炮弹落在黄安舰左舷海面上,轰的一声水柱冲天而起,接着是第二发、第三发……

舰上装载着大量弹药和柴油,一旦引起爆炸,后果不堪设想。鞠庆珍马上下令在桅杆上挂起白旗,派王子良等人乘快艇进港联络。但是,炮弹还是一发接一发在军舰周围爆炸。

大约半个小时以后,岸上停止了射击,王子良驾驶快艇返回,带来了一位解放军警备团团长。团长见到鞠庆珍一再表示歉意：“实在不好意思，你们的信号是上个月的，早过期了。哎呀幸亏没出什么事。”

黄安舰起义部分骨干合影，前排左起：王子良、鞠庆珍、刘增厚；后排左起：孙露山、张杰、刘彦纯、田秉吉

15 日，华东军区司令员陈毅、政委饶漱石签发黄安舰干部任职令：鞠庆珍任舰长，刘振东任副舰长，刘增厚任舰务官，其他人员基本留用原职。

16 日，中共中央复电华东局：“庆祝你们争取敌军舰黄安号反正的胜利。这是实行毛主席所规定之 1949 年争取组成一支可用的海军的首先响应者，请转知该舰全体人员予以嘉奖。”

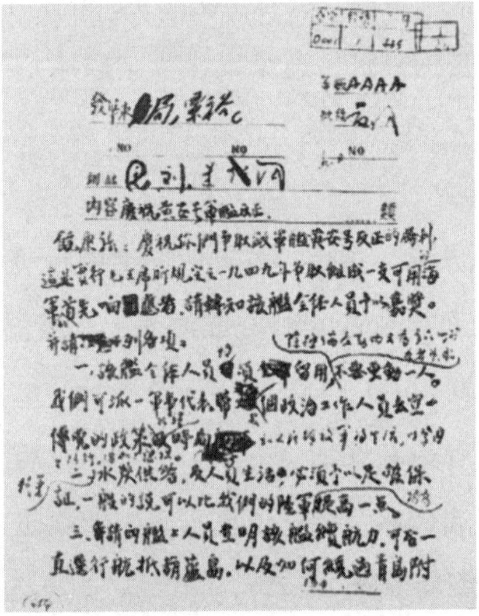
饶康张：庆祝你们争取敌军舰黄安号反正的胜利。这是实行毛主席所规定之一九四九年争取组成一支可用海军首先响应者，请转知该舰全体人员予以嘉奖。

1949 年 2 月 16 日中共中央给华东局的复电

8 “次日上午刘舰长返回码头时，发现该舰已无踪迹”

1949 年 2 月。

刘安祺晚年曾经谈起国民党海军起义：“海军也有叛变的，像长治号。”他故意只是谈及 1949 年 9 月 19 日发生于吴淞口外的长治舰起义，却对眼皮底下的黄安舰起义只字不提，正表明当时境遇之狼狈，所受刺激之深。

13 日上午，在黄安舰驶离青岛港十多个小时以后，国民党海军才发现竟然“丢失”了一艘军舰。青岛《大民报》刊登通讯《黄安舰擅离青港海军当局正追查中》，真实地反映了国民党军事当局茫然无知、惊惶莫名的狼狈相：“次日上午刘舰长返回码头时，发现该舰已无踪迹。后据调查，该舰于十二日上午十时即在副舰长指挥下离去驶出，曾派太平军舰侦查，至今下落不明，海军当局正派舰四出追缉中。”

国民党当局派出飞机和军舰，沿山东海岸反复搜索一无所获，只好编造谎言欺骗世人。《大民报》18 日发表《逃舰驶抵渤海湾被空军炸沉》：“本市最高当局发现该舰潜离后，除饬空军方面派遣四架飞机沿渤海侦察外，并饬‘太平’军舰追缉。空军卒于渤海湾内侦得该舰向大连方向疾驶，遂以电讯与该舰联络，促其立即驶回。惟该舰不从，继续行驶，飞机施以轰炸，当即将该潜逃舰‘黄安’炸得半沉，并闻海军方面即将命‘太平’舰前往拖回。”

一个多月后，国民党终于探知黄安舰的确实消息，连续三天派出轰炸机对连云港狂轰滥炸。黄安舰已经提前转移隐蔽，并未遭受任何损伤，国民党当局却大张旗鼓地宣布：黄安舰被炸沉，“摄取照片业已带回青岛”云云。

1950 年 2 月，该舰命名沈阳号，入列解放军华东军区海军第六舰队，参加了解放东南沿海城市和岛屿的战斗。1955 年 1 月 18 日，沈阳舰参加一江山岛战役，抵近摧毁国民党守军多处陆上火力点，创造了“一百毫米主炮当重机枪使用”的奇迹。1980年，该舰正式除役。

一、注释

①中央海军训练团：1945年12月22日在青岛成立，1947年并入海军军官学校。

②海军第二军区：1948年5月1日由海军第二基地改编，司令高如峰，后由原第一舰队司令梁贻序继任。

③接舰处：国民党海军第二军区接舰处，负责接收军舰。

二、人物简介

1. 杜道时（1917—1992），山东高唐人。北平第四中学、汇文中学、笕桥航校毕业，曾赴美学习航空，任国民党空军第八大队上尉分队长。新中国成立后，历任中央军委航空局（后为空军司令部）训练主任兼助教课长，空军某独立大队大队长，航空某学院飞行技术检查主任，飞行团副团长等职。

2. 刘善本（1915—1968），山东昌乐人。北京大学附中、杭州笕桥中央航校毕业，国民党空军上尉飞行员。1946年6月26日驾机起义，成为国民党空军驾机起义第一人，历任延安总部航空教员，第一航空学校校长，华东空军第四混成旅副旅长，航空某师师长，空军军训部副部长，空军学院副教育长等职。1949年2月加入中国共产党。

3. 李淑静（1917—1985），山东省高唐人。1949年7月参加中国人民解放军，1955年转业至长春第一汽车制造厂工作。

4. 杜文更，1942年生，乳名宝宝，山东高唐人。吉林大学英文系毕业，中教一级英语老师，陕西省作家协会会员，陕西省翻译协会会员。

第 7 章

两种抉择

1 龚学遂看到刘安祺翻脸比翻书还快，自知无力扭转局势，只好辞去市长职务，黯然离开青岛

1949 年 1 月。

国民党青岛市市长龚学遂派刘坤等人为代表，秘密前往鲁中南解放区青州闵家庄华东局驻地，接洽局部和平。

28 日，华东局致电中共中央："龚学遂派刘坤来仅负责回去传达我方态度。惟据宗君仁[①]谈：美蒋如欲坚守青岛，龚可能调走，或派秦德纯来青，控制龚刘[②]军政大权。如仅维持现状，或美军先撤，则龚急求我方能给予一定保证。我们拟将刘坤介绍至胶东统战部，由胶东与龚联系。"

29 日，中共中央复电华东局："龚学遂为市长，无军权，不可能直接发动投降，他所能做的只可能是在目前推延将一切工厂和物资转移，并供给重要情报，在美蒋军撤退时保证不破坏任何建筑、工厂、机器、物资和档案图书，在紧急时应负责推动刘安祺或其他军事负责人员，迅速放下武器，实行投诚。龚如能实现上述条件，我自可给以将功折罪的保证。此外，不

必对龚作过高要求。”

事实证明，中共中央和华东局对青岛局势发展的判断极为准确。据龚学遂的亲信、时任《青岛公报》主笔、青岛市政府秘书处第一科科长兼青岛市民食调配委员会专员罗自梅回忆：龚学遂和刘安祺等人共同策划青岛局部和平，“本来已有眉目”，但“刘安祺赴溪口谒见蒋介石，回青岛后改弦易辙，决计罢手不干了，青岛和平起义宣告流产”。

刘安祺“罢手不干”的原由，来自他 1 月 24 日飞赴溪口，谒见已于 1 月 21 日宣告“引退”③，但实际并未赋闲的蒋介石。

蒋介石派出自己的专机，从青岛将刘安祺接到溪口，详细询问了青岛的政治军事形势，特别是美军方面的状况，然后说道：“孤岛不可守啊。”

刘安祺摸不清蒋介石葫芦里究竟卖的什么药，一时没敢搭腔。

蒋介石一字一顿地说：“相机撤离青岛孤岛，转进台湾待命。”

刘安祺的脑子转得飞快，反复权衡得失利弊，最终作出了他一生中最重要的决定。他在晚年曾经叙述了自己当时的心情：“我差点儿不知道东西南北，最后，我决定从一而终，就是愚忠也要愚忠到底了。”

离开溪口后，刘安祺专程飞往南京，同国防部商定了“坚守青岛”的第一套部署，掩护“相机撤离”的第二套部署，获得了蒋介石的首肯。

第一套部署。

24 日深夜，刘安祺返回青岛，立即召集所属军政官员开会，宣称：“蒋总统所提之和平非真和平，‘共匪’所公布之八项条件断不可行。蒋总统虽已离职，但军政人事和戡乱剿匪的任务绝无变化，青岛各项工作仍需加强，以免为匪所乘。我们应效忠蒋总统，抱必死之决心，即使美军撤退，我亦必坚守青岛，直至弹尽粮绝。对主和分子，必要时不惜以枪毙之。”

25 日上午，刘安祺向报界发表公开谈话：“和平为全国人民所祈求，总统蒋公为顾惜人民痛苦，促成和平实现，忍让为国，毅然引退，现和议正在进行，今后之前途如何，全视共党有无诚意。惟吾人所谓和平，系属全面性的整个和平，绝非片面局部媾和，青岛亦绝不能做局部和平。本部守土有责，为维持地方治安，保障人民生命财产，本备战求和职守，加强本身力量，尽其应尽之责，同心协力，整一步伐，坚守岗位，做能战能和之准备。”

第二套部署。

25 日下午，刘安祺召开师长以上高级将领秘密会议，传达蒋介石口谕，同时下令：“第五十军以及工兵和宪兵等特种部队撤往福建；第三十二军撤往京沪；军官眷属和地方保安部队随同南迁，不愿南迁者强迫执行；为掩护撤退，将于春节前后派出有力部队，向共区发动突袭。”

刘安祺连续发布命令：所有船只未经批准严禁出港；各中等学校和地方保甲建立准特务组织青年工作总队和民众义勇总队；市区商用电台和个人业余电台一律实名登记，严密搜捕中共秘密电台。

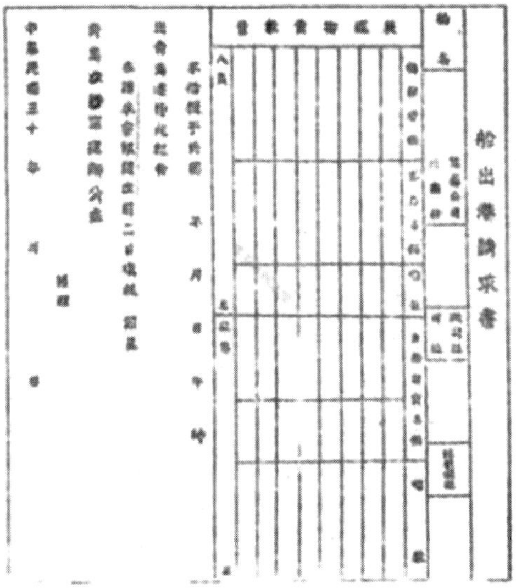
船出港請求書

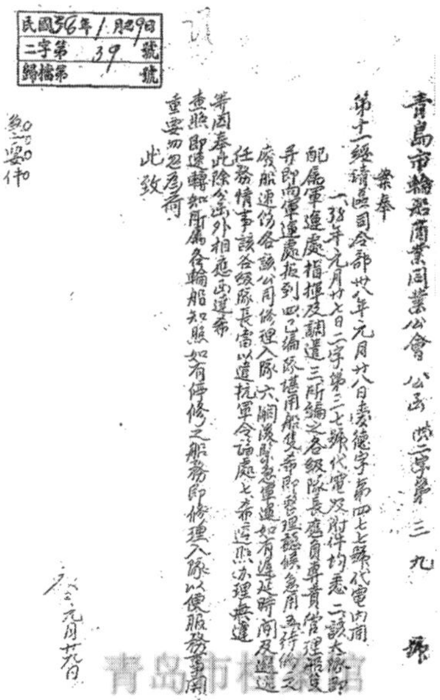
民國38年1月29日
二字第39號
歸檔第 號

青島市輪船商業同業公會 公函 卅二字第三九號

案奉

第十一綏靖區司令部卅八年元月廿八日[illegible]字第四七七號代電內開

一、38年元月廿七日二字第三七號代電及附件均悉 二、該大隊部配屬軍運處指揮及調遣 三、所編之各級隊長應負專責管理船隻并即向軍運處报到 四、[illegible] 五、待修之廢船速飭各該公司修理入隊 六、[illegible]如有遲延時間及逃避任務情事該各級隊長當以違抗軍令論處 七、希遵照辦理無違

等因奉此除分函外相應函達希

查照即遵轉知所屬各輪船知照如有停修之船務即修理入隊以便服務事關

重要切勿忽為荷

此致

1949 年 1 月 29 日青岛市轮船同业公会公函

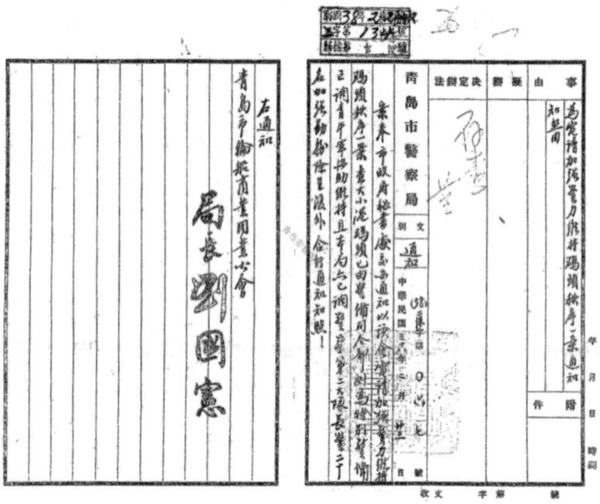

1949 年 2 月 23 日青岛市警察局通知

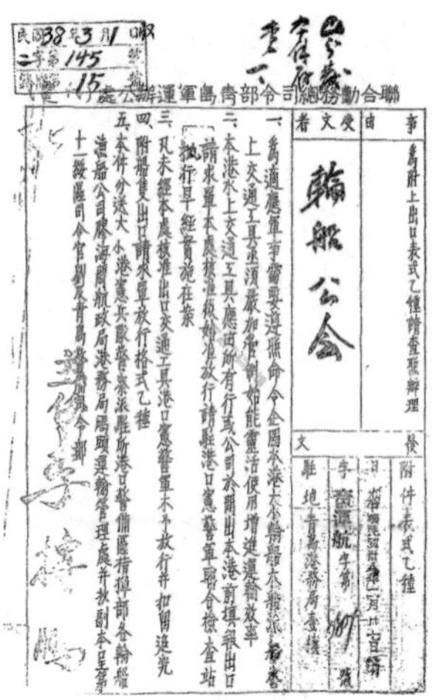

1949 年 2 月 27 日青岛军运办公处代电

为了向蒋介石表达效忠之心，刘安祺还以恐吓手段，威逼著名的布衣大师刘子衡离开青岛。

刘子衡曾为林森、冯玉祥、李济深、于右任、何应钦和吴忠信等国民党重臣讲授《易经》，顾祝同、胡宗南、王耀武、李玉堂和吴化文等高级将领均执弟子礼，深受朝野人士的推崇。

1948 年 12 月下旬，刘子衡持国民党参谋总长顾祝同的亲笔信来到青岛，刘安祺亲自到龙口路 1 号寓所探望，殷勤相待，言谈甚欢，尤其对刘子衡关于国民党“无边落木萧萧下”，解放军“不尽长江滚滚来”，应以中共八项主张为基础实现全面和平的观点，表示完全赞成。

但是，刘安祺从溪口返回青岛后，先是语焉不详地说“不便谈了”，想让刘子衡知难而退，后来看到暗示无效，干脆派人闯进刘子衡的住处，拍着手枪狂喊“快滚”。刘子衡遭此威胁，不得不在中共地下人员的掩护下，乘船渡过胶州湾离开青岛，经南村进入解放区，后又前往南京推动和谈。

国共和谈破裂前，刘子衡从南京搭乘飞机前往北平，因故在青岛沧口机场降落，刘安祺不但避而不见，反而派出全副武装的军警进行监视。恰逢李宗仁派往北平的专机在青岛落地加油，刘子衡这才侥幸躲过一劫。

龚学遂明白，刘安祺翻脸如此之快，如此之彻底，不但青岛局部和平已无希望，自己的人身安全也难保证。他马上吩咐罗自梅安排汽车，护送刘坤、宗君仁和安起风等人前往解放区，随后向国民党行政院提出辞呈，不再担任青岛市市长职务。

龚学遂与夫人王家襄旧照

胶东区党委统战部对青岛国民党守军的动态了如指掌，于 1 月 27 日发出《情况简报》第 60 号《关于蒋匪阴谋保存实力决定青匪军全部即速南撤的情况简报》，全面揭露了刘安祺以虚假的第一套部署，掩护真实的第二套部署的阴谋，要求所属各部门采取积极措施，开展针锋相对的斗争。

2 王竹生玩起了脚踩两只船的把戏，幻想将来无论是共产党、国民党还是美国人统治中国，都有他的一席之地

1949 年 1 月。

国民党中央执行委员会党员通讯局鲁东区室[4]主任王竹川来到南村，与胶东区党委统战部负责人会面。

早在 1948 年 4 月潍县战役结束后，王竹川感到国民党大势已去，要为自己寻找新的出路。他授意亲信张可嘉设法在青岛寻找中共地下工作人员，进而同中共领导机关取得联系。不久，张可嘉通过在青岛经商的栖霞同乡吴显介绍，与汇昌洋行职员牟玉生有了接触。汇昌洋行位于馆陶路 7 号原麦

加利银行旧址，经理开西是一位年逾古稀的英国人，日常业务主要由牟玉生负责。牟玉生出身栖霞牟氏家族，真实身份是胶东区党委统战部情工人员。

吴显来到汇昌洋行，同牟玉生谈起当前国民党搞经济封锁，只要能把禁运物资送进解放区，就能获得可观的利润。

牟玉生故意叹了口气说：“唉，利润是不少，可咱们都搞不到通行证，只能眼睁睁看着别人挣大钱。”

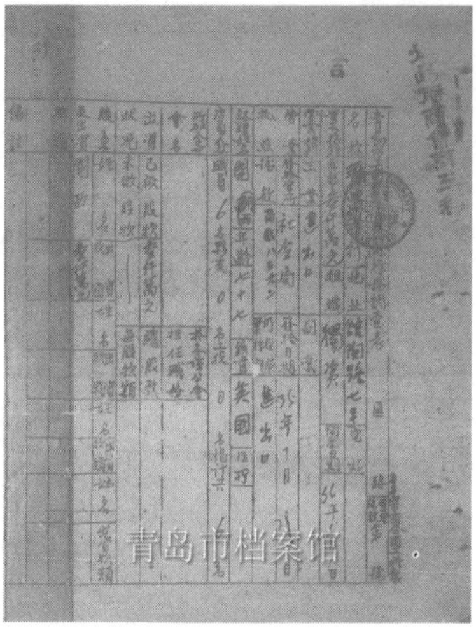

汇昌洋行登记表

吴显眉飞色舞地说：“最近我认识了一个栖霞老乡张可嘉，他是中统鲁东区室主任王竹川的亲信，办通行证还不是手到擒来？”

牟玉生半信半疑：“只要他能办出通行证，解放区那边我负责。不过现在吹大气不办事的人很多，你看他行吗？”

几天后，吴显陪着张可嘉来到伏龙路36号牟玉生家，三人经过一番商议，初步决定合伙做生意，吴显负责资金，张可嘉负责办理通行证，牟玉生负责在解放区销售物资，所获利润三人平分。

伏龙路36号牟玉生住宅旧址近照（朱海燕摄）

但是，自从这次见面以后，张可嘉经常拉着牟玉生一起吃喝玩乐，却对做生意的事只字不再提起。牟玉生心知对方在耍心眼儿，干脆也来个装聋作哑，跟他比起了耐心。

济南战役结束后，解放战争形势有了很大变化，张可嘉再也矜持不下去了，主动跟牟玉生说到正题：“有人从八路那边回来，说你是‘黑八路’⑤，还说只要把青岛一千多个保长的名单交出来就是立功，这种小事我可不干。”

牟玉生顺口恭维道：“你能立大功，那边当然更欢迎。”

张可嘉说：“我跟王竹川有十多年的交情，他外出开会，都是让我主持区室工作。实不相瞒，我打算说服王竹川弃暗投明，带着整个区室全部人马投奔共产党。”

牟玉生故作惊喜：“太好了，这可是天大的功劳。”

第二天晚上，张可嘉约牟玉生在市郊一个僻静的菜地里见面，神秘兮兮地说道：“王竹川同意了，不过不是投降，是跟共产党合作。”

牟玉生一听就火了：“不可能，共产党绝对不会接受。”

张可嘉笑笑说：“你只管传话就行了，听那边怎么答复。”

几天后，牟玉生从解放区返回青岛，向张可嘉转达胶东区党委统战部的答复：“第一，欢迎王竹川投向人民；第二，弃暗投明必须要有诚意和表现；第三，要获得人民的宽大，必须彻底转变立场；第四，请王竹川本人或派全权代表到南村面谈。”

王竹川所缺乏的，恰恰是“彻底转变立场”的“诚意”，他的如意算盘是：第三次世界大战早晚会打，中共的胜利未必保得住，他准备以“孙文主义大同盟”的名义同中共接触，国共和谈如果成功，可以获得相应的政治地位；如果失败，中共肯定要联合民主党派共同执政，也会有孙文主义大同盟的一席之地；如果美军占领中国，自然也少不了他的一杯羹；如果国民党彻底失败，美国人也来不了，那时再投靠中共为时不晚。

王竹川机关算尽，却用错了地方，他的代表张可嘉一到南村，就受到葛申的严厉申斥：“你们以孙文主义大同盟的名义谈合作是根本不可能的，除了向人民低头认罪，没有第二条路可走。至于你个人的前途，完全取决于自己，来欢迎，去欢送，决不勉强。”

王竹川认为张可嘉不善言谈，又派鲁东区室行动科科长汪耀武为代表前往南村，结果仍是铩羽而归。经过一番考虑，王竹川决定使出缓兵之计：一面安排牟玉生每天到鲁东区室秘密抄录人事档案，一面利用这段时间与中共南海地委和济南市委联系，企图多方下注，待价而沽。

德县路 5 号近照（朱海燕摄）

1948 年 12 月，党通局山东省室主任于仲崑兼任青岛区室主任，下令山东省室、济南区室、鲁东区室和青岛区室人员，全部集中在德县路 5 号合署办公。

王竹川唯恐自己的投机行为被发现，主动向于仲崑汇报了“假投诚打入共产党”。于仲崑一听大为赞赏，当即批准王竹川亲自前往南村，伪装进步，争取信任，做长期潜伏的打算。

王竹川来到南村，向葛申汇报了鲁东区室组织机构、人员编制以及近期策动国民党军起义、组织工人和学生护厂护校等活动情况。

葛申明确指出：“真心实意向人民投诚，必须有实际行动，立功才能赎罪。你同时与我党其他机关联系，这是不允许的，应当立即停止。”

葛申根据吴若岩“警惕假投降”的指示，向王竹川提出了三条要求：“第一，提供真正有价值的情报；第二，将鲁东区室档案、电台密码和呼号全部交出；第三，立即停止发动工人护厂、学生护校的把戏。”

王竹川回到青岛，将此次同中共交涉的情况向于仲崑作了汇报。于仲崑见自己的阴谋被揭穿，恼羞成怒地说：“今天要密码呼号，明天就会杀我的头。到此为止，不要再和他们联系了。”

王竹川却另有打算，他一面积极配合于仲崑策划和实施特务潜伏计划，一面自作聪明地把鲁东区室部分潜伏特务的档案隐匿起来，没有交给牟玉生抄录。但是，出乎王竹川意料的是，早在济南战役结束不久，党通局驻山东省全体人员名单已被中共查获，他的这场“假投诚”戏码荒腔走板，从一开始就注定落得失败的下场。

青岛解放后，军管会领导考虑到王竹川曾经表现出一定的投诚意愿，决定暂不采取措施，给他一个争取主动的机会。但是，王竹川坚持反动立场，迟迟不做坦白。1949 年 7 月 19 日，经军管会批准，青岛市公安局将王竹川、姜子俊、汪耀武和张可嘉等首要分子逮捕归案。

3　王绳武将国防部第二厅山东督导站交给中共秘密情工人员掌管，协助破获第二厅上海潜伏站以及在山东的特务网

1949 年 1 月。

31 日，农历正月初三，国民党国防部山东督导站上校站长王绳武从上海乘飞机返回青岛，马上找到老朋友景德，神情焦急地说：“完了，国民党彻底完了，我要赶快向共产党投诚，过两天你就带我去解放区。”

景德说：“我在上海那边还有生意需要打理，等我去趟上海，一定回来帮你。”

王绳武主意已定：“不行，投诚越早越好，晚了就不值钱了。”

景德实在拗不过王绳武，只好答应下来。

王绳武早年参加国民党军队，抗战胜利后调入国防部第二厅，曾在济南、徐州等地负责谍报任务。他看到国民党高层争权夺利，贪污腐化，自己东奔西跑为党国卖命十多年，老婆孩子连个安稳的住处都没有，逐渐有了另找出路的想法，专门邀请老同学景德从上海来到青岛，设法与中共方面取得关系。

景德，原名景智德，化名钱明，山东蓬莱人，烟台第八中学毕业，1937 年加入中国共产党，华东局社会部情工人员，公开身份是上海建中商行经

理、山东会馆理事。

1949年2月。

2日，农历正月初五，王绳武向督导站中层以上干部宣布，他将要秘密前往解放区视察各潜伏小组的工作。

督导站上尉机要参谋庄鼐随即找到景德，笑嘻嘻地说：“你策反王绳武成功了，我很高兴。”

景德愣住了：“你怎么知道？”

庄鼐丝毫不以为怪：“不然他怎么敢去？”

景德只知道庄鼐是王绳武的表亲，对他的真实身份和用意心里没底，一时不敢多说。

庄鼐直言相告：“我是胶东区党委统战部派出的情工人员，到青岛后一直没跟组织联系上。”

景德试探地问：“站里的情况你摸清了吗？”

庄鼐回答：“组织机构、工作计划、外派小组和分组人员名单，我都抄好了，你帮我带给组织。如果王绳武要滑头，对照一下就清楚了。”

景德知道庄鼐的行为违反了秘密工作不许发生横向联系的纪律，但话说到这一步，也只好答应下来：“那好吧，我替你交给胶统。”

13日，农历正月十六，景德和王绳武一起乘船渡过胶州湾，取道红石崖赶到高密，通过华东局统战部秘站兴华公司联系，最后在青州闵家庄见到了华东局社会部情报科科长王征明。由于王征明即将南下执行紧急任务，经研究决定将王绳武移交给胶东区党委统战部接洽。

王绳武提出的投诚条件主要有两项：一是设立电台，向国防部第二厅提供假情报，骗取经费，同时了解其他督导站潜伏小组的情况；二是他想去济南、徐州和浦口等已经解放的地区走一趟，作为成绩向国防部第二厅报告。

葛申根据景德的介绍和庄鼐提供的材料，对王绳武给予严肃批驳：“这些条件都是为了你的个人利益，你应该看清当前的形势，不要以为这是谈生意，可以讨价还价。你提供的山东督导站各组、分组和秘点的人员情况，与我们掌握的材料有出入。”

王绳武极力为自己辩解：“各组和分组都有虚报人数骗取经费的情况，即便是站里的档案，也不可能完全准确。”

葛申耐心地对王绳武进行思想教育，介绍当前形势和党的政策，使他的思想认识有了一定的提高。吴若岩考虑到王绳武职务较高，转变立场观念需要一定的过程，决定同意他返回青岛，以自己的实际行动立功赎罪，向人民靠拢。

王绳武返回青岛后，对庄鼐的真实身份有所察觉，思来想去觉得自己继续留在山东督导站已经起不到什么作用，很难有重大立功表现的机会。恰好这时接到国防部第二厅准备应变的指示，王绳武便以领取经费为借口，带了一部电台前往上海，临行前指定庄鼐负责主持督导站的工作。

庄鼐按照上级坚守岗位的指示，将电台、密码本和档案资料控制起来，下令督导站所属人员停止活动，听候指令。青岛解放后，他随即配合公安机关，将山东督导站副站长刘钺等特务骨干分子抓获归案。

王绳武到了上海，听说国防部第二厅第一司第七处副处长胡自立前来布置谍报电台的潜伏工作，便找上门去自告奋勇：“我在上海人头熟，可以协助做一些联络工作。”

胡自立人地两生，巴不得有经验丰富的老手帮忙，马上一口答应下来，王绳武趁机掌握了不少情况。

上海解放后，王绳武立即主动交出电台和密码本，协助时任上海市公安局侦查科科长景德，先后破获国防部第二厅上海潜伏站及其所属南京、蚌埠等地潜伏组，缴获八部电台和一批枪支弹药。此后，他还配合山东省公安机关，将国防部第二厅山东特务网全部肃清，实现了作出重大立功表现的愿望。

4 女特务打算辞职回家当老百姓，却在胶统负责人的劝说下，接受了保密局青岛特别站布置的潜伏任务

1949 年 2 月。

冷瑞芳急匆匆地来到老同学唐与莹家，把一封信塞到她的手里，神情紧张地问："你看看，他是什么意思？"

唐与莹的真实身份是胶统情工人员，她看信的落款是杨荫樵，内容是邀约冷瑞芳在青岛郊外的蓝村见面，立刻明白这是组织上正在设法争取冷瑞芳。

大学路 16 号保密局通讯总站第十四支台驻地旧址近照（朱海燕摄）

冷瑞芳，女，三十岁，山东平度人，国民党保密局通讯总台第十四支台报务员。抗战时期，冷瑞芳的丈夫朱伯勋担任国民党山东省第十三区参议，在日军"扫荡"中负了重伤，秘密潜入烟台住院治疗，得到杨荫樵的悉心照料，冷瑞芳对此非常感激，与杨荫樵的妻子张壮式结为干姊妹。

朱伯勋去世后，冷瑞芳为生活所迫，于 1946 年参加国民党第二绥靖区司令部无线电报务训练班，历任第二绥靖区司令部第二处第九课报组、保密局天津站和保密局通讯总台第十四支台报务员。

1947 年冬，张壮式在烟台被国民党警察逮捕，冷瑞芳知道她和杨荫樵都是中共地下党员，但仍然积极设法营救。胶统负责人了解到这一情况后，认为冷瑞芳具有争取的可能性，便以杨荫樵的名义写了这封信。

唐与莹心想，心急吃不得热豆腐，以冷瑞芳目前的思想状况，还得下一番功夫："你不是早就想回平度老家过太平日子吗？回封信了解一下那边的政策，看情况再作决定。"

冷瑞芳觉得唐与莹此话有理，便按照信上的地址回了一封信。经过往返通信，冷瑞芳对中共的政策有了一定的了解，终于下定决心，以参加婚礼为借口向台长请假，悄悄出了青岛市区。

冷瑞芳到达胶统南村秘站后，迟迟没有见到杨荫樵夫妇，以为自己落进了圈套，吓得直哭。经胶统工作人员再三解释，她才平静下来，将第十四支台与保密局通讯总台的联络呼号、波长、密码、密底、通报时间以及组织、人事和活动等情况，一一写成书面材料。

胶统青工委根据冷瑞芳的表现，决定发展她为情报关系，任务是控制电台和搜集情报。

5 月初，保密局青岛特别站接到撤退命令，全体人员面临两种选择：一是撤离，二是潜伏。胶统青工委指示冷瑞芳接受潜伏任务，妥善保管电台和密码本。

冷瑞芳看到国民党不分昼夜地屠杀中共地下党员和进步人士，前海沿几乎每天都有漂上来的尸体，心里十分害怕，既不想跟随国民党撤退，也不愿接受潜伏任务，只想平平安安回到家乡当个普通百姓。

恰在这时，第十四支台台长给下属人员发放经费，以冷瑞芳不服从命令为由，唯独没有给她。冷瑞芳气坏了，大骂当官的不把她当人。唐与莹趁机做了一番引导和鼓励，终于使她下定决心，接受胶统青工委交给的任务。

5 月 21 日，保密局青岛特别站委任冷瑞芳为潜伏小组组长，唐与莹为组员，发给一部美制特工电台和经费。

6 月 2 日，青岛解放当天，冷瑞芳和唐与莹一起将电台、密码和密底送到市公安局，向副局长葛申报告了第十四支台潜伏计划、骨干特务分子去向、国防部第二厅山东督导站第二〇五组成员以及在胶县（今胶州市）、烟台潜伏特务的名单。

5 第七秘密工作站人员精干，成绩突出，却因麻痹轻敌，毁在一个不务正业的小混混手里

1949年3月。

一天下午，青工总队[⑥]特务突然闯进市场一路17号东鲁医院，以贩卖大烟的罪名抓走了院长李子久、医生李健华、会计仲树元和职员赵维彩。出乎意料的是，这四个人只被关押五天，就交保释放回到了医院。

原来，特务真正的抓捕目标，是在东鲁医院隐蔽的胶东区党委统战部青岛工作委员会第七秘密工作站站长吕玉明和副站长韶光（原名赵维托），由于当时两人恰巧外出扑了个空，特务临时决定以查大烟贩子为名，随便抓几个人回去，借以掩人耳目。

葛申接到韶光的报告后，立即指示第七秘密工作站全体情工人员和情报关系尽快隐蔽或转移。但是，站长吕玉明却不以为然，他认为青工总队只是偶然到医院抓大烟贩子，没有必要过分紧张，不但自己继续留在市区，而且没有向有关人员传达上级的紧急指示。

第七秘密工作站成立于1948年秋，由于站长吕玉明作风泼辣，措施得力，很快在大港检疫所、青岛电厂和中统民治报社等发展了十七名情报关系，将发动青岛电厂护厂斗争作为工作重点，取得了很大成效。

吕玉明和韶光首先做通了电厂协理刘文东的工作，经过一番策划，刘文东在厂长徐一贯的支持下，分别召开理事会、部门负责人会议和职工大会，提出“护厂保饭碗”的口号，动员全厂员工组织起来，保护电厂。

一名理事思想顽固，反对护厂，在理事会议上拍着桌子大骂：“电厂属于国民政府的资产，如果不能南迁，宁愿炸毁也不能留给共产党，谁要不同意，我就向绥区司令部控告。”其他几位理事受到威胁，不敢公开表明护

厂的态度。

吕玉明以“青岛工作委员会武工队”的名义给这名理事写了一封信，严厉警告他不要顽固到底与人民为敌，否则将会受到严厉的惩处。这名理事吓破了胆，没过多久就带着家眷仓皇逃往江南，清除了护厂的一个障碍。

广州路青岛电厂旧照

经职工大会一致同意，成立了一千多人组成的护厂队，他们在厂区四周拉起铁丝网，不分昼夜值班巡逻。刘文东征得厂长徐一贯的同意，从财务上支出一些金条和银元，交给护厂队负责人随身携带，随时用于贿赂前来执行破坏任务的国民党官兵。

一次，几十名国民党官兵进入厂区，要在主厂房顶上安设机枪掩体。护厂队员先给军官塞了些钱，然后指着主厂房上面的电线说：“那是两道特高压电线，人在五米以内就会被吸住烧成灰，我从来不敢上去。”这些官兵不懂电力知识被吓住了，再加上拿了人家的手短，说要向上司请示，扛起机枪离开了电厂。

还有一次，几名特务到厂里问：“你们电厂最重要的设备是什么？”护厂队员把他们带到煤场，指着运煤的吊车说：“这是我们电厂最重要的设备，运不上煤就不能发电，整个青岛都会断电。”特务信以为真，仔仔细细画了张图，回去交差了。

第十一绥靖区司令部第四处给青岛电厂发出公函，要求提供暂时闲置的物资和人员名单，以便安排运输舱位。刘文东与徐一贯研究后答复：“电厂员工皆有专责，只要发电一日，则一人不可或缺；电厂所存物资皆为发电供电必需，如运走一批，势将影响市区正常供电；为保证通信和供水之需，须于所有单位登船之后，电厂方可停止供电。”第四处无言以对，只好同意青岛电厂暂时不做撤退准备。

吕玉明能力强，干劲足，但自以为是，轻率毛躁，对特务的阴险狡诈和对敌斗争的残酷性缺乏必要的警惕和认识，有时甚至随意向外人透露自己的真实身份。他一直希望了解国民党物资供应方面的情报，听说东鲁医院职员刘德三的姐夫赵恒信曾在青岛市物资供应局当过工人，便亲自出面做他的工作。

赵恒信是青工总队直属中队市北组的特务，吕玉明未经认真审查，只同他谈了一次话，就轻率地发展为情报关系。赵恒信佯装同意，随后将这一情况向青工总队特务组组长毛业林作了报告。毛业林根本没把这个小混混的话当回事，顺口说道必须有真凭实据，否则不能上报。

赵恒信假装进步，积极参加吕玉明安排的工作，很快摸清了第七工作站的人员和活动情况，将书面报告越级呈送青工总队总队长兼第十一绥靖区司令部机要室少将主任陈孝祖，陈孝祖立即批示毛业林实施抓捕，这才有了东鲁医院抓“大烟贩子”的一幕。

眼看要抓的人一个也没抓到，赵恒信没有死心，从早到晚在东鲁医院附近来回转悠，一双贼眼滴溜溜地打量着每一个过路的行人。情报关系仲跻英前来东鲁医院接头，发现门口作为暗号的香烟摊不见了，稍微迟疑了一下，就被赵恒信一把抓住。情报关系仲维霖偶然从不远处的馆陶路走过，也被赵恒信发现逮捕。吕玉明麻痹大意，竟然到距离东鲁医院不足一百米的市场三路神州电影院看电影，结果电影还没看完就遭到逮捕。

吕玉明遭到特务的非人折磨，甚至被残忍地拔掉一根肋骨，最终受刑不过，供出了孙鉴萍和刘文东等二十多人。

孙鉴萍的公开身份是青岛女子中学学生，她趁特务没注意，将随身携带的秘密情报吞进肚里，一口咬定自己只跟吕玉明见过一面，连他是干什么的都没弄清楚。特务找不到证据，只好将孙鉴萍释放。

馆陶路 22 号青岛警备司令部旧址近照（朱海燕摄）

刘文东地位较高，特务不敢进入电厂抓人，由陈孝祖亲自出面，以私人朋友的关系打电话说有要事商量，把他诱骗到馆陶路 22 号青岛警备司令部驻地逮捕关押。

第十一绥靖区司令部第二处少将处长贺元以为刘文东是个文人好对付，假装和颜悦色地说："刘先生你是有身份有地位的人，怎么这么不小心跟共产党混在一起了？你只要承认参加了共产党的活动，我担保马上就可以释放。"

徐一贯（中）、刘文东（右）等旧照

刘文东根本不上这个当，一个劲地大声斥骂："赵恒信这个无耻小人，他根本不认识我，竟敢诬赖好人。你们说我参加了共产党，请问有什么证据？"

刘文东连续几天遭受酷刑，被折磨得遍体鳞伤，死去活来，他实在忍受不下去了，佯装发疯抢夺特务的手枪，想要一死了之。

徐一贯想尽一切办法营救刘文东，他首先找到国防部次长、山东省政府主席兼青岛市市长秦德纯请求保释，秦德纯下令青岛市警察局放人，但查遍所属各个监狱和拘留所都找不到人。后经多方查访，得知刘文东是被保密局系统的青工总队逮捕。徐一贯亲自飞赴上海，请前任青岛市市长龚学遂帮忙。龚学遂致电保密局局长毛人凤"以身家性命担保"，毛人凤复电同意释放刘文东。

徐一贯立即返回青岛，拿着毛人凤的电报去见刘安祺。刘安祺摆出一副十分遗憾的样子说："哎呀，徐厂长你迟了一步，处决人犯的船已经出了胶州湾。"

徐一贯痛苦万分地回到家里，却意外地收到刘文东写的一封亲笔信。原来，贺元接到刘安祺签署的死刑令后，马上亲自来到牢房，直截了当地对刘文东说："刘司令官已经签署了处决你的命令，今天就要执行。不过，只要你拿出四百两黄金，我就可以放了你。"

刘文东不知真伪，苦笑一声说道："除了这一身的伤，我是一无所有，上哪去找四百两黄金?!"

贺元拿出纸笔，让刘文东给徐一贯写信："请持黄金四百两，今天下午三点以前，在燕儿岛以东海上放人。"

徐一贯立即带上四百两黄金，乘坐厂里的快艇赶赴燕儿岛以东海面，找到了执行死刑的船只。这时刘文东已经被塞进麻袋，同其他被捕的共产党人一起关在船舱底下，在即将抛进大海的死亡瞬间，终于被营救脱险。

6 一个致敬词，一张登记表，导致军警解放委员会遭到严重破坏，十二人被杀，二十九人下落不明

1949年4月。

蒋介石宣告下野后，李宗仁代行中华民国总统职权，国共双方就国统区与解放区通邮事宜达成了协议，胶东地区国共邮局以蓝村、南村、南泉和胶县城等地作为邮件交换点，相互收寄平信。

14日，第十一绥靖区司令部第二处邮检组发现了一封奇特的信件：收信人是市南区观海一路派出所张佐君，信的内容是谈生意方面的事情，末

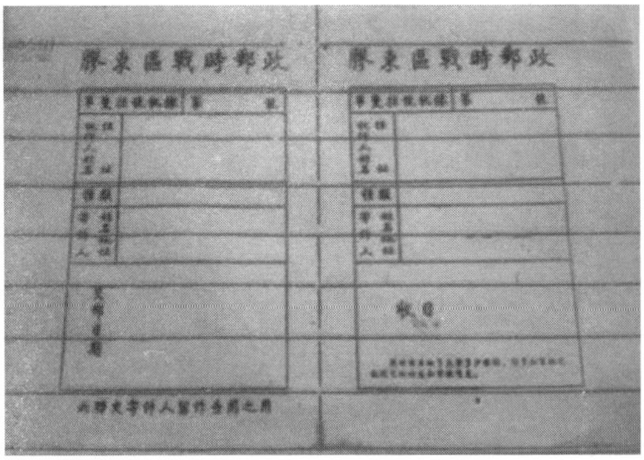
膠東區戰時郵政　膠東區戰時郵政

胶东解放区战时邮政挂号邮件登记表

尾却写着“致以布礼”四个字。信件逐级上报，到了处长贺元手中。

贺元曾经加入中国共产党，并在苏联国家安全总局⑦工作过两年，自然明白“布礼”是“布尔什维克的敬礼”的简化，一般用于共产党员或共产主义者之间的来往信函，他当即找来青岛组上校组长刘沛，责成他尽快查明上报。

第二天，刘沛手下的特务小组长肖宫挎着邮包，扮成邮差的模样来到观海一路派出所，当他把信交给警长张佐君时，似乎不经意地问了一句：“这个寄信的人，你认识吗?”

张佐君含糊其词地答道：“记不清了，好像有这么个人吧。”

肖宫故作轻松地说了句：“反正收信人是你没错就行。”

德县路 8 号近照（朱海燕摄）

16 日清晨 7 点，刘沛亲自开着吉普车，带领一帮特务来到德县路 8 号大院门外。

肖宫独自走进楼去敲开张佐君的家门说：“张警长，有位姓陈的先生找你。”张佐君不知就里，跟着肖宫走出院门，还没来得及看清来人是谁，就被特务七手八脚塞进了吉普车。

在金口三路 5 号青岛组刑讯室，张佐君酷刑之下被迫供出了以朱耀华为首的中共地下组织“市南区军警解放委员会”的人员组织和活动情况。

市南区军警解放委员会是由胶统情报关系朱耀华、朱乃春、边鑫华和殷传穆在 1948 年 11 月组建的，其他成员还有：

安徽路派出所警长周建镐和张纪斌；

济南路派出所警长牛福昌；

观海一路派出所警长张佐君；

莱芜一路派出所警长荀国璋；

云南路派出所警长张立夫；

台西三路派出所警长栾维哲和李致平；

市南分局警长唐永智；

郓城北路分所巡官刘立德；

联勤总部第三补给区中尉连长宋成淦；

云南路益兴号杂货店经理仲维栋；

商人陈汝良等。

该委员会以益兴号杂货店作为秘密联络点，主要任务是掌握警察局内部情况，保护枪支和户籍档案，维护社会秩序，保护工厂企业等。

朱耀华为了加强入会人员的仪式感和责任心，自作主张印制了一批《军警解放委员会成员宣誓登记表》，要求本人亲笔填写，贴照片并加盖私章。

葛申对此提出严肃批评：“这是违背秘密工作原则的，万一被敌人发现，就会被一网打尽，登记表要立即销毁。发展工作不应单纯追求人数，要对思想状况和历史表现进行严格审查，并加强革命气节教育。”

但是朱耀华被国民党即将仓皇撤退的景象冲昏了头脑，根本没把葛申的指示当回事，最终酿成了一场惨祸。

由于张佐君是警务人员，刘沛通知青岛市警察局特警组组长林则吾前来旁听审问，不料林则吾一听就火了：“我们早就发现了这个军警解放委员会，你们横插一手，把我们的计划打乱了。”

原来，在青岛市警察局内部还有一个台西区军警解放委员会，负责人是胶统情报关系林华周和李根先，他们通过市警察局人事室职员李国萃，先后发展了台西区警察分局的高炜其、迟国春、丁玉华、邱明灿、刘慎堂、丁传固、刘建民、王建国、尹欣五、高绩杰、张云武、张文涛、魏圭莹、叶培田、王崇生、王德丽、李积福、房敬之、张景文、刘国璠和李耀光；市北区警察分局的张志杰和张敏生；台东警察分局的高子敬；警察第二大队的苏立新等。

台西区军警解放委员会大量印发《告青岛市军警人员书》，宣传共产党和解放军的政策，号召警务人员坚守岗位，保护群众，迎接解放，在警察局内部产生了很大反响。

李国萃十分谨慎，没有采用填写登记表、加盖私章和上交照片等手续，只保留了一份委员会成员名单，而且不与市南区军警解放委员会发生横向关系。但是，由于发展工作出现纰漏，还是引起了敌人的注意。

这天，李国萃找到太平路分驻所警长苏风德问道：“听说国军要跑，你有什么想法？”

苏风德苦笑着说：“不是到处传说警察是三级战犯吗，共产党来了，还能有我们的好？”

李国萃塞给苏风德一份《告青岛市军警人员书》：“你好好看看，有什么想法，明天再聊。”

苏风德琢磨了一夜，觉得李国萃这人不简单，八成是“黑八路”想要拉他入伙。第二天见了面，苏风德抢先说道：“李哥你就痛快说吧，让我干什么？”

李国萃指着《告青岛市军警人员书》的落款“青岛市军警解放委员会”，悄声问道：“想不想参加？”

苏风德托词要跟家里商量，跟李国萃分手后，马上跑到青岛市警察局局长刘国宪的办公室告了密。刘国宪刚刚接任局长职务正在兴头上，对苏风德的检举非常重视，专门把林则吾找来作了一番研究，一致认为军警解放委员会能够大量印制散发宣传品，并在全局警务人员中造成广泛影响，说明它大有来头，不会是几个人的小组织，应当认真对待。

刘国宪吩咐苏风德："你明天去找李国萃，说你愿意加入，还要介绍两个人进去。你要积极参加他们的活动，想办法搞清楚这个委员会的人员和组织，我要一网打尽。"

苏风德担心自己露馅，不敢答应。

刘国宪笑眯眯地说："不要怕，事成之后奖给你十根大条，提拔你当分驻所所长。"

苏风德发财当官心切，一口答应下来。他按照刘国宪和林则吾的安排，伪装进步，多方窥探，还介绍党立平等两名特务加入军警解放委员会，由于李国萃警惕性较高，苏风德一时没有掌握太多重要情况。

林则吾担心，一旦开始抓捕市南区军警解放委员会成员，很可能会引起台西区军警解放委员会的警觉，他提出将张佐君移交给警察局，与李国萃并案处理。由于第二处和警察局同属保密局系统，贺元很快批准了林则吾的要求。

当天下午，林则吾带着特警组闯进朱耀华家进行搜查，很快找到了十几份已经填写好的市南区军警解放委员会成员登记表，还有一沓空白表格。

到了三点多钟，朱耀华给妻子使了个眼色说："天不早了，你去买点菜，给长官们做点饭吃吧。"

负责办案的特警组人员都是朱耀华多年的同事，睁只眼闭只眼，谁也不愿过分较真儿。朱耀华的妻子出了家门，赶紧跑到朱乃春家报信，使朱乃春、陈汝良以及交通员赵斌安全脱险。

林则吾按照登记表上的姓名，挨个给市南区军警解放委员会成员打电话，以开会为名将他们诱骗到市警察局，来一个抓一个。随后又到云南路益兴号杂货店逮捕了仲维栋和宋成淦。

接着，林则吾又马不停蹄逮捕了李国萃。李国萃临出家门时，暗示妻子夏玉颜采取紧急应变措施。特务刚一离开，夏玉颜立刻把暗藏的台西区军警委员会成员名单以及其他机密文件全部烧毁，随后向林华周和李根先报信，使他们幸免于难。

经国民党青岛特别刑事法庭审判，以危害民国罪判处朱耀华、张佐君、周建镐、边鑫华、栾维哲、牛福昌、殷传穆、荀国璋、张纪斌、李致平、宋成淦和仲维栋等十二人死刑；判处李国萃等三十人有期徒刑。

判处死刑的十二人，都填写了《宣誓登记表》；判处有期徒刑的三十人，都没有填写《宣誓登记表》。一份薄薄的表格，竟然决定了几十条鲜活生命的存亡，实在令人扼腕叹息！李国萃等三十人后来被强行编入国民党军，裹挟到了台湾，除一人逃回大陆外，其余至今下落不明。

7 国民党中央驻东莱群岛党部工作站组训科科长张锡三反戈一击，将自己亲自布置的潜伏特务一一抓获

1949 年 5 月。

国民党中央执行委员会驻东莱群岛党部工作站（简称渤海工作站）组训科科长张锡三的妻子到长山岛探亲，随同一起前来的还有一位名叫姚斌的远房外甥，说是在青岛快吃不上饭了，想在这边找个工作维持生计。

湖北路 29 号青岛市警察局旧址近照（朱海燕摄）

到了晚上没人的时候，姚斌悄悄告诉张锡三：“你的老同学田立夫在胶东区党委统战部工作，他让我劝你看清形势，找机会起义。”

张锡三看透了国民党的尔虞我诈，贪污腐化，认为失败已成定局，早就有了弃暗投明的想法。他利用职务之便，为姚斌隐瞒了曾被解放军俘虏的经历，办理了加入党通局的手续。

渤海工作站成立于 1949 年 4 月，主要任务是控制东莱群岛（即长山列岛）海域，对解放区沿海实行经济封锁和武装骚扰。从青岛出发前，站长张文泉与督导员迟云峰合伙采购了一批货物，上岛后很快脱手，净赚黄金二十多两。迟云峰认为资金是他个人出的，应该得七成；张文泉则认为没有渤海工作站的名义，这笔生意就做不成，因此工作站该得七成。双方你争我夺，闹得不可开交，从此结下了矛盾。

张文泉为了扩大实力压制迟云峰，指使张锡三暗中去挖海军巡防处和乡保政权的墙角，巡防处电台中尉机务员白存孝、少尉报务员王可仁、警卫排少尉排长孟广斌及其三个班长，都被拉了过来；当地乡保长也分别委任为钦岛组、隍城岛组、长山岛组、砣矶岛组和蓬莱组组长。

迟云峰见此情形也不甘示弱，同副站长李益民、秘书迟万鑫等人联起手来，在站里拉帮结派，一心想要掌握实权，架空张文泉。

争权夺利的戏码唱得正欢，渤海工作站接到了撤往南朝鲜仁川的命令。张文泉立即要求张锡三制订潜伏计划，布置潜伏人员，发放无线电台，规定通报时间、呼号和密码等。

张锡三向张文泉建议：“站里不少家属住在青岛，应当接过来一起撤退。”张文泉的家属也在青岛，自然一说就通，他向海军巡防处借了一艘炮艇，同张锡三等人一起急急忙忙地返回青岛，临行前吩咐站里其他人员原地待命，等他回来后一起撤退。

张锡三回到青岛，立即通过姚斌与胶统情工人员吕明卿接上了关系，将电台和武器送到馆陶路 13 号齐燕会馆仓库保存，炮艇开进青岛造船所船坞隐蔽，任凭张文泉和第十一绥靖区司令部再三催促，他以妻子生病为由一拖再拖，直到国民党撤离青岛。

青岛解放后，张锡三和姚斌一起绘制了长山列岛国民党军兵力部署和工事构造位置详图，并为解放军攻岛部队担任向导。长山列岛解放后，他们参加了俘虏营管理工作，负责对国民党军政头目和骨干进行识别。

渤海工作站督导员迟云峰、副站长李益民、秘书迟万鑫等人没有来得及撤退，他们见到身穿解放军军服的张锡三，吓得跪倒在地苦苦哀求："请你看在往日同事的情分上，各走各路，互不为仇。共产党不过是看你现在有利用价值，用完了就会一脚踢开。你还年轻，要给自己留条后路。"

张锡三丝毫不为所动，将这些顽固分子全部逮捕。随后，又将长岛组组长盛同学、砣矶岛组组长刘敦诗、直属第三组组长孟广斌及其三名组员、直属第一组副组长唐锦坤、蓬莱组组长戚星五，以及长山列岛海军巡防处第二十一支台台长等一一识别归案。

张锡三还配合青岛市公安机关，逮捕了渤海工作站行动科科长郭绍栋、宣传科科长殷之生和组训科副科长丁有仁，并且顺藤摸瓜将在天津潜伏的站长张文泉捉拿归案。除极少数潜逃外，渤海工作站人员基本落网。

一、注释

①宗君仁：民盟成员。

②龚刘：即龚学遂、刘安祺。

③引退：指自动辞去官职。

④党通局：国民党中央委员会党员通讯局简称。1947 年 4 月，中统改为党通局，保留原领导机构和主要职能，其他部门和单位转到各政府部门，实际由党通局领导，主要负责监视和打击共产党等反对派政党、除军事部门以外的情报安全工作和社会舆论等。党通局电台使用国防部通讯总台。

1949 年 5 月，党通局主要职能改为内政部调查局，党通局机关保留。南京解放后，内政部调查局迁台湾，1956 年改由司法行政部管辖。区室为党通局地方区域派出机构名称。

⑤“黑八路”：国民党和反动分子对中共秘密情工人员的诬称。

⑥青工总队：青岛市青年工作总队，国民党第十一绥靖区司令部组建的准特务组织。

⑦苏联国家安全总局：即克格勃前身。

二、人物简介

1. 罗自梅，1925 年生，江西泰和人。中正大学文法学院经济系毕业，法学学士学位，1948 年加入民盟，曾任青岛市政府总务科科长兼民食调配委员会专员，《青岛公报》编辑、主笔。新中国成立后历任江西财经学院外语系副教授、江西省政协委员等职。

2. 刘子衡（1905—1981），原名刘位钧，山东滕县（今滕州市）人。新中国成立后历任山东省司法厅副厅长，山东省人大代表、常委，山东省政协委员、常委等职。

3. 王绳武，字效虞，山东牟平人。烟台第八中学、中央陆军军官学校第十二期毕业，历任排长，连长，营长，少校参谋，中校科长，国防部第二厅济南组组长，华东办事处副处长，华东督导组副组长兼督导员，山东督导站站长等职。

4. 贺元，字叔昭，山东日照人。黄埔军校第六期政治科、苏联中山大学毕业，曾加入中国共产党，在苏联国家安全总局（即克格勃前身）工作，九一八事变后回国，历任军委会南昌行营调查课课员，宪兵第三团政工室中校主任，山东沂蒙游击挺进支队指挥官，中美合作所东南特训班上校副主任，津浦铁路局警务处处长，第十一绥靖区、第九兵团司令部第二处少将处长等职。

第8章

保护青岛

1　范澄川按照中共地下组织的指示开展护厂工作，却受到解放军华东军区发言人的严重警告，不由得潸然泪下

1949年2月。

11日晚上，范澄川照例打开收音机，按时收听中共新华广播电台的新闻节目，没想到竟然听到了自己的名字：

［新华社华东十一日电］确悉：青岛国民党第十一绥靖区司令刘安祺，正积极筹备青岛市重要市政建设和工厂设备的毁灭性破坏。刘安祺决定于撤退前，将青市大港、码头、水源地、发电厂、中纺、齐鲁两公司及其许多重要工厂设备彻底破

GIAODUNG RHBAO
膠東日報
人民解放軍總部發言人
嚴重警告青島匪王官
光復張家口戰果
共殲敵五萬四千
俘虜將級軍官十三名
編爲解放軍第五十軍
曾任軍長下屬三個步兵師
按照新的情況製定
今年的農業增產計劃

《胶东日报》1949年1月5日第一版

坏，并准备胁迫全市公教人员，一同逃走。国民党官僚资本中纺公司经理范澄川，已完成一切破坏该厂的准备。国民党匪军此项破坏青岛国家财富的计划，早于去年年底开始筹划，青岛匪军由上海运来炸药二万公斤，即作为撤退时破坏之用。对此，人民解放军华东军区司令部发言人特向刘安祺提出严重警告，令其立即停止此项罪恶计划，如果他胆敢丧心病狂地实施此种破坏，则刘安祺本人及执行该破坏计划的国民党主官，将被认为战争罪犯，一旦缉获归案，必予严厉惩处，绝不姑息。

范澄川按照中共地下组织的指示，冒着生命危险领导发动青纺护厂斗争，却被解放军华东军区发言人称作“完成一切破坏该厂的准备”，甚至“将被认为战争罪犯”，指名道姓地予以严重警告，这其中究竟有什么奥秘呢？

自从与赵仲玉和郭美珍谈到，为了避免遭受国民党反动派的镇压和迫害，护厂应当采取“合法”方式的问题，范澄川为此绞尽脑汁，却一直苦无良策。

1948 年 12 月上旬的一天，第十一绥靖区司令官刘安祺宴请范澄川以及中央银行、中国银行青岛分行经理，席间谈起近期治安方面出现了不少状况，不由得连连摇头：“警察局警力不足，军方又无暇顾及，整天摁下葫芦起来瓢，实在令人头痛。”

范澄川趁机问道：“青纺公司所属各厂，从市里到沧口绵延二十多公里，难保不会有少数暴徒企图闯入捣乱或扔炸弹，不知刘司令官有何预防之策？”

刘安祺身为青岛军政最高长官，对地方企业负有保护之责，但他正在为此焦头烂额，哪里会有什么办法，只好反过来征询范澄川的高见：“范经理见多识广，还是请你指点迷津吧。”

范澄川微笑作答：“刘司令官太客气了。我有一个不成熟的想法，按照惯例，纺织厂每天放工时须对出厂工人搜身，以防盗窃。根据目前的情况，不如改为上工时对进厂人员检查，以防暴徒夹带炸弹。”

刘安祺一听，连声说好：“一出改为一进，真是一字千金。好，太好了。”

范澄川接着提出：“各厂选拔若干人组成护厂队，遇有紧急事件，可与军警以及工厂原有警卫队配合守护工厂。”

刘安祺没有多想，当即表示赞同：“范经理思虑周全，为我解决了一个大难题。青纺是青岛工业的半壁江山，只要你们不出状况，我就能坐得安稳了。”

宴席终了，范澄川立即将上述谈话作了书面记录，报送第十一绥靖区司令部经济处备案，为护厂取得了合法手续。第二天，范澄川在青纺公司厂长联席会议上宣布：“以工会联谊会的名义设立青纺护厂团，全体职工均为团员；各厂设立分团，并根据职工人数选拔一百名至三百名身强力壮的男性职工，组成常备护厂队，厂长兼任队长，限12月15日前组建完毕。”

随后，范澄川分别到各厂召开全体职工大会，要求大家安心工作，不信谣言，保护工厂，以免打破饭碗，断了生路。他还当众表示：“在动乱期间，本人以及家属包括八十四岁的老母亲，决不离开青岛，同各位祸福相依，共渡难关。”

大会多次遭到特务分子的干扰，尤其是“特务职工”比较多的第五纺织厂，有人在会场上吵闹谩骂，寻衅滋事，企图制造混乱，将大会搅散。但是，由于范澄川的讲话符合绝大多数职工的利益，特务分子理不直气不壮，很快就在一片斥责声中低下了头。

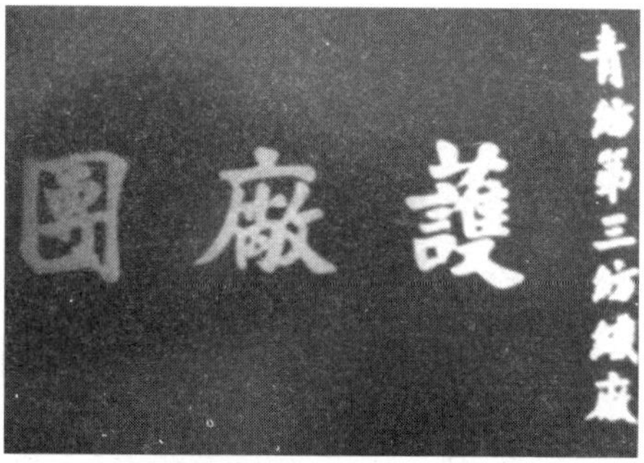

青纺第三纺织厂护厂团团旗

春节前夕，青纺护厂团总指挥部成立，下设护厂、消防、交通、供应和救护组，并对各厂常备护厂队行动规范作出明确规定：按时训练，分区把守，加强门禁，如有暴徒企图破坏，队长亲率队员或以好言相劝，或以金钱收买，对顽固不化者，使用武力解决。

由于民间盛传国民党青岛守军将在春节后撤退，范澄川一面串联市商会理事长兼市参议长李代芳、国民党市党部主任委员殷君采以及市长龚学遂等，多方劝说刘安祺不要破坏工厂企业，伤害地方元气；一面要求各厂常备护厂队春节不放假，发双薪，加强戒备，并举行护厂演习。

这次演习展示了青纺广大职工团结护厂的决心，进一步提高了常备护厂队员的士气和战斗力。但是，有一部分人想当然地以为，护厂团已经在绥靖区司令部备案，任何人都不敢随意阻挠破坏，因此出现了一些轻率过激的言论。尤其是第九纺织厂，竟然在演习中喊出“不让国军进厂”的口号，被厂内暗藏的“特务职工”抓住把柄，向刘安祺告了黑状。

第十一绥靖区司令部参谋长冯骥亲自给范澄川打电话提出质问：“以贵公司的这番作为，不能不让人怀疑，你们所谓的护厂团究竟是在防谁？”

范澄川当即否认：“护厂团的任务就是防盗防匪，不可能防到国军头上，这分明是有人无中生有，故意栽赃，请刘司令官和冯参谋长切勿轻信谎言。”

冯骥冷笑道：“刘司令官对范经理推崇备至，视为知己，推食食我，解衣衣我，还请范经理约束手下，自惜羽毛，不要做亲者痛仇者快的事情。”

刘安祺着实没有想到，自己以堂堂中将之尊，竟然被范澄川这一介书生玩弄于股掌之间，不由得恼羞成怒，在上海的一次宴会上借酒大骂：“有人公然为共产党说话，做共产党做不到的事情，范澄川就是这样的灰色分子，我要把他扔到海里去。”

国民党元老雷震已经得知刘安祺在青岛大开杀戒，将数百名共产党人和进步分子塞进麻袋抛进海中杀害，听了刘安祺的话更是大为震惊，马上转请朋友蔡叔厚提醒范澄川小心应付。

国民党败退台湾之后，原第十一绥靖区司令部机要室少将主任兼青岛青年工作总队总队长陈孝祖，曾在回忆文章中提及这一段时期他与范澄川的交往：

范是湖南人，毕业于湖南大学，抗战胜利后我去青岛的时候，把湖大机械系应届毕业的三十多名同学也一起带去，因为他是湖大校友，我就请他帮忙，结果他照单全收都安插在中纺公司当助理工程师，所以我很感激他，两人因此建立起交情。

撤退前，我们奉令保护中纺公司，范把他的母亲从湖南接来，我问他："兵荒马乱的，为什么把老人家接来？"他说："老人家来了以后，员工都安心了。"我觉得不无道理。

想不到我们撤退以后，他向中共投降，而且有一份资料说，当时中共地下工作小组就设在他家楼上，真令人无法想象！

范澄川每天晚上回到华山路 13 号家里，都要到楼上与赵仲玉和郭美珍二人见面商谈工作，上下楼梯，近在咫尺，原本非常方便，可他却越来越感到有些为难，又一时不知如何说起。

一天晚上，范澄川来到二楼赵仲玉的房间，介绍了护厂斗争的最新动态。赵仲玉提醒道："国民党反动派越是接近失败，越要疯狂挣扎，范先生在公开活动时，一定要随时保持警惕，不要被特务抓住了把柄。"

范澄川很自信地说："我在公开场合讲话，完全没有涉及政治，他们不可能抓到任何把柄。公司和各厂也加强了对我的保护，绝大多数职工站在我们这边，请你们放心。只是有一件事情我有些为难，可又不能不提。"

范澄川和文佩南夫妇旧照

赵仲玉忙问："什么事情，请您直说？"

范澄川为难地说："我以前同你们没有什么来往，现在却每天晚上到楼上见面，次数多了难免引起佩南的疑心，毕竟你们两位都是年轻的小姐。”

赵仲玉和郭美珍都笑了，她们根据平时的了解，觉得文佩南是一位识大体明事理有正义感的女性，同意范澄川向她说明实情。

出人意料的是，刘安祺自从在上海发了一次飙以后，非但没有公然为难范澄川，反而时时处处表现得关心体贴。当时青岛飞往南京和上海的航班一票难求，冯骥却把两张飞往上海的机票主动送到范澄川家里，十分贴心地说：“刘司令官对令堂大人十分关切，素知你以孝为先，请选择可靠的人，护送老人家到上海去吧。”

范澄川婉言谢绝：“家慈奉养多年，现在到处乱哄哄的，实在不忍心老人家孤身离开，要走将来一起走，不然全家不安。”

冯骥碰了一鼻子灰，但此后仍然多次打电话问东问西，纠缠不清。范澄川不胜其扰，听说中国航空公司决定停飞 2 月 12 日以前的所有航班，马上给冯骥打电话要买七张 12 日的机票，说是要全家飞往上海。可是没想到冯骥的能量很大，中国航空公司在他的要求之下，竟然临时增加了一次飞往上海的航班，七张机票如数送来，反使范澄川陷入进退两难的窘境。

这时从美国驻青岛海军方面传来消息：蒋介石下野后，代总统李宗仁希望驻华美军暂缓撤离，以此向中共施加压力。刘安祺奉命与美国西太平洋海军司令白吉尔达成协议，取消了美军原定撤离青岛的计划。

范澄川立即退掉全部机票，理直气壮地质问冯骥：“你们都不走，为什么非要我走？这不是让我范某人言而无信，背上骂名吗？”刘安祺和冯骥无言以对，只好不了了之，却更增加了对范澄川的疑虑和戒心。

为了保护范澄川，推动青纺公司护厂斗争，胶东区党委统战部报请华东局批准，以解放军华东军区司令部发言人的名义，通过新华社电讯，对刘安祺和范澄川一并提出严重警告。

范澄川和夫人文佩南对中共方面的关怀大为感激，正如他后来在回忆录中所说：“如幽草沐阳，倍觉温暖，欣然雪涕，相与慰勉，不知东方之既白。”

刘安祺等人做梦也猜不到其中的玄机，对范澄川的态度缓和了下来。第二天一大早，冯骥就给范澄川打来电话，幸灾乐祸地问有没有听到昨晚的广播，意思是你想投奔共产党，人家还不要你呢。范澄川随口应付道：“在共产党眼里，我是国民党官僚资本代理人，哪里有合作的可能?!”

另外，范澄川还通过中国纺织建设公司，向国民党行政院和工商部正式呈文，以合法手段阻止国民党破坏和搬迁青纺工厂。国民党行政院于2月28日致电青岛市政府并转山东省政府主席兼青岛市市长秦德纯、第十一绥靖区司令官兼行政长刘安祺：“据工商部转呈中国纺织建设公司青岛分公司呈报，青岛当局拟于撤退前将该公司所属各厂予以破坏或迁走等情，希即设法制止，并将遵办情形具报为要。行政院批示：现无撤退准备。此电留待秦主席到青，由秘书处呈阅酌转刘司令，以免引起对于中纺青分公司的误会。”

刘安祺面对各方压力，不得不有所收敛，在一定程度上减轻了国民党对青纺公司护厂斗争的镇压和破坏。

2　我们在此表决，要走大家一起走，要留全校一起留，山大决不能分家

1949年3月。

国立山东大学水产系教研室里，水产系的学生们正把一批教学科研仪器装进木箱，学生自治会理事会理事柴恭纯带着几十名同学闯了进来，大声喝道：“住手，不许你们胡来。”

水产系学生理直气壮：“这是水产系的设备，你们无权干涉。”

柴恭纯毫不退让：“这是山大的财产，你们想要搬走，得先问问全校师生答不答应。”

水产系学生说："我们要读书，我们要有一个安静的读书环境，现在的山东大学已经无法满足我们的要求，你们不能阻拦我们。"

柴恭纯说："山大是一个整体，都像你们想来就来，想走就走，山大不就垮了吗？"

双方相持不下，一直闹到训导主任刘次萧那里。刘次萧不置可否地说："关于水产系的问题，校方正在研究，你们不要闹，先回去等着吧。"

国立山东大学水产系，是由南京中央研究院植物研究所研究员朱树屏主持创建的。1948 年 9 月，朱树屏借聘期届满返回南京，原拟应聘的教授却未能及时到任，致使水产系的教学研究工作受到很大影响。朱树屏为学生学业考虑，主动介绍水产系渔捞组和养殖组的学生，分别到上海复旦大学和厦门大学借读。

某些别有用心的人歪曲利用朱树屏的善良初衷，四处宣扬"留在山大只能虚度光阴，只有遵照朱树屏教授的指引，将水产系迁到上海和厦门，才能保证正常的教学和研究"，为水产系乃至整个山东大学的南迁制造舆论。

水产系学生大多来自南方，离开风雨飘摇的青岛，拥有一个安心的读书环境，自然符合他们的愿望。他们将教学仪器和图书资料打包装箱，做好了随时出发的准备，少数人甚至不告而别，三三两两结伴南下，由此掀起了一场"南迁风波"。

山大学生自治会理事会主席刁正清给朱树屏教授写了一封信，向他汇报了学校的现状和水产系南迁风波造成的影响。朱树屏很快回信，明确表达了反对水产系南迁的态度："一二年级学生来沪借读不妥，他们事后也必须尽早返回青岛。无论迁复旦或厦门，师资及课业方面之诸多困难问题仍是意料中的，请同学不要希望过高，以致实现后失望过甚。青岛的环境及前途实不下于上海及厦门，深愿青岛山大将永是水产系的老家。"

由于水产系南迁风波愈演愈烈，校方又迟迟没有表明态度，学生自治会理事会提议召开全校学生大会，将水产系南迁问题付诸讨论，以公议是从。

主张南迁的人自以为控制了水产系，又有校方的支持，无论人数还是声势都能占据优势，因此有恃无恐，同意开会。

大会开始后，学生自治会福利部部长王昶首先上台，慷慨激昂地说："南迁上海或厦门，不过是缓兵之计，迁到台湾才是他们的终极目的。请问到了台湾，我们还回得来吗？水产系一旦南迁，整个学校势必都要走，这不是山大的新生，而是山大的毁灭。我们在此表决，要走大家一起走，要留全校一起留，山大决不能分家。"

水产系学生代表随后发言："我们是山大的学生，当然愿意留在山大。但是请各位睁大眼睛看清现实，水产系自从朱树屏教授和王贻观教授离任后，只有两名讲师代为授课，许多课程和实验无法进行。我们不愿虚掷光阴，浪费生命，希望按照朱教授的指引，到上海复旦大学暂时借读。请各位同学理解我们的苦衷。"

学生自治会学术部部长郭孝丰发言："水产系以请不到教授为由迁往上海，委托他人代办，如果其他院系也按此办理，山大岂不等于自行瓦解？水产系的教学研究设备比较完善先进，如果迁往上海，则在无形之中废弃，岂不可惜？为将来更多志愿就读水产系，以水产为事业的同学，更不允许南迁。"

经过激烈的辩论，主持大会的山大学生自治会理事会主席刁正清宣布，将"山大人团结起来""水产系不能单独南迁"等三项议案付诸表决，最终以绝对优势获得通过。水产系部分学生虽然持有异议，但已不能扭转大局。

理事会趁热打铁，号召全校学生于 3 月 30 日上午 8 点半举行示威游行，并派代表向校方要求答复；如校方不表示态度，自当天开始无限期总请假。由于国民党当局禁止"戡乱"期间举行罢课和游行，示威活动在山大校园内进行，并将总罢课改称“总请假”。

《联青晚报》以《山大学生游行反对水产系南迁》为题，对山大学生游行作了报道：“千余学生排成一条长蛇阵，‘团结大游行’的鲜明旗帜高高举起来做前导，同时并奏打锣鼓，以壮声势。行列间并高举着一幅漫画，上面画着一个人割掉一只手臂（人代表山大，手代表水产系），其意义明显而深刻。九时正，游行开始，激昂愤慨的歌声，力竭声嘶的口号响彻云霄，听者动容。”

鱼山路5号国立山东大学旧址近照（朱海燕摄）

学生的正义行动，得到社会各界尤其是国立山东大学进步教授的同情和支持。陆侃如和冯沅君历数南迁的种种危害，态度鲜明地表达了留在山大，留在青岛的决心。杨向奎和赵纪彬鼓励校长赵太侔打消顾虑，拿出勇气，保护山大。在各方的积极推动下，赵太侔最终一锤定音：水产系不能南迁。

以胶东区党委统战部情报关系孟昭汉和王寿建为首，刁正清、王昶、郭孝丰、姜震、贾会堂、徐全德、胡献文和顾国英等同学参加的“十人护校领导小组”，从发动全校师生反对水产系南迁开始，逐渐成为国立山东大学护校斗争的领导核心。

解放军兵临城下，青岛形势日益紧张，校长赵太侔在校务会议上宣布成立应变委员会，学生自治会福利部部长王昶任副主任，负责制定工作章程以及组建纠察队、安全组、生活组和总务组等办事机构，对全校人员和物资实行统一管理。

根据胶东区党委统战部的指示，王昶在应急委员会会议上建议：向国民党政府教育部和青岛军政当局提出交涉，禁止军警宪特随意进入校园抓人，同时采取措施保障师生员工的基本生活需求。

校长赵太侔积极作出回应，亲自出面向第十一绥靖区司令官刘安祺交涉，同时拨款两万美元购买面粉八十万斤，并储存大量煤炭和淡水，准备应付紧急事态。

5 月下旬，国民党青岛警备司令部向国立山东大学附近增调两个连，并将校园全部划入特别戒严区域，每天晚上六点至次日早晨八点实施宵禁。“特务学生”和训导处拟定了将近二百人的黑名单，企图将山大的进步分子一网打尽。学生自治会被迫宣布停止活动，校长赵太侔也离开学校，到山大医学院附属医院第四病房隐蔽，整个学校陷入无政府状态。

“十人护校领导小组”转入隐蔽的地下活动方式，有时在阁楼里打个盹儿，有时在讲台上睡一会儿，但仍然坚持每天举行两次碰头会，设立情报网，交流情况，安排任务，对护校斗争实施不间断的领导。

5 月 31 日晚，数百名国民党兵突然闯进山大校园，狂吼乱叫，横冲直撞，肆意破坏公共教学设施。护校纠察队无力抵抗，只得分散隐蔽。直到天快亮的时候，只听嘟的一声哨响，国民党兵裹挟着十几名校警及其配枪，一窝蜂离开了校园。

师生们刚松了一口气，学校围墙外边突然出现了许多“难民”，他们成群结队，手持棍棒，大声喧哗，有的甚至攀上墙头，探头探脑向里张望。

经胶统秘密情工人员司马耕安排，“十人护校领导小组”从秘密军械仓库取来一挺轻机枪和十支步枪。纠察队员顿时声威大震，荷枪实弹在学校大门和教具室等重要位置设岗警戒。那些所谓的“难民”一看势头不妙，再也没敢轻举妄动。

至此，山东大学护校斗争取得全面胜利。

3　只要战争没有结束，我就不会离开学校，大家一起度过天亮之前最为黑暗的时刻

1949 年 3 月。

“国民党军将于 6 月 2 日撤离青岛。”

青岛市立李村乡村简易师范学校（简称“李村师范学校”）校长王桂浑得知这个消息后，立即召集有关人员成立护校委员会，他本人亲自担任会长，校总务主任常立章、学生会会长王树奎以及教师刘彦民、葛逸农、李萌初等为会员，全面领导护校斗争。

青岛市立李村乡村简易师范学校旧照

青岛市立李村乡村简易师范学校校徽

李村师范学校创建于 1930 年，由于学校规模和教学质量突出，曾有“南有晓庄，北有李村”的美誉。七七事变后，国民党实行焦土抗战，大部分校舍遭到焚毁，沦为侵华日军的马厩。抗战胜利后，该校由国民党青岛市政府接收，经过整修后重新复课，共有十一个班、五百多名学生和三十七名教职员工。

王桂浑秉持“自由、民主、科学”的办学理念，主张学生的事情由学生自己做主，可以自由阅读书刊，创办社团、壁报和黑板报，不受任何限制地发表个人观点，校内民主气氛浓厚，进步思想得到一定程度的传播。

但同时，国民党和三青团[①]有组织地监视进步师生，偷看学生日记，公开辱骂和恐吓宣传进步思想的教师，活动也很猖獗。

国共内战爆发后，商品短缺，物价飞涨，学生食堂时常面临无米下锅的窘境。教职员工领到薪水，要在第一时间抢购生活必需品，稍有耽搁就有可能贬值。

中共地下组织因势利导，经常组织教职员工收听解放区广播电台的节目，发动学生参加“反内战、反饥饿、反独裁”游行示威，为开展护校斗争，迎接解放，做好了思想准备。

1947 年冬，国民党与三青团合并，同时重新进行党员登记。中共地下组织抓住这个机会，引导曾经加入国民党的学生拒绝填表，趁此机会脱离反动组织；安排思想比较进步的训育主任常立章负责登记并担任党部书记长，成为进步师生的“保护伞”。

1948 年 10 月，刘安祺以组织学生参加“查贪污、查囤积、查走私”为名，下令青岛各中等学校成立准特务组织“青年工作总队”。李村师范学校与第十一绥靖区司令部近在咫尺，迫于严令，不得不上报名册，按期成立。

校长王桂浑根据胶东区党委统战部“打入其组织，掌握其权力，瓦解其工作”的指示，动员全校百分之八十的学生报名参加，并亲自兼任“青岛青年工作总队第十一大队”大队长。刘安祺大为满意，在成立大会上盛赞王桂浑为“校长楷模”。

在中共地下党员朱日宣的领导下，第十一青年工作大队消极对待反共活动，并通过青年工作总队了解国民党青岛军政当局动态和情报，达到了为我所用的目的。

李村师范学校的生源主要来自本市寒门子女，以及外地逃到青岛的“难民”，其中混有少数国民党员和中统特务。面对日益动荡不安的局势，他们有的准备随军南逃，有的要求学校南迁，有的打算回家避难，个别不良分子甚至蓄谋盗窃学校财物。

王桂浑召开全校师生大会，以公开答问的方式，帮助学生解除顾虑，拒绝南逃。他还当众宣布：我和我的家人绝不离开青岛。

5 月 25 日，驻守青岛外围防线的国民党军陆续撤到李村，王桂浑为了预防不测，组织了二十多名身强力壮的男生，手持木棍和铁锹，在学校大门、食品储藏室、学生食堂和女生宿舍站岗巡逻，同时将学校档案资料和现金财物转移到安全地点。

5 月 30 日，护校委员会第二次会议作出决定：

第一，为保证师生人身安全，自即日起全校停课；

第二，对外交涉均由常立章出面；

第三，师生非必要不得走出校门，如须外出应结队而行，以免被国民党军队抓兵；

第四，前后两个校门轮流站岗，非本校人员未经批准不许进入校园；

第五，青工总队下发的十几支步枪和弹药，全部搬到女生宿舍隐藏起来，如果敌人前来索要，应设法搪塞；

第六，国民党可能从市区向李村开炮，应组织人手在学校前后院挖掘之字形壕沟，在西墙下挖猫耳洞，洞口一律向东；

第七，护校队由葛逸农负责指挥；

第八，采购一个月之用的粮食和蔬菜。

5 月 31 日上午，王桂浑召开全校师生员工大会，他说："国军在李村东北两侧构筑防御工事，李村有成为战场的极大可能。为了保证安全，市区有家或亲友可投的师生，最好撤到市区，待局势平稳后返回学校。只要战争没有结束，我就不会离开学校一步，凡是无处可去的师生，我们一起度过天亮之前最为黑暗的时刻。现在到市区的公共汽车已经停开，出租汽车也没有了，路上不平静也不安全，凡是撤回市区的师生，上午做好准备，下午三点集合，由教务主任张文翰带领，步行到市区。"

同时决定，自即日起，护校委员会成员轮流值夜班，门岗每班四人，白天男女各半，夜间全由男生担任。凡不参加值班的师生员工，晚饭后一律到教室隐蔽，用桌凳和面粉袋搭起临时掩体。

为了保证中共地下党员张一麟和陶秉琬、进步教师林伟和周溆夫妇等人的安全，经王桂浑与王继川联系，安排在胶东路 8 号廖忠国公馆暂时居住。

大会刚散，几个国民党军官来到学校，其中的一名上校声色俱厉地问道："这都什么时候了，你们还不走？"

常立章回答："校长到市里请示去了，临走时交待我们，没有他的指示，谁也不能擅自行动。"

上校大怒："什么请示不请示，马上集合学生跟我们走，我负责你们的安全。"

常立章毫不让步："不行，校长临走时交待过，我们留下有特殊任务。"

常立章挂着国民党党部书记长的头衔，"特殊任务"几个字更是显得高深莫测，这几个军官不敢造次，只好悻悻而去。

下午，一帮国民党兵突然来到学校大门外，绳捆索绑要把站岗的两名男生抓走。两名女生马上大声呼救，护校队闻声出动，手持木棍，一拥而上，吓得那帮国民党兵撒腿就跑。

王桂浑心里不由得一阵后怕，立即下令岗哨一律设在学校大门以内，另外挑选四名体格健壮、身手敏捷的男生担任游动哨，进一步加强戒备。

6 月 1 日上午，又有几名国民党军官来到学校"视察"，看着刚挖好的猫耳洞发出一阵哄笑："你们真是外行，把洞挖在西边，洞口朝东，你们不知道共产党是从东面打来的吗？"

常立章心想这就是对付你们国民党的，嘴上赶紧回答："我们真的不懂，马上重挖。"

下午，护校委员会召开第三次会议，决定选拔四十名师生组成纠察队，待国民党军撤出李村后，立即荷枪实弹前往交通路口和重要机关站岗，维持治安。

四五点钟左右，两名国民党下级军官来到学校，一名自称是准尉司书，一名自称是少尉司务长，与一名莱阳籍学生有亲戚关系，他们不愿逃往台湾，请求学校提供保护。护校委员会经过商议，允许他们在学校隐蔽。

夜幕降临后，国民党军陆续撤出李村，第十一绥靖区司令部门前的哨兵不见了，街道上也无人走动，到处一片寂静。王桂浑下令纠察队出动，同时通知食堂烧开水，准备迎接解放军。

6 月 2 日天刚亮，解放军大队人马开了过来。李村师范学校的师生们聚集在路边高呼口号，激动得热泪盈眶。王桂浑向部队首长汇报了护校的情况，首长指示："部队还要向市区前进，学校仍由你们师生负责保护，要注意防备敌人炮击和特务破坏。"

半个多小时以后，市区双山广东公墓制高点上的国民党炮兵突然开炮，李村师范学校校园内外落下几十发炮弹，由于提前采取了防备措施，学校师生无一伤亡。

4 刘安祺恭恭敬敬地说：没有炸毁青岛工厂的计划，我也不会干这种事。我是山东人，哪能不想在家乡留个好名誉啊

1949 年 3 月。

这天晚上，国民党青岛警备司令部秘书任林圃急急忙忙来到苏辙路[②]3 号张公馆，向张公制报告了一个惊天秘密："刘安祺从上海运来两万公斤炸药，准备在撤退之前，将青岛的水、电、通信、交通和重要工厂全部炸毁。"

张公制旧照

张公制，字介礼，山东安丘人，著名民主人士，

曾经当选山东省议会首任副议长，历经晚清、北洋军阀、国民党和日伪统治，爱国之心从未稍减。

抗战胜利后，他对蒋介石丧权辱国的行径极为痛恨：“抗战胜利后国民党的所作所为，简直令人觉得这不是胜利，而是亡国。加上美国兵无法无天，随便打人，随便辱人，更使得国家名存而实亡。”

面对岛城将要毁于一旦的危局，张公制心急如焚，夜不能寐，正当他自叹无力回天的时候，一位老朋友不请自来——安丘县原参议长刘仲让受中共方面的委托，专程前来敦请张公制出面，规劝刘安祺放弃破坏计划，不要做民族的罪人。

张公制顿时感到精神振奋，慨然说道：“此举甚合我意，我一定劝说刘安祺起义投诚，或不战善退，和平解放青岛。”

刘安祺早年读过几年私塾，历来附庸风雅，喜欢与文人名士打交道，对张公制的来访热情欢迎，态度恭敬：“张老先生枉驾光临，不知有何见教？”

张公制直言相告：“风闻钧座有令炸毁青岛工业区，此事万万做不得啊。”

刘安祺作出若无其事的样子，虚与委蛇道：“安祺愚钝无知，德薄能鲜，但还不至于敢冒天下之大不韪，将百年岛城毁于一旦。张老先生切莫误信谣言。”

张公制侃侃而谈：“遥望全国大小城市纷纷失陷，国军败局已定。所谓识时务者为俊杰，傅作义将军的行动流芳千古，足可效法。青岛孤军无援，岂能坚守？战争解决，四十万人民必遭涂炭。日本投降，敌伪工厂就属青岛。阁下是山东人，应该把工厂留给家乡。如果炸毁水、电、港口、码头，史笔如刀，令誉难保。”

刘安祺内心有所触动：“我是山东人，哪能不想在家乡留个好名誉啊。我负责任地说，没有炸毁青岛工厂的计划，我也不会干这种事，请张老先生放心。”

张公制郑重其事地说：“为钧座计，不战善退，保全青岛，也不失留有余地。”

刘安祺深深点头：“我接受张老先生的善意。”

当时，青岛市警察局消防队队长马元敬受胶统情报关系王金寿的策动，在书记员赵清山和办事员史纪明的配合下，向消防队队员宣传《约法八章》，鼓励大家拒绝南逃，保护家乡。

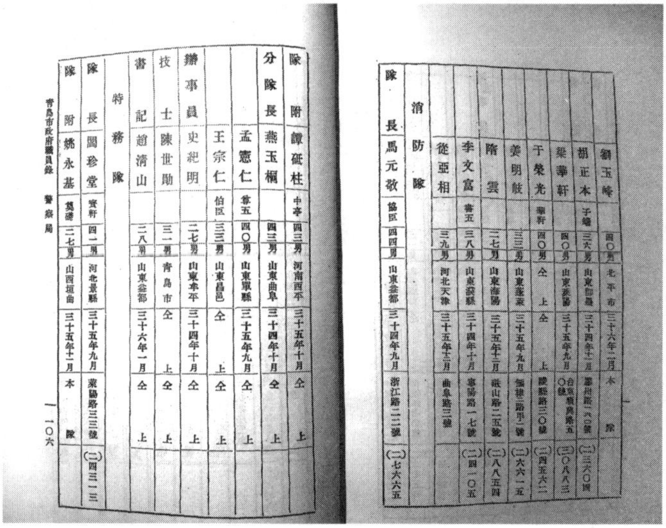
青島市政府職員錄　警察局

隊附	譚砥柱	中孚	四三	男	河南西平	三十五年十月	仝上	
分隊長	燕玉楓		四三	男	山東曲阜	三十四年十月	仝上	
	孟憲仁	韋五	四〇	男	山東單縣	三十五年九月	仝上	
	王宗仁	伯臣	三三	男	山東昌邑	仝上	仝上	
辦事員	史紀明		二七	男	山東牟平	三十四年十月	仝上	
技士	陳世勛		三一	男	青島市	仝上	仝上	
書記	趙清山		二八	男	山東益都	三十六年一月	仝上	
特務隊								
隊長	閻珍堂	賓軒	四一	男	河北景縣	三十五年九月	萊陽路三三號	(二)四三一三
隊附	姚永基	箕疇	二七	男	山西垣曲	三十五年十二月	本隊	

一〇六

	劉玉峰		四〇	男	北平市	三十六年二月	本隊	
	胡正本	子端	三六	男	山東鄒縣	三十四年十一月	鄒州路一六〇號	(二)三六〇四
	梁華軒		四〇	男	山東萊陽	三十五年九月	台東鎮興隆路五〇號	(三)〇八八三
	于榮光	華軒	四〇	男	仝上	仝上	滕縣路三〇號	(二)四五六二
	姜明鼓		三三	男	山東蓬萊	三十五年九月	福建二路甲一號	(二)六六一五
	隋雲		二七	男	山東海陽	三十五年十二月	嶗山路二五號	(二)八八五四
	李文富	書五	三八	男	山東掖縣	三十四年十月	寧陽路一七號	(二)四一〇五
	從亞相		三九	男	河北天津	三十五年十二月	曲阜路三號	
消防隊								
隊長	馬元敬	協臣	四四	男	山東益都	三十四年九月	浙江路二二號	(二)七六六五

青岛市消防队名册

为了消防队不被国民党裹挟南逃，马元敬专门找到张公制，请他想办法使消防队“合法”地留在青岛。张公制为此第二次面见刘安祺，提出把消防队留下维持治安的要求。

5 月 30 日，市警察局局长刘国宪把马元敬叫到办公室说：“刘司令官接受民意，把你和消防队留下来维持地方治安。”

马元敬心里高兴，表面却佯装担心：“我加入过中统，共产党来了，难保不会找我的麻烦，我还是跟你们走吧。”

刘国宪哪里知道其中的奥秘，上赶着安慰道：“你的名声不坏，消防队又是慈善机关，共产党不会伤害你的。”

6月1日晚，国民党军全部登船撤离青岛，解放军先头部队尚未进入市区，少数歹徒趁机在青岛港、火车站和齐鲁面粉厂抢劫物资，甚至开枪打死打伤了人。

马元敬下令消防车全部出动，在市区主要街道巡逻，并派消防队队员在自来水厂、电厂、码头和重点企业设岗，有效地震慑了企图作乱的不法宵小之徒。

青岛解放后，马元敬被任命为青岛市公安局消防队首任队长，一百零七名队员全部留用。

据刘安祺晚年回忆，他曾在撤离青岛之前向部下讲过这样的话：“我们要很有秩序地上船，不使青岛的父老乡亲受到骚扰，因为我们还要回来，要留下一个完整的青岛，不许破坏水电设施和工厂设备，以免四十万人口的生活受到影响，这样我们走了以后才会令人怀念。”

马元敬旧照

这些话究竟多少是真实的想法，又有多少是硬往脸上贴金，恐怕只有刘安祺本人知道了。

一、注释

①三青团：三民主义青年团的简称。1943年3月29日成立，以“复兴社”为骨干，大量吸收公职和军警人员，成为与军统、中统并列的特务组织。1947年9月并入中国国民党。

②苏辙路：今丹东路。

二、人物简介

1. 雷震（1897—1979），字儆寰，浙江长兴人。日本京都帝国大学毕业，历任国民政府法制局编审，国民党南京党代表大会主席团主席，国民政府教育部总务司司长，国民参政会副秘书长等职。

2. 冯璜（1909—2002），原名冯飞龙，又名冯宗毅，湖南湘乡人。南京中央军校第六期、陆军大学将官班第一期、特别班第五期毕业。历任团附，团长，旅长，第七十一军参谋长，第十一绥靖区司令部参谋长兼第三十二军副军长，第五十军军长，台湾中部防卫司令部少将副司令等职。

3. 秦德纯（1893—1963），字绍文，山东沂水人。济南陆军小学、保定陆军军官学校、北京陆军大学毕业，历任团长，旅长，师长，集团军副总参谋长，察哈尔省政府主席，北平市市长，国防部次长，山东省政府主席兼青岛市市长等职。

4. 赵太侔（1889—1968），原名赵海秋，曾用名赵畸，字太侔，山东益都（今青州）人。曾任山东大学筹备委员会常务委员，青岛大学教务长、校长，国立山东大学校长。青岛解放后历任山东大学教授，青岛海洋学院教授，山东省政协常委，民革山东省委委员等职。

5. 张公制（1876—1966），字介礼，山东安丘人。晚清举人，历任安丘县劝学所首任总董事，山东省第一、第二和第三届议会议员。青岛解放后，历任青岛市各界人民代表会议代表，青岛市政协副主席，青岛市人民政府副市长，青岛市防疫卫生委员会主任，全国人民代表大会代表，山东省人民政府委员等职。

6. 马元敬（1904—1991），山东青岛人。曾任青岛日本居留民义务消防队消防手。抗日战争全面爆发后，任青岛市消防队副队长，国民党山东省政府赈济委员会查放员等。抗战胜利后，任青岛市警察局消防队队长。青岛解放后，任青岛市公安局消防队首任队长。

第9章

隔空斗智

1 胶东区党委统战部决定：廖忠国随国民党军撤离青岛，继续开展秘密情报工作

1949年1月。

元旦这天一大早，鱼山路6号的门铃突然响了起来。小保姆慌慌张张地跑到王继川卧室门口，刚说了一句“刘组长来拜年了”，刘沛已经闯了进来。只见他径自来到王继川刚满三岁的女儿面前，手里举着一盒进口高级糖果，笑容可掬地问道：“连生我问你，这两天晚上和谁一起睡觉？”

王继川顿时紧张得汗毛直竖，一颗心像是提到了嗓子眼儿。这几天王继川秘密前往解放区汇报工作，昨天晚上刚刚回到家里，如果女儿实话实说妈妈在家和妈妈一起睡，妈妈不在家和保姆一起睡，那可就糟了。

原来，1948年末，陆军辎重兵汽车第二十一团接到撤往台湾的命令，廖忠国通过王继川向上级提出请求：率领全团起义，或者本人留在青岛继续开展秘密情报工作。胶东区党委统战部对此极为重视，指示王继川立即前往解放区汇报。

12月28日，刘沛打来查问电话，王继川像往常一样应付了几句，挂了电话，她立即走出家门，经张宝山介绍去见青岛保安旅一位姓管的团长，请他帮忙通过国民党的关卡离开青岛。

管团长不解地问：“这年月兵荒马乱的，你一个年轻女人往外地跑什么？”

王继川说：“父亲在省城工作，自从八路军占领济南后就断了联系，我要去千里寻父。”

张宝山接口介绍：“王小姐是书珊先生的女儿。”

管团长的态度一下子热情起来：“原来是书珊先生的女公子。抗战期间我们青保在崂山打游击，经常看到《民国二十年大庄修路碑》上书珊先生的大名，大家无不敬佩。”他马上派出军用汽车，护送王继川通过数道关卡，一直来到蓝村国民党控制区的西北端。

板桥坊卡子门警宪联合检查站旧址近照（朱海燕摄）

王继川到达柏家寨区统驻地后，有关领导认真听取了她的汇报，经过慎重研究，决定从解放战争的大局出发，放弃辎重汽车团起义的计划，廖忠国跟随国民党军南撤，继续开展秘密情报工作。

12月31日，王继川经南村返回青岛，不料在沧口板桥坊卡子门警宪联合检查站遇到了阻碍，一个带班的宪兵排长拿着她的通行证，翻来覆去瞅了半天没找出毛病，可就是不许通过。

王继川再三恳求：“我父亲得了重病，我急着去看他，请你让我进去吧。”

宪兵排长拿腔拿调地问："住在哪个医院？"

王继川回答："安徽路的福柏医院。"

宪兵排长板着一副臭脸："反正今天不能进，你明天再来吧。"

王继川没有放弃，一直站在角落里避开宪兵排长的视线，一边耐心等待，一边细心观察。过了一个小时，又过了一个小时，宪兵排长终于进屋休息去了，王继川一看机会来了，赶紧来到值班哨兵面前，掏出一块银元放在通行证下面递了过去。哨兵看都没看，手法熟练地留下银元，退回通行证，摆手示意王继川赶紧过去。

晚上七点多，王继川回到家里，正在焦急等待的王桂浑长长地松了一口气说："你可回来了，一小时前刘沛打来电话找你，我说你去看电影了。"

王继川马上给刘沛回电话："我看电影刚回来。请问有什么事？"

刘沛只是平淡地哦了一声说"你在家，没什么事"，然后就挂了电话。没想到第二天一大早，他以拜年的名义搞突然袭击，而且是向天真无邪的小孩子下手，这招可真够毒的。

王继川心里正在打鼓，只听女儿毫不迟疑地回答："我跟妈妈一起睡。"

刘沛还不甘心，接着问道："都跟妈妈一起睡？"

女儿一头扎进王继川怀里，朝着刘沛噘起小嘴生气地说："就跟妈妈一起睡。"

刘沛有些失望，接着又向王继川问道："昨天在哪个电影院，看的什么电影？"

王继川早有准备，坦然答道："中国电影院，美国的《出水芙蓉》。"

刘沛走到卧室门口，忽然转回身来，紧盯着王继川问道："昨天有人在板桥坊看到你了，你去那儿干什么？"

王继川淡然一笑答道："我没去过那儿，认错人了吧？！"

刘沛毫无收获，只好一边往外走，一边讪讪地说了句："我是来拜年的，祝你们新年好。"

王继川望着刘沛的背影，长长地舒了一口气，紧紧地抱着女儿，朝她红扑扑的脸蛋亲了一口。

胶东路 8 号近照（朱海燕摄）

这天中午，鱼山路 6 号大摆宴席，宾主共同举杯欢度新年，唯独廖忠国神情落寞，郁郁寡欢。虽然来到青岛仅有两年，但是这里的建筑，这里的海滨，这里的风土人情，已经深深地吸引了他，早已下定决心要为解放和保护美丽的岛城，贡献出自己的全部力量。

廖忠国出资购买了胶东路 8 号一座日式两层住宅，这里位于城市的中心区域，却闹中有静，门外一条石砌小街，弯多坡陡，螺旋上升，状似蜗牛，当地人称“菠萝油子”[①]，机动车辆很难通行，对开展秘密工作非常有利。

汽车部队是国民党军中有名的肥差，廖忠国手头并不缺钱，但生性谨慎的他还是把住宅门口的两间平房，租给了一家经销鲜鱼的商行，让来来往往的人们起到掩护作用。

廖忠国离开青岛的前一天晚上，王继川来到胶东路 8 号，两人并肩坐在楼前的台阶上，面对苍茫夜色，仰望满天星辰，内心涌动着潮起潮落，却又不知从何说起。

廖忠国把一串钥匙交给王继川：“这座房子托付给你照看，不知道今生今世，还

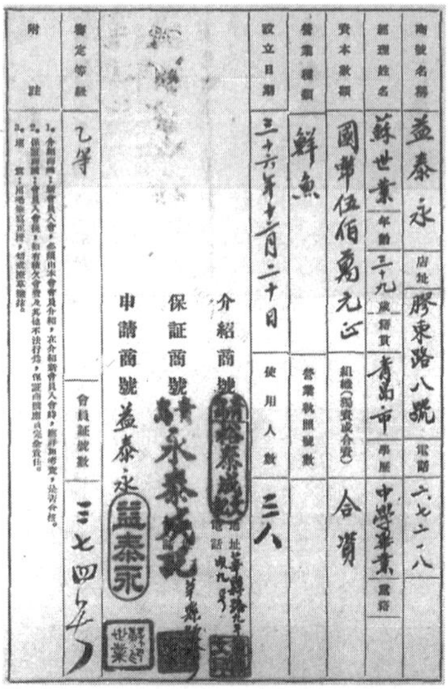

商號名稱	益泰永
店址	膠東路八號
電話	六七二一八
經理姓名	蘇世業
年齡	三十九歲
籍貫	青島市
學歷	中學畢業
資本數額	國幣伍佰萬元正
組織（獨資或合資）	合資
營業種類	鮮魚
營業執照號數	
設立日期	三十六年十二月二十日
使用人數	三人
介紹商號	永泰成記
保証商號	永泰成記
申請商號	益泰永
審定等級	乙等
會員証號數	三七四
附註	

益泰永鱼行登记表

能不能回来！”

王继川宽慰道：“少则一年，多则两年，等全国解放的那一天，我们在这里欢迎你。”

尽管廖忠国从此远离青岛，但凭借他的忠诚和睿智，仍然为解放和保护这座城市做出了非常重要的贡献。令人遗憾的是，廖忠国终其一生，再也未能回到青岛，再也没有同王继川以及隐蔽战线的战友们见面。

20 世纪 50 年代初，原青岛要塞司令部参谋处上校处长朱铁锋从台湾起义回归大陆，带来了一个不幸的消息：廖忠国已经牺牲了。由于大陆与台湾往来断绝，廖忠国及其家属的真实情况难以查明，有关管理部门一直将胶东路 8 号作为公租房使用，未对产权作出处置，直到将近七十年后，廖忠国的后代从台湾来到青岛，这座历经沧桑的住宅终于物归原主。

2 吴若岩亲自召见秘密电台报务员吴荣森，要求他立即返回青岛敌占区，恢复无线电通信

1949 年 1 月。

“黄振远被捕了，你立即撤回解放区。”

春节即将来临之际，中共青岛市委秘密电台小组负责人吴荣森接到上级的紧急指示后，马上回到黄台路 51 号家中收拾衣物，还没来得及跟家人说上几句话，只见在院门外望风的小弟慌慌张张地跑进屋来，一脸惊慌地大张着嘴却连一个字也说不出来，只顾抓住吴荣森的

黄台路 51 号吴荣森家旧址近照（朱海燕摄）

衣襟一个劲地往外拽。

吴荣森立刻明白出事了，很可能是特务来了，他急中生智，三步并作两步冲出屋门，纵身一跃上了墙头，就在院门被人踢开的一瞬间，翻身跳出了院墙。

吴荣森逃脱特务的搜捕，安全回到了解放区，但由于秘密电台小组的情况比较复杂，关于他下一步是否返回青岛敌占区，能不能重新恢复电台工作的问题，在青岛市委内部出现了不同意见。

吴若岩得知情况后，立即在柏家寨区统驻地听取青岛市委委员兼社会组组长衣吉民和吴荣森的汇报，详细了解秘密电台小组的工作状况和面临的问题。

吴荣森于 1947 年 6 月打入青岛国民党海军第二基地司令部接舰处任机要秘书，他利用青岛民间兴起的“电台热”，以业余玩家的身份报名参加浙江路基督教青年会夜校无线电训练班，经过半年的培训，达到了甲等报务员水平，并成为中国业余无线电协会青岛分会骨干会员。

他原本打算通过采购无线电器件，自行组装电台，但是，跑遍了青岛市区所有的电料商行，发现功率放大管、发射器等无线电重要部件，均被国民党第十一绥靖区司令部第二处电信监察组列入禁售名单，即使是购买军民两用无线电器材零件，也要实名登记备案，如果通过这条路安装电台，实际等于自我暴露。

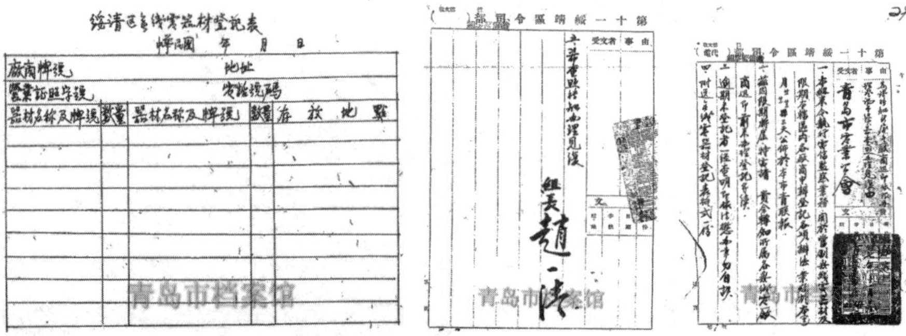

1948 年 11 月 20 日第十一绥靖区司令部电信监察组代电

有一次，吴荣森偶然路过礼拜集市，发现竟然有美国制造的无线电器材在这里摆摊出售。原来，驻青岛美军纪律涣散，盗卖成风，各种军用物资大量流入黑市，就连无线电通信器材也被商贩们转手渔利。

此后每逢星期日，吴荣森便腰揣钱钞，手拎万用表，在东镇的礼拜集市、南山的破烂市场、市场三路的小店摊点东游西转，只要看到适用的器材配件立马买下，很快积攒了足够安装两部电台的器材零部件。

1946 年 8 月 22 日《新中华电料行店员调查表》

吴荣森使用的电台

吴荣森经过反复试验，先后组装了一大一小两部电台，其中较小的一部是插件式晶体振荡式发射机，使用时与收报机相连接，不使用时波段和线圈可以随时拆下，即使被特务搜查出来，也很难一下子断定这是一部电台。

1948 年 8 月，经胶东区党委统战部批准，青岛市委秘密电台小组成立，吴荣森任组长，黄振远负责保卫，徐宝光负责市内交通，台址设在胶东路 20 号吴荣森的大姐吴瑞爱和大姐夫于琦家里。

胶统机关总台专门安排两位经验丰富的报务员鲁绪竹和牟俊章与吴荣

森通报，他们对这位新手倍加爱护，耐心指导他放慢速度，一组字一组字地发报，很快掌握了技术要领。

但是，费尽千辛万苦设立的秘密电台还没有发挥太大的作用，就被要求停止工作，这让吴荣森内心非常郁闷，急切盼望上级领导能够指点迷津，解决难题。

吴若岩摄于1948年冬

吴若岩担任新四军第五师情报处处长期间，曾与美国第十四航空队合作，在湖北大悟山、汉口和蕲春等地设立无线电侦察通信网，积累了丰富的无线电业务知识和对敌斗争经验。

淮海战役期间，胶统获得了一份国民党军制作的华东解放军师以上部队位置图，吴若岩通过分析认定这是通过无线电测向侦察技术获得的情报，立即向上级报告采取应对措施，从此基本杜绝了无线电泄密的现象。

吴若岩详细询问秘密电台小组的人员、设备、技术、内外环境等情况，提出了具体的改进意见：

一、将天线穿进竹竿伪装成晒衣架，安放在楼顶或阁楼窗户外面，随时调整角度；

二、国民党即将向青岛派出无线电侦测部队，秘密电台不能固守一个点，要多设置几个预备台址，用狡兔三窟的办法对付敌人的空中侦测和地面搜捕；

三、天津海路和胶济铁路被我军截断后，青岛煤炭供给陷于停顿，电厂燃料储存不足，市区随时可能停电，必须尽快解决直流电源，保证电台正常工作；

四、黄振远的被捕原因与秘密电台小组的工作没有关系，况且现在已经通过关系获得保释，不会对秘密电台的安全造成不利影响。

吴若岩指出："我军进攻青岛的时间越近，敌人的搜捕和封锁越严，海路和陆路秘密交通线很可能被完全切断，因此，秘密电台的作用更加重要，任务也更加繁重。秘密电台不但要尽快恢复工作，而且要准备完成更大更重要的任务。我们决定把胶统在青岛潜伏的王继川和刘萍等几个小组的重要军事情报，全部交给你发报。"

谈话结束后，吴若岩特意安排伙房多做了两个菜，为吴荣森"设宴"壮行。这非同寻常的破格待遇，使吴荣森深受感动，也越发感到肩负的责任重大。

春节前夕，吴荣森携带新密码重新潜入青岛敌占区，与黄振远和徐宝光等秘密电台小组成员会合，经过认真讨论，逐一落实吴若岩的指示。

电台天线插进竹竿，伪装成晒衣架安装在阁楼窗户外面，既不会引人注意，还能随时调整角度，使用和隐蔽效果都非常好。

秘密电台与胶统机关通讯总台约定准确的通报时间，总台开机呼叫，吴荣森立即回应，力争在最短的时间内完成通报。

秘密电台共设三个台址：

胶东路20号为第一台址，简称"东台"，独门独户，比较僻静，附近有不少流亡地主和还乡团分子在路边搭棚居住，虽然起到了一定的掩护作用，但不安全因素也随之增加。

曹县路8号青岛火柴股份有限公司后院徐宝光家为第二台址，简称"曹台"，这里住着不少国民党军第八军李弥部的军官家属，这些人手里有枪，对警察和宪兵非常反感，只要见了张口就骂，因此一般没人敢到这里查户口抓人，不过他们对火柴公司的职员倒很客气，尤其是经常得到徐宝光一家的小恩小惠，相处得更是融洽。

城阳路1号二楼黄振远家为第三台址，简称"阳台"，这里的一楼是国民党军第五十军驻青岛办事处，黄振远的哥哥黄振魁担任副处长，司机、厨师和勤务兵都是自己人，电台设在楼顶的阁楼里，通讯条件和安全防护都有一定的保障。

经过辗转打听得到消息，胶州路 50 号华友电料行有一台军用直流电台，售价二两黄金，由于是从驻青岛美国军营倒卖出来的“赃物”，电料行老板心里有鬼，保证不会泄密。

秘密电台小组成员拿出个人积蓄凑够了这笔钱，由黄振魁身穿国民党军装，开着悬挂军用牌照的吉普车，把电台和手摇发电机一起买了回来。

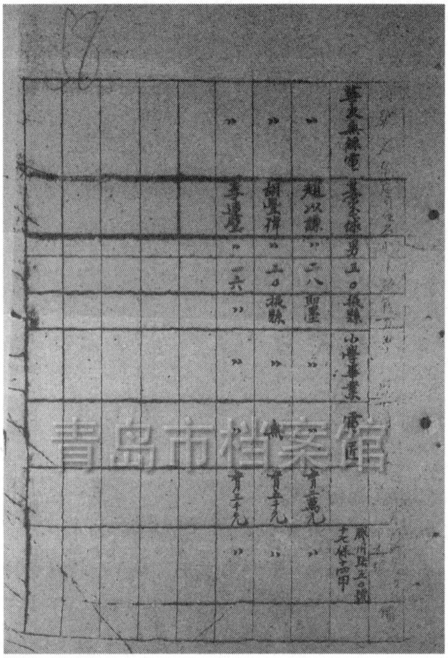

华友电料行登记表

随着战争形势日趋紧张，胶统所属秘密小组送到秘密电台的重要情报越来越多，吴荣森的工作量也越来越大，经常要从凌晨忙到天亮，由于身患肺病，几次吐血，身体状况越来越差。为了减轻吴荣森的负担，于琦和吴瑞爱夫妇不仅负责警戒保卫，还把“偷电”、拆卸电台和译明码等工作抢了过去。

“偷电”，是在每次电台开机以前，把家里的电表插上两根过表线，使电表跑慢一些，避免由于用电量过大，引起敌人的怀疑。

拆电台，是在电台关机后拆卸设备，分散隐藏，即使敌人搜到一两个部件，也很难断定这里有秘密电台。

译明码，是在发报前将电报文字译成明码，然后译成密码。收报后将密码译成明码，再由明码译成文字。

一天深夜，吴荣森正在阁楼里发报，院子里突然传来扑通一声，显然是有人翻墙跳进了院内。吴荣森当即停止发报，拆卸设备，焚烧报稿。于琦夫妇冲出屋门，只见墙角趴着一个人，衣服破旧，可怜巴巴，自称是个“难民”，想进来偷点东西。由于不速之客的真实身份难以核实，电台小组决定慎重起见，将秘密电台转移到第二台址。

胶东路 20 号近照（丁进摄）

就在这时，秘密电台的交通联络出现了问题。国民党为了扩充部队，不择手段地到处乱抓壮丁，就连十五六岁的少年和五十多岁的老头儿都不放过。负责交通的徐宝光和黄振远是二十岁出头的小伙子，走在马路上随时可能被抓，必须另找人选。

黄振远的妹妹黄为民（原名黄秀莲）和徐宝光的妹妹徐诚，一个代号古川，一个代号古良，扮成富家小姐的模样，胸前戴着“文德女中”校徽，每天傍晚时分在前海太平路联络点与秘密电台之间传送情报，年纪虽小，但心思细腻，行事沉稳，面对国民党军警的盘问搜查，从未发生过纰漏，出色地完成了任务。

3 明修栈道、瞒天过海、声东击西、金蝉脱壳、釜底抽薪和移花接木，这是刘安祺精心谋划的六大“妙计”

1949 年 2 月。

刘安祺第三次乘坐小型专机前往溪口，向蒋介石报告美国西太平洋海军司令白吉尔的最新表态：“美国不愿放弃青岛，要求国军坚守不撤，但对中美两军组织联防机构，并未做出承诺。”

蒋介石冷冷一笑："这是美国人要滑头做表面文章，他们既然不能切实保证协防，则我军仍按原定计划，做随时撤退之准备。"

刘安祺按照蒋介石的指令，与国防部商定了青岛守军 4 月 25 日撤退的计划。面对"前有强敌，后有大海，撤退船只也有问题"等等难题，刘安祺为了确保撤退计划的顺利完成，精心策划和实施了六大"妙计"：

第一计：明修栈道。

沙子口[②]位于青岛东部，崂山以南，黄海西岸，沿公路西行十多公里，即可到达交通枢纽李村。海湾出口宽阔，直通大海，便于船只进出，但低潮时水深仅有三米左右，无法停泊大型船只，而且距离外围防线较近，缺乏纵深，容易遭受解放军炮火的威胁。

刘安祺调动工兵部队在沙子口修建军用码头，并进行重型汽车登船测试，现场岗哨林立，戒备森严，闲杂人等一律不许入内，俨然一副军事禁区的架势。

但同时，第十一绥靖区司令部政工处负责人却又经常向记者透露沙子口码头的修建进度，使人误以为此地将是国民党军撤退的主要登船地点，以此吸引解放军进攻兵力，掩护国民党军主力在青岛港登船撤退。

第二计：瞒天过海。

刘安祺以蒋介石口谕作为尚方宝剑，与行政院院长何应钦、国防部部长阎锡山和台湾省政府主席兼警备总司令陈诚多方交涉，先后征调上海、宁波、台湾以及招商局五千吨至二万吨客货船只四十余艘，在胶州湾以外的大公岛[③]海域秘密集结。

为了防止集结船只被往来民船发现，刘安祺责成联勤总部青岛军运办公处下达指令：青岛港所有船只未经批准擅自出港的，"港口警宪军不予放行并扣留追究"。

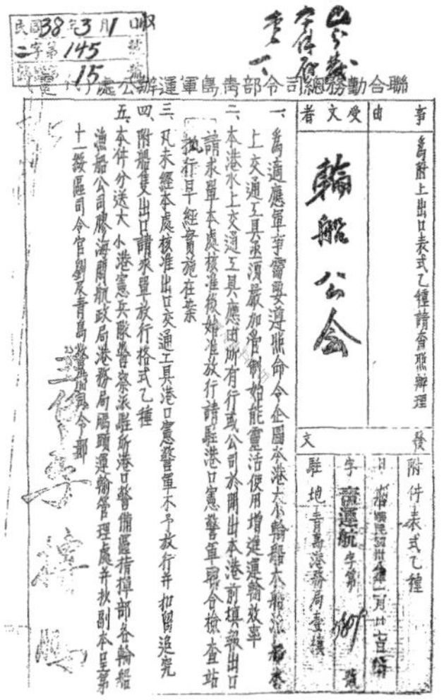

1949 年 2 月 27 日联勤总部青岛军运办公处代电

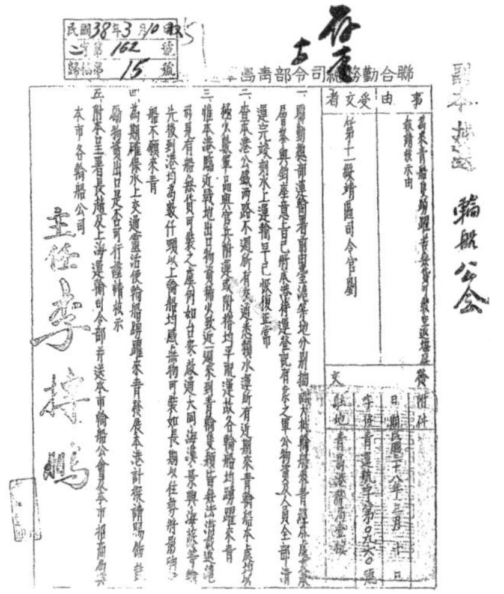

1949 年 3 月 10 日联勤总部青岛军运办公处代电

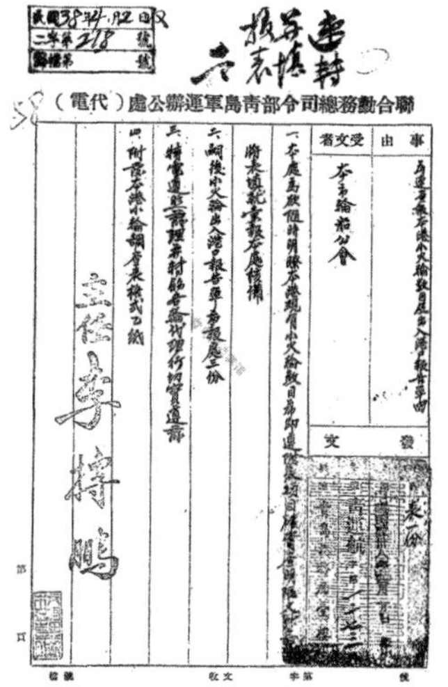

1949 年 4 月 2 日联勤总部青岛军运办公处代电

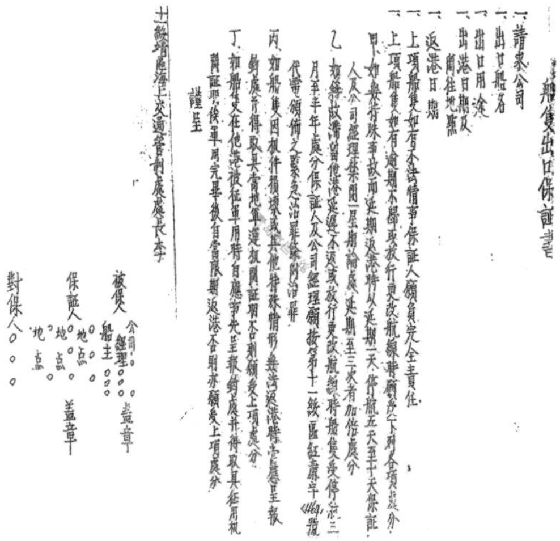

第十一绥靖区海上交通管制处《船只出口保证书》

联勤总部青岛军运办公处和第十一绥靖区海上交通管制处指令青岛市轮船业同业公会，限期查明青岛机动船只数量并进行实名登记，随时听候征用。

第十一绥靖区司令部参谋长冯骥利用他与联勤总部平津运输指挥官陈声簧的私人关系，以故意拖延煤水补充等手段，使辽宁秦皇岛南撤船只三十六艘在青岛港滞留，最终全部划归撤退船队序列。

第三计：声东击西。

刘安祺亲自率领三个团兵力渡过胶州湾，经红石崖绕攻胶县[④]城，掩护第五十军第二七〇师第八〇九团攻占仅有少数解放军地方武装驻守的薛家岛[⑤]，控制了胶州湾出海口南部制高点。

第四计：金蝉脱壳。

刘安祺命令青岛保安旅高芳先部进驻青岛北部外围防线，青岛保安第二旅高维民部防守胶州湾南岸薛家岛地区，完成掩护国民党嫡系主力部队撤退船只全部驶离胶州湾的任务后，保安旅由沙子口码头乘坐小船前往外海，与撤退船队会合；保安第二旅乘自备船只直接驶往台湾。这是国民党牺牲地方杂牌武装，保存自身实力的惯用手段。

第五计：釜底抽薪。

刘安祺签发《青岛警备司令部青岛市区社会情报搜集计划》，要求青岛市警察局、青岛警备司令部参谋室第二科和督查室、第十一绥靖区政工处、宪兵第十一团第三营、军警宪联合纠察队等，组成多个情报小组，实施单线派遣，严禁横的关系，对社会团体、娱乐场所、企业工厂、难民住所、大中小学校、旅馆、商行和妓院等进行监视，严密缉查“匪谍”的活动方式、秘密住址、掩护机关、代号和电台所在地等。同时还下令惠民壕[⑥]以内区域实施特别戒严，全面封锁通往“匪区”的水陆交通，除部队以及持有特别通行证通行外，其他人员禁止出入，违者格杀勿论。

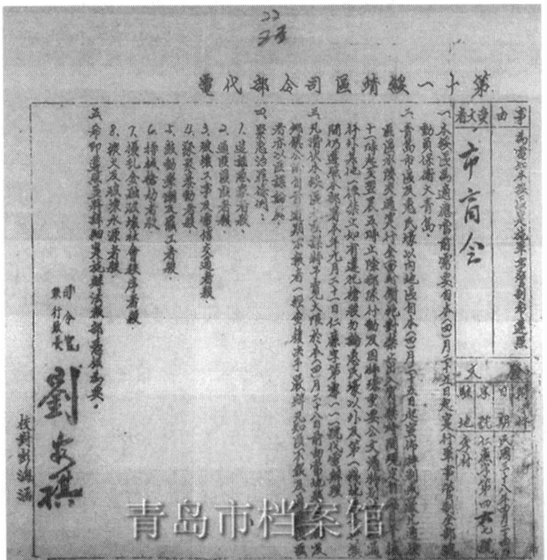
第十一綏靖區司令部代電

司令官 兼行政長官 劉安祺

1949 年 4 月 24 日第十一绥靖区司令部代电

第六计：移花接木。

联勤总部青岛军运办公处向各有关机构发函，称“因疏运工作早告段落”，军运办公处由临时办公地点大港码头港务局一楼，“迁回商河路 1 号原址办公”。实际上，军运办公处大部分人员并未离开港务局大楼，“迁回商河路 1 号原址”的仅仅只是一块牌子而已。

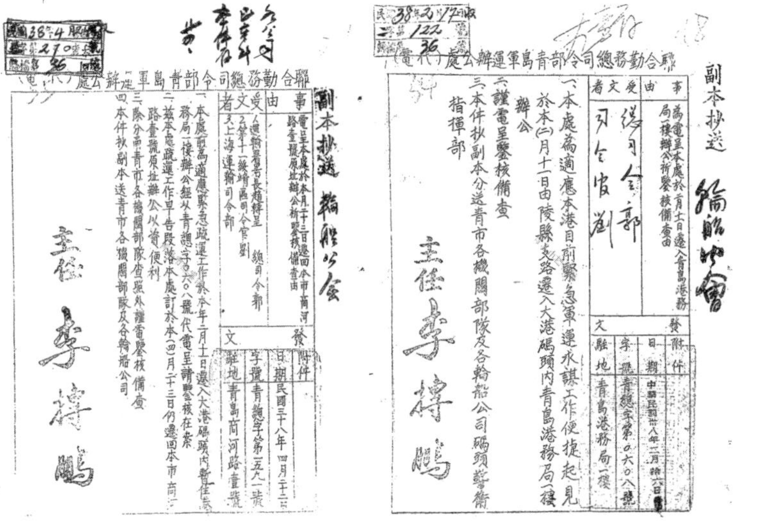
民國38年4月　日收　270號　36

聯合勤務總司令部青島軍運辦公處（電代）

副本抄送 輪船公會

事由：電呈本處於本月二十三日遷回本市商河路壹號原址辦公祈鑒核備查由

受文者：1.運輸署署長趙　轉呈總司令郭　2.第十一綏靖區司令官劉　3.上海運輸司令部

一、本處前為適應緊急疏運工作於本年二月十一日遷入大港碼頭內暫住港務局一樓辦公經以青總字○六○八號代電呈請鑒核在案

二、茲本處疏運工作早告段落本處訂於本（四）月二十三日仍遷回本市商河路壹號原址辦公以資便利

三、除分函青市各機關部隊查照外謹電鑒核備查

四、本件抄副本送青市各機關部隊及各輪船公司

發文：駐地 青島商河路壹號；字號 青總字第一五九一號；日期 民國三十八年四月二十二日

主任 李摶鵬

民國38年2月17日收　122號　36

聯合勤務總司令部青島軍運辦公處（電代）

副本抄送 輪船公會

事由：為電呈本處於二月十一日遷入青島港務局一樓辦公祈鑒核備查由

受文者：總司令郭　司令官劉

一、本處為適應本港目前緊急軍運求謀工作便捷起見於本（二）月十一日由陵縣支路遷入大港碼頭內青島港務局一樓辦公

二、謹電呈鑒核備查

三、本件抄副本分送青市各機關部隊及各輪船公司碼頭警衛指揮部

發文：駐地 青島港務局一樓；字號 青總字第○六○八號；日期 中華民國卅八年二月十六日

主任 李摶鵬

1949 年 2 月 16 日和 1949 年 4 月 22 日联勤总部青岛军运办公处代电

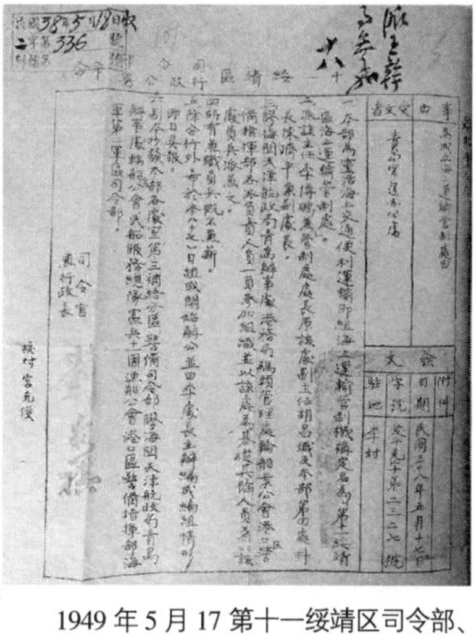
民國38年5月18日收　336號

第十一綏靖區司令部 行政公署 命令

受文者：青島軍運辦公處

一、本部為靈活海上交通便利運輸即組海上運輸管制機構定名為第十一綏靖區海上運輸管制處。

司令官　行政長

1949 年 5 月 17 第十一绥靖区司令部、行政公署命令

不久，第十一绥靖区海上运输管制处成立，军运办公处少将主任李搏鹏兼处长，上校副主任胡昌炽兼副处长，工作人员均由该处官兵兼任，港口警备司令部、海关、航政局、港务局以及船业公会分别派人参加，堪称军运办公处的加强版。

刘安祺自诩精通兵法，长于谋略，他认为这六大“妙计”在相当程度上达到了“眩惑敌人耳目”的效果，是国民

党军能够顺利撤离青岛的关键步骤，直到晚年仍然对此津津乐道。

4 联勤总部青岛军运办公处少将主任李搏鹏下令：上士通信勤务兵张永年玩忽职守，贻误军机，着即开除

1949 年 3 月。

联勤总部青岛军运办公处少将主任李搏鹏下令：上士通信勤务兵张永年玩忽职守，贻误军机，着即开除。

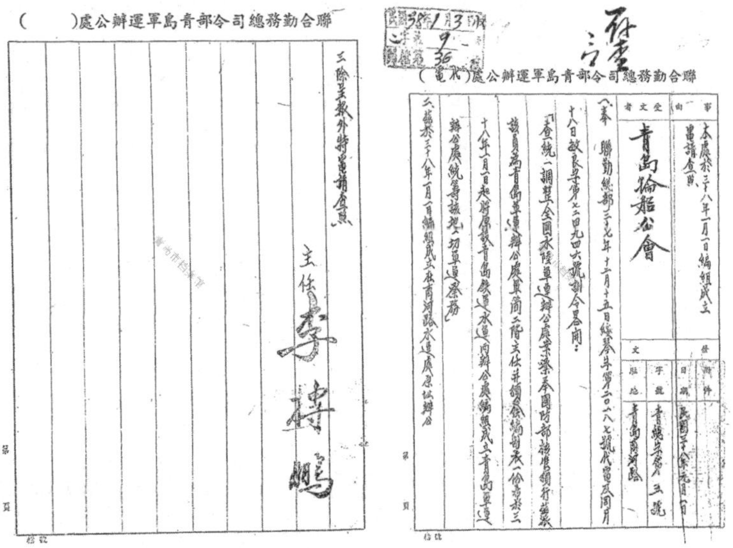
聯合勤務總司令部青島軍運辦公處（代電）

事由：本處於三十八年一月一日編組成立，電請查照。

受文者：青島輪船公會

三、除呈報外，特電請查照。

主任 李搏鵬

1949 年 1 月 1 日联勤总部青岛军运办公处代电

青即战役即将开始，刘萍情报组的重要情报来源突然中断，胶统青工委对此十分重视，立即指示查明原因，尽快恢复。

青岛军运办公处由青岛水路军运办公处与青岛铁路军运办公处合并组成，联勤总部航运司原副司长李搏鹏任主任，原青岛水路军运办公处主任胡昌炽任副主任。

胶统情报关系刘志扬是李搏鹏的小车司机，根据他的了解，对于张永年被开除一事，军运办公处内部有两种说法：一是正副处长争权夺利发生

矛盾，李搏鹏一时奈何不了胡昌炽，就拿张永年开了刀；二是有两份机密文件装错了文件袋，被收文单位发现退回，李搏鹏怀疑内部有人通共，但查来查去一直没有结果，便把张永年开除聊以塞责。

这两种说法不管孰真孰假，都表明张永年的真实身份没有暴露。经过一番策划，张永年重新回到军运办公处，可怜巴巴地对大家说：“我老家掖县（今莱州市）是共区，想回回不去；青岛一个亲戚也没有，连个落脚的地方都找不到，只好回来混口饭吃。”大家原本就对老实本分的张永年印象不错，无辜遭难更加引起同情，就让他到伙房干些杂活，先有个吃饭睡觉的地方再说。

商河路 1 号联勤总部青岛军运办公处旧址近照（朱海燕摄）

接替张永年职务的是个名叫林吉奎的小伙子，忠厚老实，少言寡语。张永年热心地对他说：“送信要去不少地方，七拐八拐，上坡下坡，容易跑冤枉路，耽误了时间还要受罚，我闲着没事，给你带路吧。”大半天下来，张永年成了林吉奎无话不谈的好朋友，干脆给他找个地方歇着，自己拿着公文包转了几个弯，一闪身又进了“刘公馆”。

区统通过地方党组织找到林吉奎的父亲，请他协助做林吉奎的工作。老人非常热心，连夜赶到青岛，当面吩咐儿子为共产党工作，为解放青岛出力。林吉奎是个大孝子，对父亲的话从不违拗，当即点头答应。至此，军运办公处这条重要的情报来源只中断了四天，就又重新发挥作用了。

过了不久，军运办公处副主任胡昌炽的小车司机病了，刘志扬趁机推荐张永年暂时顶替。胡昌炽看在张永年为他背锅的分上，很痛快地答应了。

5 王继川情报组、罗茂先唐康情报组先后获得美国驻青岛总领事馆、驻青岛美军以及国民党军的重要情报

1949 年 3 月。

胶统所属各秘密情报组积极开展工作，先后获得大量重要情报。

张宝山：

美国西太平洋海军司令白吉尔下达命令：一旦解放军向青岛发起进攻，所属部队应全部离岸登舰；如解放军突破国民党外围防线，舰队全部撤出青岛港，在团岛以东外海停泊。

姚国雄：

美国驻青岛总领事馆预先在蓝山路 1 号美国海军驻青岛联络处安装电台设备，于 2 月 20 日迁到这里办公。

美国海军陆战队司令克里夫顿·凯茨与美国驻华大使司徒雷登在美国驻青岛总领事馆举行秘密会议，并将美国海军陆战队的一批物资寄存在领事馆。

蓝山路 1 号美国海军驻青岛联络处旧址近照（朱海燕摄）

美国驻青岛总领事馆机要秘书克劳里邀请姚国雄到其家里做客，询问他的住址和家庭成员的情况，这是以前从未有过的，也是总领事馆有关规定不允许的。

美国驻青岛总领事馆领事豪森以两百美元

的低价，将个人使用的狮牌高级落地收音机卖给了姚国雄。

美国驻青岛总领事馆向中国雇员发放遣散费，并开始清理和焚烧档案资料，美方人员家属纷纷回国。

王济善：

解放军占领南京后，美国空军驻青岛沧口机场地勤站、供应站以及宪兵，全部撤往青岛港六号码头。当晚，已经转任国防部联勤总部青岛空运指挥部中校参谋的王济善，趁机鼓动汽车连、人力运输第五中队和第六中队官兵三四百人，集体哄抢美军遗留在营房和仓库里的物资，因与宪兵分赃不均发生冲突，相互开枪射击，吓得机场人员东躲西藏，乱成一团，直到第二天上午才勉强恢复秩序。

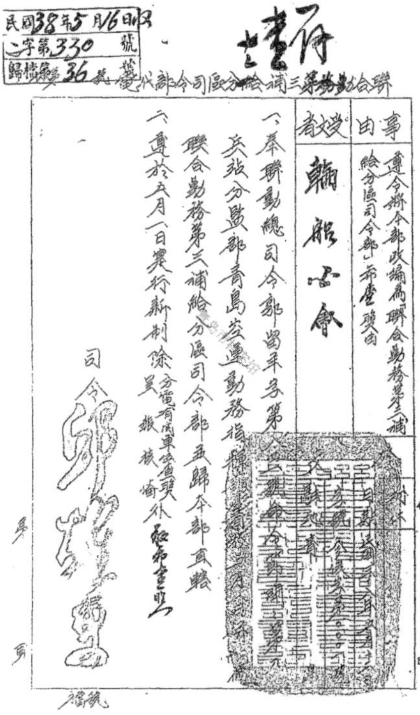
民國38年5月16日收
二字第330號
歸檔第36號
聯合勤務第三補給分區司令部代電
事由：遵令將本部改編為「聯合勤務第三補給分區司令部」希查照由
受文者：輸船公會
一、奉聯勤總司令部寅平字第……兵站分監部青島空運勤務指揮……聯合勤務第三補給分區司令部並歸本部直轄
二、遵於五月一日實行新制除分電有關單位查照外
司令

1949 年 5 月 12 日联勤总部第三补给分区司令部代电

解放军攻占太原后，青岛空运指挥部为太原提供后勤补给的任务结束，奉命与兵站第九分监部合并，组建联勤总部第三补给分区，受第十一绥靖区司令官刘安祺指挥。此时王济善已被撤职关押，但仍在第一时间将该情报送交情报小组副组长唐康。

唐康：

夜幕降临后，唐康走进联合大饭店舞厅，端坐在座位上，对前来邀舞的男士一律婉言谢绝，却对舞池里的几位职业舞女格外注意。一位舞女刚陪美军士兵跳完舞，唐康马上来到她的面前邀舞。

舞女看了唐康一眼，皱起眉头不耐烦地说："我不跟女的跳。"

唐康陪笑道："我刚开始学跳舞，请你当老师教教我呗，多给舞票还不行吗？"

舞女看见唐康递过来比平常多几倍的舞票，高高兴兴地起身走进舞池，没跳几步便诧异地问："你不是跳得很不错吗？"

唐康一笑："比你差远了。你会英语吧，刚才跟那个美国大兵聊得挺热乎？"

舞女不太在意地说："干我们这行的都会两句，谁不想多挣点美金！"

唐康故意捧了一句："你这么漂亮，英语说得又好，肯定能挣不少。"

舞女叹了口气："唉，也挣不了几天了。"

唐康追问："怎么了，你不想干了？"

舞女回答："我倒是想干，人家美国人不干了，人家要走了。"

唐康不以为然地说："要走要走喊了八百回了，不是到现在还在这儿吗？"

舞女认真地说："这回是定准要走了，行李都打包搬上军舰了，这个月25日起锚开航离开青岛。"

唐康露出不相信的表情："这么多美国军舰，说走就一下子全都走了？"

舞女语气肯定地说："这个月25日全部离开青岛，那个美国兵刚才说的，他还正经八百地跟我道别呢。"

唐康回到家里，立即将这一情报制作密件，由交通员送交南村秘站。1949年4月25日，山东军区致电中央军委和华东军区，其中一条情报是："青市舞女透露：美军将于有（25）日[7]离青。"

6 廖忠国从南京发来普通民用电报，内容只有九个字：赵桂森六月二日抵青

1949年3月。

廖忠国来到南京黄埔路国防部大楼，就辎汽二十一团与独立汽车营合

编相关事宜汇报请示，同时还向主管长官游说，为本团原副团长黄汉愚谋求新的职务，但他的真实目的是获取国民党军撤离青岛的最新计划。

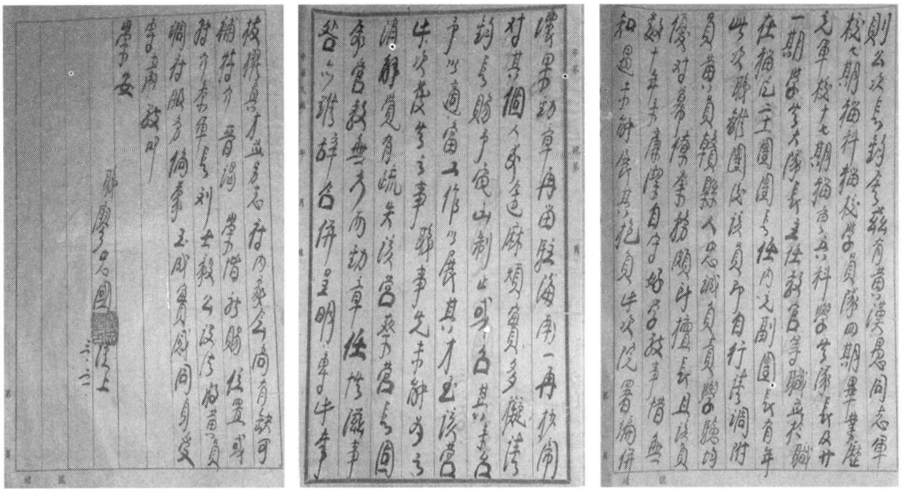

1950 年 3 月 20 日廖忠国致国防部中将次长刘咏尧的信

刘安祺晚年曾经回忆：“我们第一次撤退的企图从南京方面暴露，第二次才成功。”意思是国民党方面获悉中共已经掌握了青岛守军 5 月 25 日撤退的情报，经刘安祺与国防部研究，重新制定了 6 月 2 日从青岛撤退的计划。

刘安祺对新的撤退计划采取了极为严格的保密措施，仅向第十一绥靖区司令部参谋长冯骥和青岛军运办公处主任李搏鹏两人作了传达，第十一绥靖区司令部第四（运输）处少将处长宋昭淑、机要室少将主任兼青工总队总队长陈孝祖和少将秘书长李懋等重要人物，竟然都被蒙在鼓里。

按照刘安祺的命令，第十一绥靖区司令部第四处将需要撤退的人员和物资，分为军政人员眷属、行政文教人员、工业物资、重型武器、绥靖区司令部机关人员和战斗部队等六类，并分别确定了登船顺序。但是，什么时间登船？在哪个码头登船？什么时间撤离？撤往什么地方？几乎谁都说不清楚。

但是，令刘安祺万万没有料到的是，尽管他采取了如此严格的保密措施，却仍然未能防止撤退计划再次“暴露”。

廖忠国在南京国防部获得了国民党青岛守军最新的撤退计划，由于无法通过秘密交通员传送情报，邮政、电报和长途电话等公用通信设施，又处于国民党邮检组、电监组特务的严密监控之下，他只能凭借自己与王继川达成的默契，从南京电信局发出了一份仅有九个字的普通民用电报：赵桂森六月二日抵青。为了避免引起特务注意，廖忠国没有将电报直接发给王继川，而是将罗赤霞作为收报人。

赵桂森是廖忠国在黄埔军校的同期同学，曾任国民党联勤总部运输署少将署长兼国防部物资动员委员会委员，辽沈战役期间在葫芦岛参与军运调度，现已抵达台湾，转任国防部战略计划研究委员会委员兼行政院军事组组长。

王继川和王桂浑对廖忠国的这份电报作了认真分析，他们认为以赵桂森现任职务而言，在目前形势下不可能前来青岛；况且，赵桂森同罗赤霞之间没有比较密切的私人关系，廖忠国完全没有义务告知他的行程。因此可以断定，廖忠国的电报是暗语：国民党军将于 6 月 2 日从青岛撤退。

7 许多达官显贵千方百计逃出青岛，范澄川却花费重金包租美国航空公司的专机，与夫人联袂回到青岛

1949 年 4 月。

由于解放军兵临城下，一场大战迫在眉睫，青岛的许多达官显贵都在千方百计抢购飞往上海的飞机票。然而，正在上海参加中国纺织建设公司年会的范澄川，却在想方设法返回青岛。他先向国防部次长、山东省政府主席兼青岛市市长秦德纯求助，又通过民主人士蔡叔厚与中共上海地下组织联系，但都没有得到满意的结果。

蔡叔厚劝范澄川：“既然走不了，就干脆留在上海，协助中共地下组织做中国纺织建设公司的工作。”

范澄川说：“我在上海中纺公司能做的工作有限，况且我已经接受了护

厂任务，向全体职工表示决不离开青岛，如果滞留上海不归，有何面目再见江东父老？”

正在这时，范澄川的夫人文佩南却出人意料地从青岛来到了上海。原来，就在两天前，国民党第十一绥靖区机要室少将主任陈孝祖带着大批全副武装的士兵，车上架着机关枪，杀气腾腾地来到范家，向文佩南追问范澄川的下落。为了避免不必要的牺牲，赵仲玉请文佩南专程飞赴上海，向范澄川转达中共地下组织的建议：为安全起见，暂时不要返回青岛。

但是，为了护厂工作大局，范澄川将个人安危置之度外，不惜花费重金，包租了陈纳德航空公司的一架飞机，于27日同夫人文佩南一起返回青岛。同机抵达的还有青纺公司第一纺织厂厂长楼震旦以及曾任蒋介石侍从参谋的王志文等人。

楼震旦是范澄川的多年至交，曾任无锡申新第三纺织厂厂长、军政部次长机要秘书、财政部机械厂厂长等职，1945年出任青纺公司第一纺织厂厂长后，与中共地下组织建立了联系。

王志文早年曾经加入中国共产党，与楼震旦和刘安祺都有很深的交往，范澄川请他来青岛的目的，是要利用他的人脉关系，发挥一些特殊作用。

兵凶战危之际见到老朋友，刘安祺自然格外高兴，当即聘任王志文为第十一绥靖区司令部少将高级参谋，并设下酒宴为他和楼震旦接风。

楼震旦旧照

席间谈到搬迁和破坏青岛工厂，刘安祺做出无可奈何的样子说：“这是总裁的命令，安祺忝为军人，自当服从，情愿不情愿，都是要执行的。”

楼震旦不紧不慢地说道：“寿公手握兵符，统率三军，自当杀伐果断，令行禁止。不过破坏说起来容易，做起来却并不简单。民国二十七年（1938年），张治中一把大火将长沙化为灰烬，据说是为了免予资敌，实行焦土政策。可长沙烧了，日军迟迟不来，以致人民痛恨，舆论沸腾，省政府主席职务也就此不保。沈鸿烈奉命撤离青岛，将日资纱厂炸成一片白地，数十万岛城百姓至今犹有余悸。前车已覆，当为殷鉴。”

刘安祺听了沉吟不语，显然心有所动，直到宴席终了，再也没有提起破坏工厂的话题。

几天后，楼震旦按照范澄川的授意，通过王志文向刘安祺建议：“为了避免社会动荡，影响撤退，应下令各特务组织不得侵扰和破坏工厂。”刘安祺将此项命令签署后，王志文为了表功，特意把原件拿给楼震旦和范澄川过目。

范澄川从机场回到自己家里，马上打电话约请陈孝祖见面。第二天上午陈孝祖如约来到，直截了当地说：“刘司令官对你反感到了极点，除了认为你是灰色分子，还因为多次提出赊购棉纱布匹，都被你驳了面子。他原以为你会留在上海，现在回来了，对你下手的可能性很大。”

范澄川说：“我是不是灰色分子，你最清楚，不必多说。钞票每天都在贬值，刘安祺先后三次订购细布七十一万匹，都是半年以后按照原价付款，名为赊购，实近抢劫，我‘担中肉尽，止有剩骨’，实在伺候不起。”

陈孝祖表示理解：“我会尽到朋友之义，他对你动手，必然要经过我，我保证提前两小时通知，让你有时间躲避。不过，我也要以朋友的身份劝你，不要做得过火。”

范澄川苦笑道：“他要杀我的头，你说我过火，做人实在太难了。”

陈孝祖笑笑说：“彼此心照，不要说破吧。”

8 这是一场政治因素大于军事因素的特殊战役，青岛隐蔽战线面临前所未有的严峻考验

1949 年 4 月。

25 日，山东军区致电中央军委并华东军区：“现在青敌尚有五个多师，

约计三万人左右，分驻即墨、城阳、青岛等地。我为迫敌速走，是否可以对青敌发动威胁性的攻击。目前可集中十二个团作战，即三十二军全部六个团，胶东可抽调六个地方团，兵力可与敌相等。现敌分散守备，我集中进攻，在战术上处处能占优势，稳步前进。拔一点算一点，敌全撤，我便能迅速进入青岛，并能防敌破坏，是否有当请复示。”

28 日，中央军委复电山东军区：“同意对青岛举行威胁性攻击，第一步集十二个团，对若干据点试行攻击。得手后看情形再决第二步行动。其目的，是迫使敌人早日撤退，我们早日占领青岛，但又避免与美军作战。”

在兵力“与敌相等”、重武器处于劣势的情况下，解放军以胶东军区地方部队改编不久的第三十二军两个师为主力，向青岛国民党军五个师三万多人发起攻击，目的并非歼灭敌人有生力量，而是以“威胁性攻击”“迫使敌人早日撤退，我们早日占领青岛，但又避免与美军作战”，争取完整地接管青岛。显而易见，这是一场政治因素远远超出军事因素的特殊战役，青岛隐蔽战线即将迎来前所未有的严峻考验。

一、注释

①菠萝油子：青岛人将香螺称为菠萝（谐音）肉，因口音“肉”与“油”不分而得此名。

②沙子口：位于青岛东部，崂山以南，海湾被栲栳岛和小风台环抱，面积近三平方公里，西港水深二米至五米，沙与细沙底；东港水深九米到十米，泥底。

③大公岛：位于北纬 35°57′36. 5″，东经 120°29′31. 8″，面积 15. 55 平方公里，距大陆最近点 14. 8 公里，今属青岛市崂山区中韩街道办事处管辖。

④胶县：今胶州市。

⑤薛家岛：位于胶州湾西海岸青岛经济开发区黄岛区境内，东、南、北三面环海，海岸线长达 54 公里，与团岛隔海相望，相距 2. 26 海里。

⑥惠民壕：1943 年秋，侵华日军在西起板桥坊，向东南至山东头海岸，挖掘了一条长 120 余里、宽一丈、深八尺的壕沟，对青岛市区通往内地的陆上交通实行封锁，美其名曰“惠民壕”。

⑦有日：近代中国建立邮电事业后，拍发电报日期用中国古代的韵目代替，如 1 日称“东日”、2 日称“冬日”……“有日”为 25 日。

二、人物简介

1. 李搏鹏，湖南长沙人，武汉大学经济系毕业，曾任国民党联勤总部交通处上校科长、少将副处长，联勤总部青岛军运办公处处长等。

2. 吴荣森（1927—2018），山东安丘人。1943 年参加革命工作，1945 年 10 月加入中国共产党，历任青岛市委青年特支学运小组负责人、社会科城工队员、秘密电台小组组长。青岛解放后历任青岛市公安局政治保卫处科员，青岛实业公司第三分厂副书记，青岛市委组织部科员，青岛市半导体研究所副所长，青岛市海水综合利用研究所所长等职。

3. 蔡叔厚（1898—1971），原名蔡肃侯，字绍敦，浙江诸暨人。浙江省甲种工业学校、东京工业大学研究生毕业，1927 年加入中国共产党，在中央特科和共产国际东方组工作，后与党组织失去联系。新中国成立后历任上海市文化局电影管理处处长，上海市公用局、机械工业局、第一机电工业局副局长等职。

4. 陈孝祖（1913—1995），字绳伯，山东昌邑人。旅顺工科大学机械工程系毕业，历任陆军修械所所长，第十二集团军修械厂厂长，军事委员会参议、秘书、参谋，湖南大学工学院教授，国立山东大学机械系教授，国民党青岛市党部执行委员，第十一绥靖区司令部少将高参、机要室主任，青岛市青年工作总队少将总队长，台湾中兴大学农业机械系教授等职。

第 10 章

决胜时刻

1 解放军已经兵临城下，刘安祺却还在操心将全市经营金银、粮油、土产杂货和工业原料的商户迁入交易市场

1949 年 5 月。

1 日，青岛《光华日报》报道：“美陆战队昨已抵青，另一舰队五月中旬来，共约二十艘将长期驻留。美舰一艘入泊大港，陆战队千人昨登陆，酒吧与舞场均利市三倍。”

消息一出，那些对美国满怀崇拜的人们，顿时生出无限幻想：既然美军能够在此“长期驻留”，国民党军自然也就不会撤退，青岛照旧还是国民党的天下。

3 日，解放军攻击青岛的炮声响起，国民党军第一道外围防线很快土崩瓦解，美国西太平洋海军司令白吉尔随即下令美军陆上部队全部登舰，军舰分批移往团岛以外海域停泊，青岛市面上虚无缥缈的乐观气氛顿时一扫而光。

随着国民党金融改革的彻底失败，青岛的货币玩起了乾坤大挪移，从金圆券，到银元券；从禁用银元，到“各型银元应一律以同等值使用”；从部分货物

税实物征收，到货直两税改征银元，极尽翻手为云覆手为雨之能事。物价更是发了疯似的往上猛涨，以茶叶为例，1949 年 1 月 1 日每斤为金圆券 80 元，2 月 24 日每斤为 480 元，3 月 24 日每斤为 6400 元，3 月 30 日飙升到每斤 9600 元。

刘安祺摆出一副重视经济、关注民生的姿态，先后发布《限制携带金银外币出境暂行办法》和《安定金融办法》等法令，直到 5 月 17 日还签发代电，要求全市经营纱布、金银、油粮、土产、杂货及工业原料的商户，“统限于木月二十三日一律迁入馆陶路十三号青岛市现货交易市场内交易”。

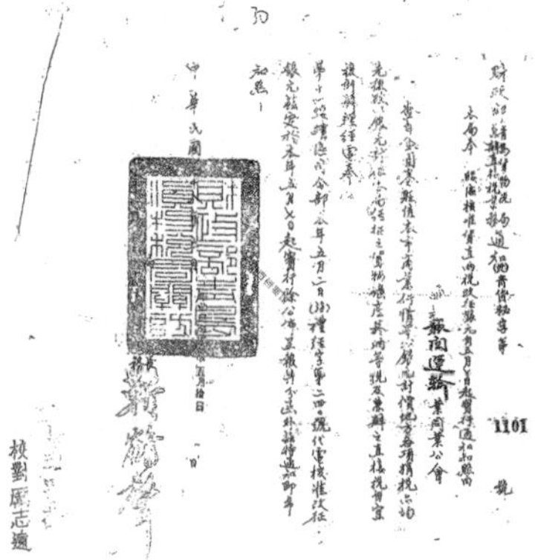

1949 年 5 月 10 日青岛货物税局通知

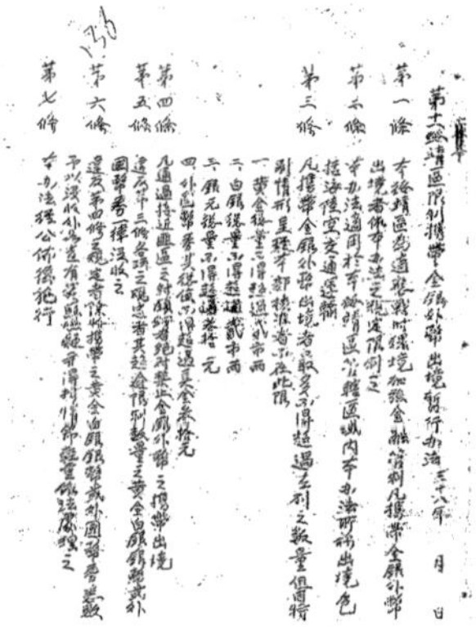

1949 年 5 月 4 日第十一绥靖区《限制携带金银外币出境暂行办法》

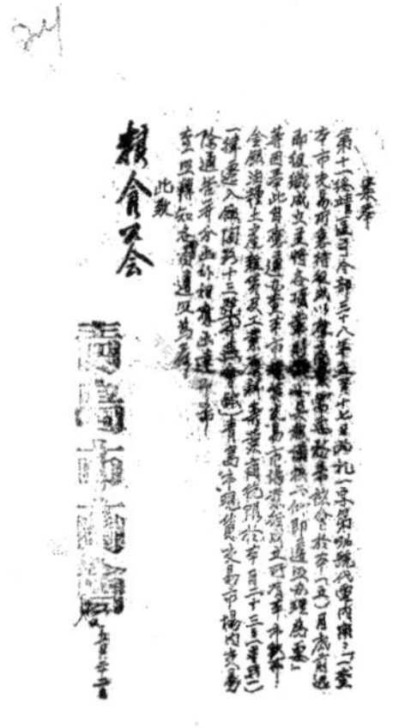

1949 年 5 月 17 日第十一绥靖区司令部代电

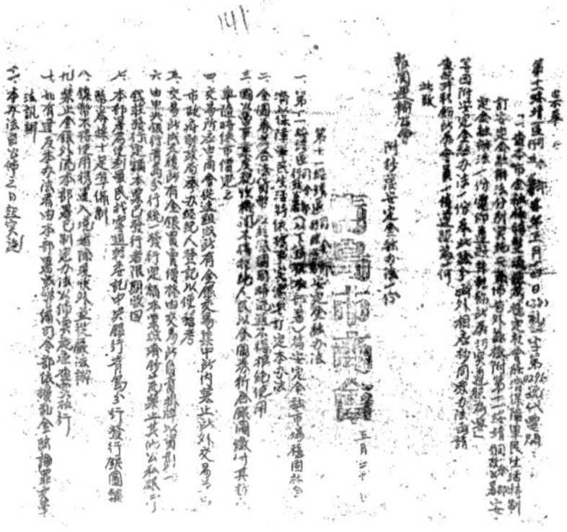

1949 年 5 月 20 日青岛市商会公函

1949 年 5 月 21 日青岛市商会公函

25日，刘安祺派出全副武装的士兵来到中央银行青岛分行，将十一天前以“调剂市面”为由发行“青岛银元辅币券[①]”所兑换的民间银元共计62537元，全部提走装上了轮船，青岛市民手中持有的77万张辅币券，刹那间全部变成了废纸。这种无耻无赖无良的行为，进一步暴露了“刮民党”残民以逞的本质，也在实际上向世人宣布，他们离开青岛的日子已经近在眼前了。

中央银行青岛分行银元辅币券图样

为了确保国民党军安全撤出青岛，刘安祺特别强化对青岛港的控制，先后采取了以下五项措施：

一、成立青岛民众自卫总队第八大队，下辖三个中队和四个分队，港口黄色工会[②]全体会员为队员，“在所限年龄内无论何人一概受训”；

二、码头工人一律登记姓名、年龄、籍贯、住址，并上交半身免冠照片，根据所在部门和职业，佩戴不同颜色和文记的识别证章；

三、在码头运输处稽查股安插六名中统特务，负责对内部人员实行监控和调查；

四、所有船只均须经军运办公处批准方可出港，否则“不予放行并扣留”；

五、将大港、小港及其周边陆上区域划为“特别警备区”，由第十一绥靖区司令部少将高参武鸿轩任指挥官，下辖全副美式装备的青年军第一〇八师三个连以及大港宪兵队、港警队[③]、盐警队[④]、青岛市警察局大港派出所等，负责“构筑掩护阵地工事及交通阻塞，俾确保港口安全”。

11日，刘安祺主持党政军联席会报作出决定：“凡涉及政治问题者，不论有无实据，一律逮捕。”要求各特务机关，继续加大力度对中共秘密组织和进步分子进行防范和镇压。

同日，国民党山东省政府主席兼青岛市市长秦德纯签发训令，称“本市四方高级工业学校学生嚣张异常”“种种捣乱情形似有不良分子从中作祟”，应“注意防范”。

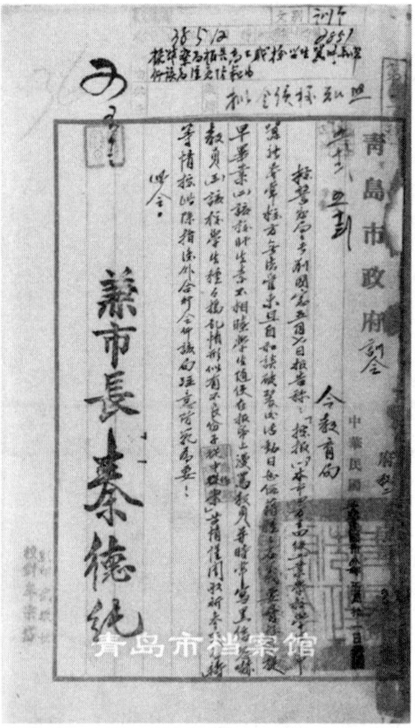
青岛市政府训令

兼市长秦德纯

1949 年 5 月 11 日青岛市政府训令

青岛私立高级工业学校位于奉化路[5]原日本国民学校旧址，全校师生员工在张佩甫的领导下，采取各种方式积极宣传《约法八章》，发动工业界上层人士和技术人员反对南迁，保护工厂，同时搜集了大量的工业方面的资料，为解放后迅速恢复生产和经济秩序做准备，因而成为国民党特务的重点监视目标。

19 日，刘安祺签发代电称：“匪社会部（特务机关变名）负责人康生（即匪鲁省主席）近令胶东分部[6]积极加强敌工部分工作，以我方青岛警备司令部、警察局、市政府、海军为对象，进行阴谋策动工作，于本月共派到青市内外工作人员有一百二十余人，利用其个人在我方军政机关关系进行说服工作。匪指示原则系：‘青岛已成绝地，无处逃亡，欲图生存，只有放下武器，服从人民政府，宽大政策之下当予优待。’并指出可大胆

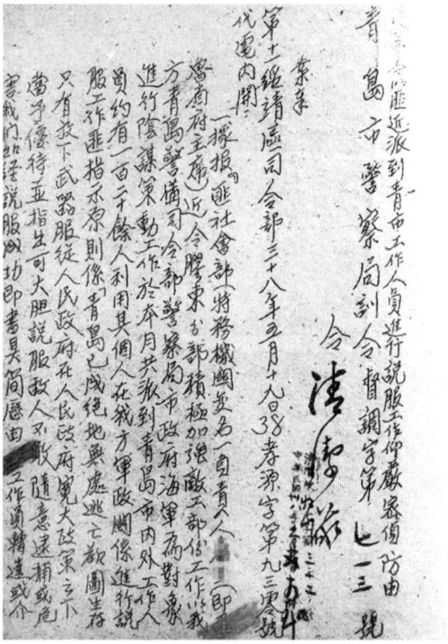
青岛市警察局训令

1949 年 5 月 19 日青岛市警察局训令

说服，敌人不敢随意逮捕或危害我们，如经说服成功，即书具简历，由匪工作人员转达或介绍到即墨匪盘踞区，与其胶东分部负责人见面接洽”，“希严密侦防。”

21 日，青岛警备司令部和警察局在全市范围内清查户口，一天之内逮捕嫌疑分子一百六十多人。

2 寂静的深夜里，围墙外传来汽车发动机轻微的轰鸣声，缓缓地从这头到那头，再从那头到这头

1949 年 5 月。

第十一绥靖区司令部发布《关于无线电台取缔的通告》，将市区二十七家业余无线电台全部取缔并没收，同时对民用无线电收音机实行强制登记，彻底清理空中电波，只要中共秘密电台开机，就将毫无隐蔽地暴露在无线电侦测部队的监控之下，以便一举破获。

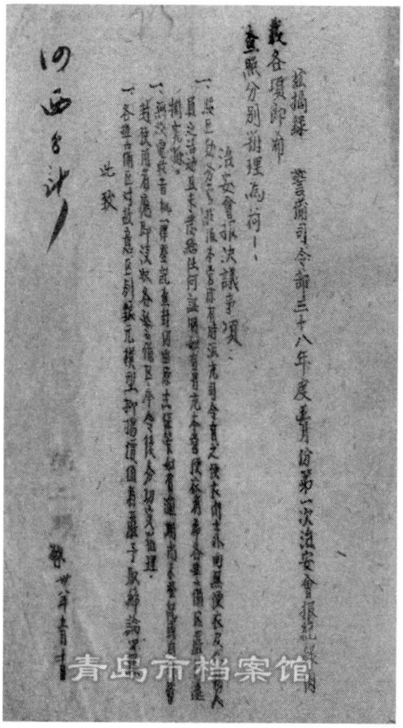

1949 年 5 月青岛警备司令部第一次治安会报记录

但是，吴荣森秘密电台好像没有受到丝毫影响，每天凌晨两点，滴滴答答的发报声就会准时响起，似乎是对国民党的无能发出阵阵嘲笑。刘安祺大为光火，严令第二处电信监察组中校组长赵一清，在无线电侦测部队的配合下，限期破获中共秘密电台。

19 日夜，吴荣森像往常一样提前开机，刚戴上耳机，立刻听到一个正在呼叫秘密电台呼号的电码。

难道是通讯总台的通报时间提前了？

几个月来，吴荣森每天都与胶东区党委统战部通讯总台报务员鲁绪竹和牟俊章通报，对他们的手法和声调，就像至亲好友说话的声音，立刻就能分辨出来。吴荣森断定，这不是他们。

难道是通讯总台更换了报务员？

胶东区党委统战部通讯总台作为胶东地区无线电业务水平最高、保密纪律最严格的部门，绝不会在未经告知的情况下随意更换报务员，也绝不会随意改变通报时间。

吴荣森（后左）、鲁绪竹（后右）、牟俊章（前左）等旧照

吴荣森保持沉默，熬过了漫长的几分钟，预定时间一到，耳机里传来熟悉而又亲切的手法的呼号，吴荣森高兴得差点儿叫出声来：是小鲁！几乎同时，那个陌生的呼叫就像鬼影见到光，立刻消逝不见了。

原来，国民党电台报务员都是见多识广的“老油条”，他们侦测出了吴荣森秘密电台与胶东区党委统战部通讯总台的收发报频率以及通报时间，在实施电波干扰的同时模仿通讯总台呼号，企图诱骗秘密电台落入圈套。多亏吴荣森保持高度警惕，没有上当。

20 日夜，吴荣森的电台遭受强力干扰，耳机里几乎全是噪音，什么都听不清，他只好多次发出本台受到干扰的代号“QRM”，在未能与通讯总台完成任何收报和发报的情况下，被迫中止通报。

21 日夜，国民党电台尝到了甜头，更加卖力地对秘密电台实施干扰。吴荣森经过较长时间的适应，逐渐摸索到了干扰的规律，最终以超出常规几倍的时间完成了通报。

22日夜，国民党电台一招不成又使一招，开始对秘密电台和通讯总台同时实施干扰，目的是迫使秘密电台延长通报时间，配合无线电侦测部队测定方位，实施抓捕。

吴荣森按照自己预先设计的对策：收报时尽量调准，仔细辨认通讯总台的信号；发报时放慢速度，给通讯总台留出辨认的时间。经过多次重复发报，以超出常规不到一倍的时间完成了通报。

吴荣森关闭电台，刚要伸个懒腰松口气，忽然在一片寂静之中，隐约听到汽车发动机轻微的轰鸣声，在后院围墙外的华阳路上，缓慢地从这头到那头，再从那头到这头。

现在已是凌晨时分，一般只有国民党军警的车辆才会上路，总是呼啸而至，呼啸而去，发出令人恐怖的声响。这辆车却非常怪异，好像只是沿着围墙缓缓地来回打转。

吴荣森猛然想起吴若岩部长的提醒："这肯定是敌人从南京调来的无线电侦测车！"

就在这时，徐宝光匆匆过来报告："前院晾晒火柴棒的高台上出现了几个人影，鬼鬼祟祟的，很可能是前来侦查的国民党特务。"

吴荣森立即拆散隐蔽电台，做好了应变的准备。过了大约半个小时，可能是由于秘密电台及时关机，无线电侦测车和特务失去侦查目标，只好撤走了。

23日上午，秘密电台小组开会决定，由于国民党特务已经测定了秘密电台所在的大致范围，今夜电台暂停发报，待明天早晨宵禁结束后，利用国民党军警相对比较松懈的机会，把电台转移到城阳路1号二楼黄振远家第三台址，当夜恢复通报。为了确保报务员吴荣森的安全，要求他没有紧急情况不得外出。

3 刘萍情报组获得十万火急绝密情报，要求秘密电台今夜必须发报

1949年5月。

“老岑，不愧是总经理呀，见了老朋友连个招呼也不打？”

“对不起对不起，这两天都忙晕头了。”

“什么大生意啊，做到警察局来了？”

“刘局长发话了，要征用我们公司的轮船，正忙着办手续呢。”

岑旭初是个老牌军统特务，从青岛市警察局离职后，当上了天航轮船股份公司董事兼总经理。近几天，这位航运界的头面人物多次来到湖北路29号警察局大楼，看样子是在洽谈一项重要业务。胶统情工人员刘仪佯装偶然同这位老同事“邂逅”，经过一番攀谈，果然探听到了消息。

随后，刘仪来到邱县路40号天航公司，了解到常年营运青岛至上海、镇江、武汉航线的天运轮，已经被青岛市警察局征用，这艘吨位1000吨、载客350人的客轮正在小港码头停泊，随时准备起航。

接到刘仪的报告，结合最近青岛市警察局以及各分局都在焚烧档案，打包物资等情况，刘萍判断国民党即将从青岛撤退，马上向情报组全体成员发布指令：

刘霄飞了解第十一绥靖区司令部的情况；

张永年和林吉奎及时传送机密电文；

刘志扬盯住李搏鹏的一举一动；

刘纯佑和李朋云掩护交通，报告青岛外围敌军动向；

武甦和李元监视飞机场的情况；

张文臣和马福峦掌握社会动态；

刘仪与吴荣森秘密电台小组保持联系；

刘萍在“刘公馆”居中指挥。

22日上午，第十一绥靖区司令部第二处青岛组上校组长刘沛和妻子一起来到平原路27号院里一位名叫孙良辅的商人家串门，引起了刘萍的格外注意。孙良辅同不少国民党军政官员有生意往来，但刘沛一般都是委托别人代他处理有关业务，现在突然亲自登门，其中定有名堂。等刘沛夫妇刚一离开，蔡梅田立刻按照刘萍的吩咐去找孙太太聊天。

“刚才就想来找你，正巧看到绥区二处的刘组长来了，怕耽误你们说要紧事。”蔡梅田有意挑话题。

“没什么要紧事，他们是专门来辞行的。”孙太太随口说道。

“怎么，刘组长调走了？”

“全家都走了，说是接到了六月一号上船的命令，看那意思这一走指不定以后还能见着面了。”

“他们要从青岛撤走了？”

“看来是这意思，把账都结清了。”

22日，张永年获得蒋介石手谕：“青岛国军六月二日撤退，现增派十五条船装运物资并将反共人士及青年撤往台湾。”

22日夜，李搏鹏照例来到第十一绥靖区司令部副参谋长兼作战处处长何继厚家里，了解军事动态，商议行动计划。李搏鹏自从兼任第十一绥靖区海上运输管制处处长后，几乎成了青岛最忙碌的人，刘志扬每天负责开车接送，常常熬到深夜十一二点，但他始终尽职尽责，毫无怨言，深得李搏鹏的信任和赏识。

这天深夜，一位高级军官搭便车，半道上有些不太放心地问：“老李，撤退的船有没有把握，别到时候走不了？”李搏鹏对刘志扬毫不顾忌，马上用肯定的语气回答：“放心好了，保证你们六月一号晚上全部上船。”

刘萍对以上情报进行综合分析后，认为情报十万火急，来不及译成密码，决定打破常规，安排交通员立即将情报原件直接送交吴荣森电台小组，要求今夜必须发报。

4 手电筒光柱不停地闪着，向秘密电台所在的房子来回照射，似乎已经锁定了目标

1949 年 5 月。

23 日。

傍晚时分，交通员黄为民来到城阳路 1 号二楼黄振远家，把蒋介石的一份手谕抄件交给吴荣森。

吴荣森深知情报的重要性，暗暗下定决心，就算牺牲自己的生命，也要按时向上级发报。他赶在宵禁之前来到曹县路 8 号徐宝光家，提前做好了发报准备。徐宝光和徐诚兄妹取出暗藏的枪支和手榴弹，准备不惜一切代价，保护吴荣森和电台的安全。

深夜一点，吴荣森打开电台，国民党电台已经滴滴答答等候多时了。预定通报时间一到，干扰更加强烈，吴荣森聚精会神仔细倾听，却根本无法听出通讯总台的呼叫信号。通报时间已经过了，干扰非但不减，反而继续增大。

五分钟过去了。

十分钟过去了。

吴荣森全神贯注地倾听、分辨、判断，终于听出了通讯总台的呼叫，立即应答："请即抄报。"

报文仅有几十个字，平常只需三五分钟就能完成发报，但是现在吴荣森有意将发报速度放得很慢，并且连续发了三遍，通讯总台仍然要求按组核对。

二十分钟过去了。

徐宝光前来报告："围墙外传来汽车声。"

吴荣森毫不理会，继续发报。

四十分钟过去了。

徐宝光再次报警："前院平台发现有人。"

吴荣森头也不回，再发一组。

已经超过五十分钟。

通讯总台终于表示收报完毕。

吴荣森来不及松口气，马上关闭电台，与徐宝光兄妹一起迅速烧毁报稿和密码复制本，拆开电台，分散隐蔽，消除痕迹。

前院平台上亮起了手电筒光柱，不停地向着徐宝光家及其两侧邻居的门窗来回照射，似乎已经大体锁定了目标范围。吴荣森紧握手枪，徐宝光拧开了手榴弹盖，只要敌人闯进来，宁死不当俘虏。

突然，隔壁屋里传出一个女人的叫骂声："哪里来的流氓，乱照什么！"接着有人跳出屋门，冲着平台手电筒闪光的方向砰砰连打两枪，接着大声骂道："再他妈乱照，我打死你们！"

平台上的手电光立即熄灭，有人慌忙应道："不照了不照了，误会误会。"

吴荣森秘密电台小组再次躲过一劫。

5 海军总司令桂永清亲自下令在青纺公司设下埋伏，并派警察局局长亲自带队搜捕，一定要抓住范澄川

1949年5月。

国民党特务给范澄川寄来恐吓信，声称如果他再不离开青岛，就以炸弹伺候。为和平奔走的国民党北平市原市长何思源不久前曾经遭到定时炸弹袭击，一个女儿被炸死，何思源夫妇和三个儿女被炸伤，这使范澄川不得不有所防备。他觉得华山路13号和大学路10号进深不够，决定另找安全系数较高的住处。青岛市原市长李先良和夫人赵士英得知后，主动把江

江苏路 27 号近照（朱海燕摄）

苏路 27 号市长官舍让给了他。

赵仲玉看到范澄川的新居一楼有个大厅，便提议每周六晚上在这里举办家庭舞会，再请一位舞蹈老师每天早上来教跳舞，她以此为借口到这里同范澄川见面。同时，范澄川聘请郭美珍担任青纺公司的秘书，作为另一条联系渠道。

16 日，赵仲玉向范澄川传达上级指示：设法掌握一支武装，当国民党军撤离青岛，解放军先头部队尚未赶到时，负责维持社会治安，保护人民生命财产安全。范澄川经过再三考虑，觉得青岛保安旅旅长高芳先同自己有些交情，可以做一下试探。

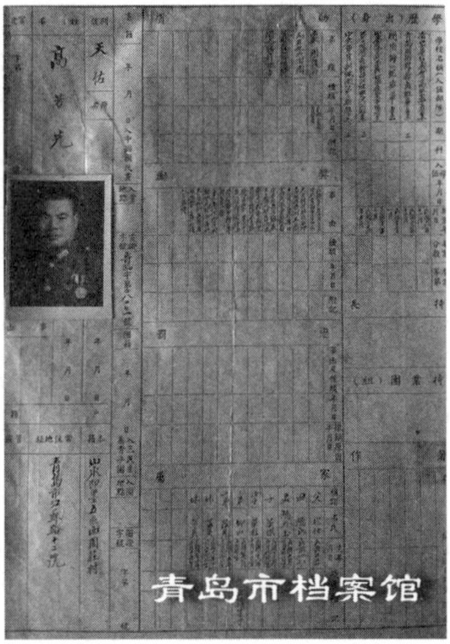

高芳先登记表

高芳先曾任青岛保安总队总队长，李先良辞去青岛市市长后，保安总队改编为青岛保安旅，下辖第一、第二、第三团共三千五百余人。由于刘安祺歧视地方杂牌部队，保安旅的军饷一拖再拖，有时连士兵的伙食费都发不全，偷鸡摸狗违反军纪的事情屡有发生，引起社会舆论纷纷谴责，导致“青保”声名狼藉。

高芳先为了募集军饷到处碰壁，最后找到范澄川诉苦，谈到伤心处，这位曾获全国武术冠军的健壮汉子竟然忍不住落下眼泪。范澄川觉得此人手握兵权，说不定以后会有用得着的地方，当即给了他法币⑦五千万元。高芳先大为感动，拍着胸脯说："我高芳先知恩图报，以后只要范先生开口，赴汤蹈火决不含糊。"

17日晚上，范澄川来到江苏路12号高公馆，开门见山地对高芳先说："听说你打算跑，特来劝你。刘安祺对你怎样就不用说了，你的亲人故旧、房产家业都在这里，都不要了？为今之计，趁他们准备南逃之际，你把部队移驻沧口到四方一线，保护工厂，维持治安，有了这一功劳，解放军来了决不会亏待你。"

高芳先听了颇为心动，考虑了半天，最后叹口气说："范先生你说得有理，可我有三难：以前杀过不少共产党，解放军来了饶不了我；我的部队都在外围前沿地带，拉回来要穿过'中央军'三道防线，根本办不到；再说眷属和行李已经上船，想不走也不行了。"

18日凌晨，赵仲玉要向秘密小组负责人曲佩光汇报策反高芳先的情况，可曲家接电话的人说他昨天上午出门，直到现在还没回来。赵仲玉觉得情况有些反常，马上给赵贤亮打电话，约他五点钟宵禁解除后来华山路13号见面。

清晨五点多，赵贤亮来到赵仲玉家，刚一进门就神情紧张地说："曲佩光和徐鸿逵都失踪了。"

原来，徐鸿逵昨天对赵贤亮说，国民党海军有人想投奔解放区，需要介绍信接关系。赵贤亮再三询问是不是可靠，徐鸿逵说接触好长时间了，约好晚上在军舰上见面。结果徐鸿逵拿着赵贤亮写的介绍信一去不回，曲佩光随后也失去了联系。

赵贤亮说："我估计，很可能是徐鸿逵中了特务的圈套被捕了，曲佩光发现后找地方隐蔽起来了。现在最要紧的是打听到徐鸿逵的确切情况，我们好有针对性地采取应变措施。"

早上，赵仲玉来到江苏路27号，利用跳舞的机会对范澄川说："我们有一位姓徐的朋友失踪了，能不能请您找海军方面的人了解一下？"

范澄川说："我在海军方面没有直接关系，不过可以转托他人打听。"

21日早晨，范澄川告诉赵仲玉："海军特务机关确实逮捕了一位姓徐的，正在审讯，具体情况还在打听。"

赵仲玉前脚刚回到华山路13号家里，范澄川后脚就急急忙忙赶过来交给她一张纸条，只见上面写着："曲佩光、赵贤亮、赵贤亮之妹、中纺范澄川。"

原来，由于当时黄安舰起义发生不久，国民党海军总司令部对"徐鸿逵策反海军案"非常重视，专门派人前来主持审讯。徐鸿逵连续几天遭受严刑拷打，最终供出了秘密小组负责人曲佩光和上线领导赵贤亮，以及只见过一面、连名字都不知道的赵仲玉。另外，经特务的授意，在"供词"中写下了他根本不认识的范澄川。

国民党海军第二军区司令部一位主管油料供应的军官抄录了徐鸿逵的供词，通过德士古油行[8]经理邹恩庭转给青纺公司材料课课长刘业景，最后交到范澄川手中。

赵仲玉冷静地说："徐鸿逵不知道我的名字，同范先生更是从来没有见过面，这说明特务只有屈打成招的口供，根本没掌握什么证据。范先生您不要再去公司了，也不要回家，赶快另找安全的地方隐蔽，以后让佩南同我们保持联系。"

郭美珍将印好的宣传小报销毁，油印机拆散掩藏，留在华山路13号负责居中联络。赵仲玉叫了一辆出租车悄然离家，先在朋友家住了一夜，然后到安徽路21号福柏医院[9]二楼病房隐蔽起来。这家医院由德国教会开办，是当年青岛最好的医院，国民党特务一般不敢到这里乱闯。

22日上午，文佩南来到福柏医院病房，同赵仲玉见了面："老范已经带着我们全家搬到了一厂，用电话同各厂厂长保持联系，护厂工作都在正常进行，他的安全没有问题，请你放心。"

赵仲玉叮嘱道："请转告范先生，今后不管什么人要见他，都不要露面，千万注意安全。护厂要量力而为，关键时刻宁舍财不舍命。你暂时不要到这里来了，谨防特务盯梢。”

临别前，赵仲玉热情地鼓励文佩南：“坚持住，天快要亮了。”

安徽路 21 号福柏医院旧址近照（朱海燕摄）

就在同一天，国民党海军司令部调查室将徐鸿逵案移交给第十一绥靖区司令部，由少将专员施岳接手办理。施岳与王志文是莫斯科大学同学，又同为共产党的叛徒，关系一直比较密切。施岳请王志文转告楼震旦，希望能同范澄川见面谈谈。范澄川也想趁此机会拉拢关系了解情况，便把施岳和王志文约到青纺公司第一纺织厂厂长宿舍见了面。

施岳见到范澄川满脸堆笑地寒暄：“好久不见，范先生可好？”

范澄川语带嘲讽地说：“我是你们刘司令官钦点的罪犯，怎么好得了?!”

施岳会意地一笑，从公文包里取出“徐鸿逵策反海军案”卷宗，刘安祺亲笔批示的六个大字赫然在目：“将范澄川带走。”

范澄川明知故问：“带到何处？”

施岳严肃作答：“到海里去。”

范澄川看过卷宗冷冷一笑，用不屑的口吻说：“除了徐某的口供，根本没有什么证据。以我的身份，怎么可能跑到海军搞策反？就是有十条军舰投共，又与我何干？”

施岳说：“刘安祺批了这六个字，但没有下令执行。一旦他下执行令，我保证提前两小时通知您。我在张店路有一处房产想要出租，请您帮我这个忙，只要预付一年的租金三百美元就可以。”

范澄川明白，三百美元是施岳“提前两小时通知”的要价，这笔钱不能不掏。

25 日，国民党海军总司令桂永清抵达青岛，各公务机关和国营企业设宴欢迎，唯独青纺公司负责人缺席。桂永清一看借机诱捕范澄川的阴谋未能得逞，顿时恼羞成怒，下令随同前来的海军特务队全体出动，在青岛市警察局局长刘国宪的配合下，对范澄川所有可能的落脚之处展开搜捕，并在馆陶路 3 号青纺公司门外设下埋伏。

26 日，刘安祺下达命令："第十一绥靖区 5 月 28 日撤退，所属各部整理行装，装运物资，未经许可任何人不得外出。"

27 日，刘安祺下达命令："因运输船只不足，原定 28 日撤退命令撤销。"青岛警备司令部随即发布戒严令，将原定解严时间早晨五点推迟到八点。

28 日，在公开单位任职的特务分子原本已经登上撤退的船只，现在却又重新上岸返回原单位，逢人就说："不走了，留在青岛跟共产党斗。"李搏鹏也离开港务局大楼，带着一帮手下回到商河路 1 号军运办公处，忙着到处打电话办理公私事务，一副还要在青岛待下去的样子。实际上，这都是按照刘安祺的安排，故意为掩护撤退施放的烟幕。

范澄川不明白刘安祺葫芦里到底卖的什么药，见此情形不免有些着急，通过楼震旦向王志文和施岳打听，都没有得到确实信息，他打算同刘国宪见一次面，摸到实底。

楼震旦等几位厂长坚决反对："刘国宪正遵照桂永清的命令到处抓你，你同他见面，不是自投罗网吗？"

范澄川说："护厂已经搞了几个月，再这样无限期地拖下去，对我们非常不利。现在只有想办法摸清他们的底，才能有的放矢，不会乱了阵脚。刘国宪曾经打着制作警察制服的旗号，找我买了几百匹细布，捞到不少好处，他看在这点情分上，应该不会过分对我为难。再说他不是桂永清的下属，抓了我也没什么好处。"

刘国宪按照约定来到莱芜一路的一家商号，见了范澄川就打起了哈哈：

“你这一晌跑到哪里去了？让桂（永清）老总好找。”

范澄川语带双关地说：“也让你好找。”

刘国宪赶忙摆手说：“我要真的想找，还能找不到你？咱们是朋友嘛。有什么吩咐，我洗耳恭听？”

范澄川做出很认真的样子说：“前段时间情况特殊，我不得不到各厂处理一切，现在已经安顿好了，可以放心离开青岛。我想最好还是住到冯参谋长家，不然你们走了，把我一个人留在这里，我可就苦了。”

刘国宪笑了，信口说道：“怎么可能呢，桂老总对你挂念得很，专门在长治舰为你全家准备了两个上等舱房。”

范澄川说：“我家老的老，小的小，在军舰上漂洋过海不太方便，只求你临走时知会一声，别误了上船就行。”

刘国宪很干脆地说：“那好，以四天为限，我打电话通知，你马上来大港，晚了上不去船。”

范澄川冒险约见刘国宪，得到了国民党将在四天之内撤离青岛的准确情报，又对桂永清和刘安祺起到了麻痹作用，可谓一举两得。

当天晚上，范澄川刚刚回到青纺公司第一纺织厂，大批全副武装的国民党兵就冲进了厂区，见仓库就砸，见布匹就抢，护厂队左阻右挡，根本拦不住。原来，刘安祺早就对青纺公司的布匹垂涎三尺，多次要求“赊购”没有得逞，现在借口撤退船只需要重物压舱，命令特务团出动一个营，明目张胆地进行抢劫。

范澄川接到报告后，在藏身的电机间里用电话向各厂厂长下达指令：“护厂队不要正面抵抗，尽量避免流血，注意保护厂房、机器设备和原材料不受损失。”

据事后统计，各厂共被抢走细布三十二万匹，所幸人员、厂房、机器设备和原材料没有遭受损失。为了防止国民党军再来抢劫，护厂队连夜将仓库里剩余的细布，全部转移到地沟里隐藏起来。第二天，国民党兵果然故技重演，但看到的只有一些不太值钱的粗布，无奈败兴而归。

31日，刘安祺发布特别戒严令："青岛市区全天二十四小时戒严，未经许可任何人不许外出。"大家明白，最后的时刻到了。

6 吴荣森秘密电台与通讯总台不再使用密码，改用明码通报；各秘密情报小组利用市内电话传送情报，效率大大提高

1949年6月。

1日。

胶统通讯总台派出一部电台，跟随解放军先头部队向市区进发，途中需要哪方面的情报，随时停车架起天线，向吴荣森电台发报布置任务。

吴荣森秘密电台转移到了城阳路1号二楼黄振远家第三台址，奉命二十四小时开机，不再使用密码，改用明码通报。由于市区停止供电，黄振远等人轮流手摇发电，不分昼夜确保电台工作。

解放近在眼前，吴荣森心里却越发紧张起来："军情如火，分秒必争，交通员步行或者骑自行车传送情报，很可能贻误战机。"

刘萍得知这一情况后，当即提出使用市内电话传送情报："在电信局地下党和进步工人的保护下，市内电话设备完好，保持畅通，敌人电监组的特务急着逃命，现在也顾不上监听了。"

吴荣森连声说好："这可太好啦，我就在家里守着电话机，坐等你们的情报了。"

刘萍向情报组全体人员下达指令："能用电话保持联系的同志，就地坚守岗位，随时等待任务；没有电话的同志，一律到保定路14号泰丰商行金库集中待命。交通员一律使用市内电话传送情报。"

胶统各情报小组使用市内电话传送情报，效率大大提高：

驻守东部外围防线的青岛保安旅高芳先部撤至沙子口，分乘舢板驶往外海登上轮船；

驻守薛家岛的青岛保安第二旅第五团孙振仙部，奉命掩护撤退船队全部驶离胶州湾后，自行乘船出海，向南撤退；

已经装上轮船的重炮重新卸下，进入双山广东公墓高地原炮兵阵地，分别向进攻李村外围防线和薛家岛阵地的解放军实施拦阻射击；

国民党军约一个营分乘八辆卡车，由华阳路向海泊河方向开去；

……

国民党报纸和广播电台连篇累牍地发表“军方权威人士”谈话称，“国军阵地固若金汤”“青岛治安稳如磐石”。但是，秘密电台小组成员看到的却是另一番景象：临近前海沿的几条街道上人流不断，肩扛手提，扶老携幼，慌慌张张奔向港口。大大小小的轮船一艘接一艘离开大港，通过胶州湾，驶向外海。

2 日。

3 时，位于沧口的青纺公司第九纺织厂向范澄川报告：“解放军先头部队已经到达厂区附近，秩序良好，一切正常。”

5 时，吴荣森接到上级指示，要求立即查明青岛港的情况。他看到天色已经大亮，便让黄振远爬上楼顶，用望远镜对青岛港进行观察，随时报告，随时发报。

7 时，黄振远在楼顶看到，国民党第六批也是最后一批撤退船只，陆续驶出青岛港。

10 时，吴荣森收到通讯总台电文：“解放军先头部队已进入市区，你台胜利完成任务。请关机，市内再见。”

11 时，军管会派出代表分赴青纺公司所属八家纺织厂以及机械、化工、针织、梭管、印染厂，开始进行接管工作，除个别国民党御用“工会特务”和“职工特务”逃跑外，绝大部分职工留了下来，机器、图表、档案和账目等基本保存完好，随时准备复工。

16时，中国人民解放军青岛市军事管制委员会（简称“青岛市军管会”）办公厅主任兼青岛市人民政府秘书长吴若岩率领机关工作人员进驻沂水路11号原国民党青岛市政府；青岛市公安局副局长葛申率领原胶东区党委统战部工作人员接管湖北路29号原国民党青岛市警察局及其各分局和分驻（派出）所。

18时，青岛市军管会发出《进城后工作情况汇报第一号》：青纺公司“上自经理厂长，下至一切员工，均无逃亡现象”。青岛市军管会电告山东分局：青纺“各厂均完好无损，员工均在厂，如有煤、棉，随时可复工”。

20时，新华社播发电讯：“中国沿海著名良港、华北重要工业城市——青岛，在我军连续进击下，自今日12时宣告解放，残敌从海上逃窜。当我军进入市区时，工人市民夹道欢呼：‘毛主席万岁！’‘中国人民解放军万岁！’各工厂由于员工英勇护厂，战事结束，水电立即恢复供应，入夜全市即大放光明。”

一、注释

①青岛银元辅币券：中央银行青岛分行1949年5月14日发行的辅币。青岛解放后，市军管会授权北海银行胶东分行兼人民银行青岛分行，按照银元辅币券1元兑换人民币100元，自6月5日开始收兑。

②黄色工会：指共产党领导的工会以外的工人自发工会、国民党“御用工会”、压迫工人的假工会、工人贵族把持的工会等。

③港警队：青岛港警务队。

④盐警队：青岛市盐务局警务队。

⑤奉化路：今杭州路。

⑥社会部胶东分部：指胶东区党委统战部。

⑦法币：1935年中华民国国民政府发行的法定货币，后因大量发行造

成恶性通货膨胀，1948 年被金圆券取代。

⑧德士古油行：经营燃油的美商公司。

⑨福柏医院：今安徽路 21 号青岛市传染病医院病房楼。

二、人物简介

1. 张佩甫，山东青岛人，国立山东大学机械专业毕业后留校任教，抗日战争期间曾任敌占区抗敌同盟动员委员会宣传委员，胶东区党委统战部秘密联络站负责人，青岛私立高等工业职业学校教务长、校长。青岛解放后历任青岛高等工业专科学校副校长兼教务长，青岛市中苏友好协会候补理事，青岛市文教研究会委员，山东工学院副教务长、图书馆馆长，济南市人大代表等职。1950 年加入中国共产党。

2. 高芳先（1914—1980），号天佐，山东即墨人。青岛市国术馆第三期摔跤班和国术师范班毕业，曾获第十七届华北运动会拳术及摔跤、第六届全国运动会中量级摔跤冠军，历任青岛国术馆救国队分队长，青岛保安总队中队长、副大队长、大队长、副总队长、总队长，青岛保安师副师长，青岛市警察局局长，青岛国术馆副馆长，青岛保安旅旅长等职。

3. 刘国宪（1906—1976），字赞廷，湖南酃县（今炎陵县）人。黄埔军校第六期、中央军校宪警班毕业，历任重庆卫戍总司令部稽查处副督察长，军事委员会特务第五团团长、特务总队副总队长，界首警备司令部稽查处处长，青岛市警察局副局长、局长，台湾警备司令部安全管制处少将处长，台北市警察局局长等职。

2020 年 9 月 27 日第一稿

2021 年 5 月 16 日第二稿

2022 年 12 月 7 日第三稿

2023 年 7 月 11 日第四稿

参考文献

一、著作

[1] 中共山东省委党史研究室编:《中共胶东地方史》,中共党史出版社 2005 年 8 月第一版。

[2] 中共青岛市委党史研究室编:《中共青岛地方史》第一卷,中共党史出版社 2003 年 12 月第一版。

[3] 中共烟台市委党史研究室编:《中共烟台地方史》第一卷,中共党史出版社 2005 年 7 月第一版。

[4] 中共平度市委组织部、中共平度市委党史研究室编:《中共平度地方史》第一卷,中共党史出版社 2005 年 7 月第一版。

[5] 中共中央文献研究室、中国人民解放军军事科学院编辑:《毛泽东军事文集》,军事科学出版社、中央文献出版社 1993 年 12 月第一版。

[6] 中共中央文献研究室编辑:《周恩来选集》上卷,人民出版社 1997 年 7 月第一版。

[7] 中共中央文献研究室、中国人民解放军军事科学院编辑:《周恩来军事文选》第三卷,人民出版社 1997 年 11 月第一版。

[8] 张晓光著:《张云逸年谱》,中共党史出版社 2005 年 9 月第一版。

[9] 柳轶著:《1919—1949 年国民党对学生运动的控制研究》,人民日

报出版社 2014 年 3 月第一版。

[10] 张维缜著：《鹗过留痕：战后驻青岛美军的历史考察》，人民出版社 2019 年 6 月第一版。

[11] 蔡鸿源、徐友春编：《民国会社党派大辞典》，时代出版传媒有限公司、黄山书社 2012 年 8 月第一版。

[12] 刘国铭主编：《中国国民党百年人物全书》，团结出版社 2005 年 12 月第一版。

[13] 刘国铭主编：《中华民国国民政府军政职官人物志》，春秋出版社 1989 年 3 月第一版。

[14] 陈予欢编著：《黄埔军校将帅录》，广州出版社 1998 年 9 月第一版。

[15] 陈予欢编著：《陆军大学将帅录》，广州出版社 2009 年 12 月第一版。

[16] 民盟山东省委员会编：《山东民盟贤达》，群言出版社 2016 年 1 月第一版。

[17] 刘宗伟：《案卷里的青岛》续篇，青岛出版社 2017 年 10 月第一版。

[18] 胡汶本、寿杨宾、秦治新、迟守卫著：《帝国主义与青岛港》，山东人民出版社 1983 年 5 月第一版。

[19] 山东省地方史志编纂委员会编：《山东省志 · 金融志》，山东人民出版社 1998 年第一版。

[20] 青岛市史志办公室编：《青岛市志 · 社会卷》，方志出版社 2017 年第一版。

二、档案资料

[1] 中共山东省委党史资料征集研究委员会、中共青岛市委党史资料征

集研究委员会编：《岛城春秋》，中共党史出版社 1992 年 1 月第一版。

[2] 青岛市档案馆编：《青岛解放档案史料汇编》，中国档案出版社 1998 年 11 月第一版。

[3] 青岛海关编：《山东解放区海关史料综览》，中国海关出版社 2006 年第一版。

[4] 中共青岛市委党史资料征委会办公室、青岛市博物馆编：《青岛党史资料》第五辑（青即战役专辑），1989 年 6 月印。

[5] 世界知识出版社编：《中美关系资料汇编》第一辑，世界知识出版社 1957 年 12 月第一版。

[6]《人民解放军总部发言人评胶东俘获美军事件》，《大众日报》，1948 年 2 月 17 日，现存山东省图书馆。

[7] 山东省档案馆：中共胶东区委员会（1939—1950）档案全宗号 G204。

[8] 青岛市档案馆：青岛市警察局档案全宗号 A19，青岛市商会档案全宗号 A38，青岛市港务局档案全宗号 B33。

[9] 华北运动会筹备委员会编：《第十七届华北运动会总报告》，1933 年 7 月印。

[10] 罗自梅：《龚学遂在黑白交困中》，《新闻天地》1949 年第 57 期，第 16 页，现存上海市图书馆。

[11] 任志樵：《起义后的黄安号海军们》，《大众日报》，1949 年 9 月 6 日，现存山东省图书馆。

三、传记、回忆录

[1] 王征明：《追思吴若岩同志和胶东地区的情报工作》，《大江南北》2006 年第 4 期，第 12—14 页。

［2］吕璜：《相信群众，平反冤案》，《延水情纪念延安中国女子大学成立六十周年》，中国妇女出版社 1999 年 8 月第一版。
［3］吴若岩：《解放战争期间青岛敌占区的统一战线工作》，《青岛革命回忆录》第一辑，第 1—6 页，中共青岛市委党史资料征集委员会办公室 1986 年 12 月编印。
［4］刘旭生：《我在胶东统战部工作时的一些情况》，《青岛革命回忆录》第一辑，第 7—11 页，中共青岛市委党史资料征集委员会办公室 1986 年 12 月编印。
［5］牟玉生：《我在胶东区统领导下对“中统鲁东分区室”进行工作的情况》，《青岛革命回忆录》第一辑，第 19—26 页，中共青岛市委党史资料征集委员会办公室 1986 年 12 月编印。
［6］李俊卿：《解放战争时期的石岛远通利》，《荣成文史资料》第三辑，第 116—121 页，中国人民政治协商会议荣成市文史资料研究委员会 1991 年 7 月编印。
［7］陈正明：《石岛新声剧团的八年历程》，《荣成文史资料》第二辑，第 37—38 页，中国人民政治协商会议荣成市文史资料研究委员会 1988 年 12 月编印。
［8］王绍洛、刘彬：《我们在“胶东区统”“东海统战部”工作的零星回忆》，《青岛革命回忆录》第一辑，第 12—14 页，中共青岛市委党史资料征集委员会办公室 1986 年 12 月编印。
［9］辛成学：《我对“区统”南村情报站工作的回忆片段》，《平度文史资料》第四辑，第 235—248 页，政协平度县文史资料研究委员会 1988 年 11 月编印。
［10］王继川：《回忆在胶东从事地下情报的故事》，烽火 HOME 革命人物数据库自助建设平台，2018 年 5 月 3 日上传。
［11］《红色女谍：王继川》，《见证青岛解放人物传略》，青岛市政协文

史资料委员会编，青岛出版社 2019 年 3 月第一版。

[12] 李欣：《把青春献给祖国》，《长汀文史资料》第十四辑，第 1—8 页，中国人民政治协商会议福建省长汀县委员会文史资料编辑室 1988 年 6 月编印。

[13] 张丹：《烽火爱情　坚贞信念——怀念婆婆王继川》，《党史纵横》2019 年第 2 期，第 63—64 页。

[14] 曲永昌：《争取国民党海军“黄安舰”起义的回忆》，《青岛革命回忆录》第一辑，第 80—84 页，中共青岛市委党史资料征集委员会办公室 1986 年 12 月编印。

[15] 范汉杰：《进攻沂蒙山区和胶东两战役纪要》，《文史资料存稿选编》第十辑（中），第 9—19 页，中国人民政治协商会议全国委员会文史资料委员会编，中国文史出版社 2002 年 7 月第一版。

[16] 曾力鸣：《胶东会战与青岛检讨会》，《文史资料存稿选编》第十辑（中），第 129 页，中国人民政治协商会议全国委员会文史资料委员会编，中国文史出版社 2002 年 7 月第一版。

[17] 李荩宣：《青岛国民党军作战检讨会的情况》，《文史资料存稿选编》第十辑（中），第 130—132 页，中国人民政治协商会议全国委员会文史资料委员会编，中国文史出版社 2002 年 7 月第一版。

[18] 原兆祥：《中统青岛区室》，《青岛文史资料》第九辑，第 210—224 页，中国人民政治协商会议青岛市委员会文史资料研究委员会 1992 年 9 月编印。

[19] 丁方桐：《我参加“胶东区统”工作的回忆》，《青岛革命回忆录》第一辑，第 32—39 页，中共青岛市委党史资料征集委员会办公室 1986 年 12 月编印。

[20] 张佩甫：《从统战对象到革命干部——怀念我的革命引路人徐行健同志》，《青岛革命回忆录》第一辑，第 40—49 页，中共青岛

市委党史资料征集委员会办公室 1986 年 12 月编印。

[21] 王铁群：《王其如对革命工作的贡献》，《青岛工商史料》第三辑，第 165—166 页，中国民主建国会青岛市委员会、青岛市工商业联合会、工商史料工作委员会 1988 年 10 月编印。

[22] 薛玉学：《战斗在即墨大地》，《即墨文史资料》第三辑，第 1—15 页，即墨县政协文史资料研究委员会 1987 年 12 月编印。

[23] 任东来：《1941—1949 年美国在中国的军事机构及其沿革》，《民国档案》2003 年第 1 期，第 70—77 页。

[24] 施有仁：《第五十四军在山东作战的回忆》，《文史资料存稿选编》第十辑（中），第 64—82 页，中国人民政治协商会议全国委员会文史资料委员会编，中国文史出版社 2002 年 7 月第一版。

[25] 贾若愚：《有关我军军衔的点滴回顾》，《授衔故事》第 67—70 页，解放军文艺出版社 2007 年 7 月第一版。

[26] 邱沈钧：《国民政府国防部的本质》，《文史资料存稿选编》第十五辑（上），第 43—49 页，中国人民政治协商会议全国委员会文史资料委员会编，中国文史出版社 2002 年 7 月第一版。

[27] 邱沈钧：《国防部第二厅的前身——军令部第二厅》，《文史资料选辑》第一百四十一辑，第 56—93 页，中国人民政治协商会议全国委员会文史资料委员会编，中国文史出版社 2000 年 7 月第一版。

[28] 邱沈钧：《国防部第二厅简况》，《文史资料选辑》第一百四十一辑，第 52—55 页，中国人民政治协商会议全国委员会文史资料委员会编，中国文史出版社 2000 年 7 月第一版。

[29] 吴若岩：《谈解放战争时期青岛的情报工作》，《山东党史资料文库》第 253—255 页，中共山东省委党史研究室、山东省中共党史学会编，山东人民出版社 2015 年 12 月第一版。

[30] 高相、怒涛:《解放战争时期的南村情报网》,《平度文史资料》第四辑,第220—228页,政协平度县文史资料研究委员会1988年11月编印。

[31] 范澄川:《回忆解放前夕在青岛中纺公司的护厂斗争》,《青岛革命回忆录》第一辑,第50—66页,中共青岛市委党史资料征集委员会办公室1986年12月编印。

[32] 范澄川:《我在中国纺织建设公司工作的回忆》,《山东省文史资料选辑》第十九辑,第93—119页,中国人民政治协商会议山东省委员会文史资料研究委员会编,山东人民出版社1986年3月第一版。

[33] 曾繁铭:《范澄川传略》,《青岛文史资料》第十五辑,第57—623页,青岛市政协文史资料委员会编,中国海洋大学出版社2006年4月第一版。

[34] 赵仲玉、郭美珍:《我们动员中纺公司范澄川进行护厂斗争的回忆》,《青岛革命回忆录》第一辑,第67—79页,中共青岛市委党史资料征集委员会办公室1986年12月编印。

[35] 鲁海:《赵仲玉的琴岛画会》,《青岛老别墅》第48—49页,青岛出版社2006年9月第一版。

[36] 刘立范:《记著名女画家赵仲玉》,《山东民盟贤达》,民盟山东省委员会编,群言出版社2016年1月第一版。

[37] 罗自梅:《迎接新中国》,《上海民盟专辑》2006年第3期总第一百一十九辑,第137—138页,中国民主同盟上海市委员会、政协上海市委员会文史资料委员会编,钟修身、汪寿明主编,上海市政协文史资料编辑部2006年9月编印。

[38] 李希章、熊杰、萧湘銮:《陈孟元传》,《安丘文史资料》第十一辑(张公制专辑),第137—155页,安丘市政协文史资料研究委

员会 1995 年 12 月编印。

[39] 杨光天：《派李昌言做吴化文起义工作的回忆》，《青岛革命回忆录》第一辑，第 95—103 页，中共青岛市委党史资料征集委员会办公室 1986 年 12 月编印。

[40] 章若明：《一次成功的接管》，《青岛党史通讯》1989 年第 2 期，第 78—82 页，中共青岛市委党史资料征集委员会编印。

[41] 王桂云口述，邱吉元、范兴和整理：《亲历青岛解放和接管》，《见证青岛解放口述史实》第 294—298 页，青岛市政协文史资料委员会编，青岛出版社 2019 年 3 月第一版。

[42]《周兴》，陕甘宁边区红色记忆多媒体记忆库 · 人物库 · 人物简介，陕西省文化厅“全国文化信息资源共享系统”。

[43] 赵育之：《我在对敌斗争工作中反特斗争情况点滴》，《青岛革命回忆录》第一辑，第 27—31 页，中共青岛市委党史资料征集委员会办公室 1986 年 12 月编印。

[44] 杨常义：《徐一贯先生传略》，《青岛文史资料》第七辑，第 11—24 页，中国人民政治协商会议青岛市委员会文史资料研究委员会 1986 年 11 月编印。

[45] 刘子衡：《我所走过的路》，《布衣大师刘子衡》第一辑，第 88—146 页，山东省滕州市政协文史资料委员会编，山东人民出版社 1994 年 12 月第一版。

[46] 金平安：《国共通邮在青岛》，《青岛文史资料》第八辑，第 208 页，中国人民政治协商会议青岛市委员会文史资料研究委员会 1989 年 11 月编印。

[47] 鞠庆珍：《黄安舰起义始末》，《青岛解放档案史料汇编》，青岛市档案馆编，中国档案出版社 1998 年 11 月第一版。

[48] 刘佩臻口述，孙学深整理：《追忆前夫鞠庆玺》，《荣成文史资料》

第五辑，第110—115页，荣成市政协文史资料委员会1983年8月编印。

[49] 杜道时：《我从台湾架机起义始末》，《高唐文史资料》第二辑，第82—102页，高唐县政协文史资料委员会编，山东省出版总社聊城分社1989年6月第一版。

[50] 杜道时：《终生难忘的教诲》，《航空知识》1978年第3期，第7—8页。

[51] 杜文更：《绿香蕉的故事：台湾少儿旅游故事》，艺术界杂志社1998年6月第一版。

[52] 杜文更、马锋：《光明使者》，《航空档案》2011年第8期，第32—34页。

[53] 王寿建：《忆山东大学十人小组》，《青岛党史资料》第四辑（青岛师生反美蒋斗争专辑），第595—597页，中共青岛市委党史资料征委会办公室编，青岛出版社1989年10月第一版。

[54] 王桂萍：《青岛市立李村师范学校护校工作片段》，《青岛党史资料》第四辑（青岛师生反美蒋斗争专辑），第606—610页，中共青岛市委党史资料征委会办公室编，青岛出版社1989年10月第一版。

[55] 陶冰纨、葛逸农、朱日宣：《对青岛师范地工斗争的片段回忆》，《青岛党史资料》第四辑（青岛师生反美蒋斗争专辑），第611—614页，中共青岛市委党史资料征委会办公室编，青岛出版社1989年10月第一版。

[56] 贾若瑜：《解放和接管青岛的回眸》，《贾若瑜征程纪实》第195—201页，国防大学出版社2014年4月第一版。

[57] 李希章、熊杰、肖相銮：《张公制传》，《安丘文史资料》第十一辑（张公制专辑），第137—155页，安丘市政协文史资料研究委

员会 1995 年 12 月编印。

[58] 彭志坚：《陆军保定军官学校　陆军大学衡山籍同学录》，《湘潭文史》第七辑，第 270—274 页，中国人民政治协商会议湖南省湘潭县委员会文史资料工作委员会 1992 年 11 月编印。

[59] 李昊：《加入“清洪合一”的回忆》，《文史资料存稿选编》第二十五辑，第 531—535 页，中国人民政治协商会议全国委员会文史资料委员会编，中国文史出版社 2002 年 8 月第一版。

[60] 凌霄九：《抗战胜利日　台湾光复时》，《衡山文史资料》第一辑，第 52—54 页，中国人民政治协商会议湖南省衡山市委员会文史资料研究委员会 1985 年 9 月编印。

[61] 曹艺：《蒋军辎汽部队的史料掇拾》，《南京文史集萃》第 118—132 页，中国人民政治协商会议南京市委员会文史资料研究委员会编，江苏古籍出版社 1987 年 6 月第一版。

[62] 吴荣森：《青岛解放前夕的电波战——记述青岛市委地下电台》，《青岛党史资料》第五辑（青即战役专辑），第 521—535 页，中共青岛市委党史资料征委会办公室、青岛市博物馆 1989 年 6 月编印。

[63] 黄振远口述，何素华整理：《黄振远回忆录》（节选），《见证青岛解放口述史实》第 98—110 页，青岛市政协文史资料委员会编，青岛出版社 2019 年 3 月第一版。

[64] 王伟波主编：《陈孝祖》，《昌邑人物志》第 374—375 页，中国文史出版社 2013 年 12 月第一版。

[65] 沈润章：《唐康》，《浦东新区英烈传》第 94—105 页，上海市浦东新区史志征集编纂室、上海市浦东新区烈士陵园管理所编，华东理工大学出版社 1994 年 12 月第一版。

[66] 叶方华：《国民党第十一绥靖区青岛海逃鳞爪》，《文史资料存稿

选编》第十辑（中），第 379—383 页，中国文史出版社 2002 年 7 月第一版。
[67] 赵育之：《争取国民党部方本壮团起义的情况》，《青岛革命回忆录》第一辑，第 85—86 页，中共青岛市委党史资料征集委员会办公室 1986 年 12 月编印。
[68] 王忻民：《营救地下工作者》，《琴岛钩沉》第 505 页，青岛出版社 1999 年 12 月第一版。
[69]《电讯稿里传喜悦：台旭》，《见证青岛解放人物传略》，青岛市政协文史资料委员会编，青岛出版社 2019 年 3 月第一版。
[70] 刘凤翰、张力访问，毛金陵记录：《丁治磐先生口述历史》，九州出版社 2013 年 3 月第一版。
[71] 张玉法、陈存恭访问，黄铭明记录：《刘安祺先生访问记录》，台湾“中研院”近代史研究所 1991 年 6 月出版。

四、报刊文章

[1] 山东省档案局：《华野整军大荒地》，《联合日报》，2015 年 12 月 26 日。
[2] 沈润章、沈大康、杨桂生：《一位侠骨柔肠的女革命者——唐康》，《上海党史与党建》1994 年第 5 期，第 30—34 页，上海党史报刊社编。
[3] 臧杰：《赵仲玉：新时代的女性之歌》（上、下），《青岛早报》，2021 年 4 月 17、24 日。
[4] 李莎：《画笔下的激情人生——我眼中的女画家赵仲玉》，《青岛画报》2007 年第 10 期，第 66—67 页。
[5] 王世锋：《青岛解放前夕的准备工作》，《联合日报》，2019 年 5 月 25 日。

[6] 孙丰欣、鲍福玉：《情报组长曾亲历潜伏　打入胶东国民党要害部门》，《半岛都市报》，2009 年 6 月 2 日。

[7] 薛鲁生：《珍藏了 62 年的英雄集体照》，《青岛晚报》，2012 年 12 月 10 日。

[8] 任俊峰：《解放那天率消防队起义——青岛解放后第一任消防队长马元敬自述》，《半岛都市报》，2009 年 3 月 23 日。

后　记

2019年初，我在青岛市图书馆偶然读到了《青岛革命回忆录》（第一辑），十五篇青岛隐蔽战线斗争回忆文章，作者籍籍无名，文字朴实无华，却像一声声震人心魄的炸雷，掀开了七十多年前那场无声战斗的历史封尘，令我不由得想要深入其中，一探究竟。随着相关资料的不断搜集，有个问题令我百思不得其解：青岛隐蔽战线斗争为胶东、山东乃至全中国的解放做出了卓越的贡献，这些英勇无畏的战士和惊险动人的事迹，为什么在历史资料渐次解密的今天，仍然鲜为人知呢？

经过辗转打听，我终于同原胶东区党委统战部部长吴若岩之子吴齐同志取得了联系，当谈起准备撰写一部记述青岛隐蔽战线斗争的纪实书籍时，他马上严肃地提出：老人家（指吴若岩）低调了一辈子，从来不主张宣传个人，你坚持要写就写隐蔽战线斗争的全景和老战士的群像。听了这话，困扰我多时的疑问一下子找到了答案：青岛隐蔽战线的老战士们，用他们历尽沧桑、艰苦备尝、不求闻达、无怨无悔的一生，诠释了周恩来对情报工作人员“胜而不骄，败而不馁，受气不叫，有苦不说，舍己救人，冒险犯难，埋头苦干，长期艰苦奋斗”的严格要求，这种甘做无名英雄的崇高品德，是何等的可敬可佩、可歌可泣。

拙作初稿写出后，曾经就教于我国著名的中共党史专家丁龙嘉先生，他认真披阅，悉心指教：“胶东在全国解放战争中具有重要的历史地位，隐蔽战线斗争的原则是配合正面战场的斗争，因此一定要将本书置于中国革命的大背景之下，写出历史的厚重感，同时还要兼顾通俗叙事，表现出特定人物的特定形象。”尤其令人感动的是，丁老不但提出了许多中肯切实的修改意见，并且非常细心地将文稿中的错别字一一指出，著作等身却又如此治史严谨，令我这个后辈为之汗颜，大为感佩。

“大家都说要抢救历史，这本书其实就是在抢救历史。”本书责任编辑李言英女士的要求，使我深感责任重大。在历时三年的采访过程中，不仅看到隐蔽战线老战士们已经都离开了人世，即使是他们的第二代也大都垂垂老矣，如果任由那段鲜活动人的历史继续湮没在茫茫的时间长河之中，那将是多么大的损失和遗憾啊！中共中央原调查部部长、中国共产党隐蔽战线传奇人物罗青长曾说：“为什么中央重视胶东，向胶东派出直属的直接同中央通报的情报机构？从全局来看，胶东对中国革命，对实现中央的战略意图做出了贡献。”如果拙作能够帮助读者对这段历史增加一点了解，则作者的心愿足矣。

山东省图书馆文献缩微部副主任公瑾女士、山东省档案馆和青岛市档案馆工作人员为档案搜集提供服务，朱海燕女士和丁进先生在资料整理和图片摄影等方面给予帮助，在此一并致谢。

作　者

2024 年 1 月 12 日